中国人的风雅·围棋

图 说 经 典

中国围棋史

中国围棋史

何云波 杨烁 著

作家出版社

中国围棋史

中国围棋史

中国围棋史

中国围棋史

第九章　枰声局影

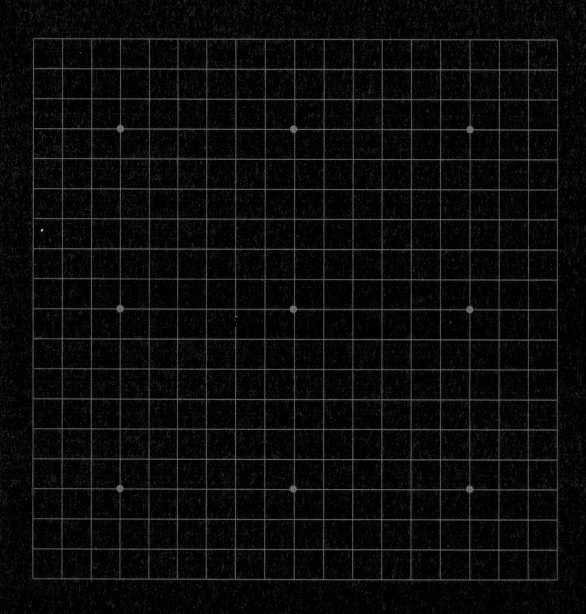

第一节　围棋之源

〜〜〜〜〜

　　围棋，它最古老，也最年轻。说它年轻，是因为在当今时代，有越来越多的青少年开始热爱围棋，使它焕发出了新的生机。说它古老，乃是因为从人类文明的蒙昧岁月起，围棋就降生在这个世界上，流传千年，光辉万代。这让人迷醉其中、欲罢不能的围棋第一手究竟由谁所下？下在哪里？就让我们一起瞻仰青史留名的古圣先贤，一同走进造化极工的名山大川吧。

圣贤教子

　　不玩不知道，围棋真奇妙。

　　如果你接触到围棋，一定会为那像大地的方方的棋盘，还有那像小星星的圆圆的黑白子所吸引。而你呢，可以像一个威风凛凛的指挥官，充分发挥聪明才智，调动着这些棋子，做圈地攻杀的游戏。占山为王，围的地盘多的就算赢，可好玩了。

　　那么，这么好玩的游戏，究竟是谁发明的呢？

　　有人说是古代那些带兵打仗的人，将战场移到了棋盘上，残酷的战争就成了好玩的游戏。

　　有人说是神仙，因为只有像神仙那样无所不能又闲着没事的人，才会琢磨出这么玄妙复杂的游戏来。

　　有人说是外星人，因为地球人都知道，外星人神通广大着呢。

　　当然，咱们中国人还得相信自己的聪明才智。一个通行的说法是：围棋的发明，跟一个叫尧的人有关。

　　尧是什么人呢？

他是我国原始社会末期的一个部落联盟首领，仁慈爱民，治理有方，深得百姓拥戴。传说中，尧娶了一位姓散宜名女皇的又漂亮又温柔的女孩，却偏偏生了一个顽劣不驯的儿子。他们的儿子丹朱调皮捣蛋，喜欢打架斗殴、吃喝玩乐，常常弄得鸡飞狗跳，周遭不得安宁。怎么办呢？怎样才能拴住这个顽劣的儿子的心呢？尧冥思苦想，也没有想出一个好办法，真是烦啊！

有一天，尧正想着要跟别的部族打仗的事，走到院子里，挑了一些差不多大小的石子出来，在地上摆弄了起来。不同颜色的石子也就变成了相互争斗的两方，一方要这样，另一方要那样；一方要围住自己的地方，另一方偏要来捣蛋。你敢进来，我就揍你。我怕了你还不行吗？我逃。哪里走？留下买路钱！要钱没有，要命有一条，你要怎么着……

摆着摆着，尧觉得有意思极了。他灵机一动，把在一边玩耍的丹朱叫了过来，说，过来，儿子，我们来玩玩！

丹朱很好奇。父亲平时总是板着脸，忙那些大人们的事情，今天怎么突然有心情跟他玩呢？

丹朱走过去，见地上放了一堆石子。父亲说，你能用你的石子，把我的石子吃掉吗？

那还不容易，上。

你来我往，父子俩拼杀了起来。结果，丹朱不仅没有把父亲的石子吃掉，自己的一队反而陷入重重包围中。

不行，你欺负人，再来！

就这样一直玩到天黑。丹朱连说：好玩，好玩。第二天刚起床，又缠着父亲再玩。慢慢地，他们不满足于一堆人在一起乱打了。尧在地上画出了简单的格子，规定一颗石子代表一个士兵，他们站在纵横线的交叉点上，双方轮流排兵布阵。

丹朱完全被吸引了。他和那帮游手好闲的朋友再也不到处惹事了，而是聚在一起，想的就是如何能够在石子的游戏中打败对方。

慢慢地，尧发现，丹朱变成了一个有礼貌、明事理的孩子。

听说了这个，舜也邀请丹朱去他家，教他的儿子商均玩。商均虽然不像原来的丹朱那样顽劣，但有点笨笨的。

商均学会了这个游戏后，渐渐地，也变成了一个聪明伶俐的孩子。

● 帝舜事迹（明·仇英《帝王道统万年图》）

中国围棋博物馆尧塑像

这个游戏流传了下来，被称为围棋。后来，人们还学会了用各种木头、石料做棋盘和棋子。

关于尧发明围棋，史书上还有记载。战国史官撰写的《世本·作篇》中就有"尧造围棋，丹朱善之"的记载。而东晋张华《博物志》进一步说明了发明围棋的动机："尧造围棋，以教子丹朱。或云：舜以子商均愚，故作围棋以教之。"这里多了一个"教"字。尧造围棋，目的是教化儿子丹朱的；而舜的儿子商均是个笨孩子，舜就拿围棋来开发他的智力。所以直到现在，我们还把围棋与教化、智力开发联系在一起。文化嘛，一开始就是指"以文教化"，《周易》说："观乎天文，以察时变；观乎人文，以化成天下。"而围棋，也具有这种教化的作用。

围棋不仅教化人心、开发智力，还可以给人带来许多的乐趣。清代雍正时期的粉彩笔筒画《圣贤教子》中，在大山旁，松树边，竹林下，尧正在跟丹朱下棋。父亲在冥思苦想，儿子优哉游哉，看着父亲。父子对弈的画面多么美好啊！面对此情此景，谁不会陶醉于其中呢！

因此，人们都相信，围棋是由尧、舜发明的。国外棋界也深信不疑，享保十二年（1727）正月二十九日，日本围棋四大门派掌门人本因坊道知、井上因硕、安井仙角、林门入签了一张承诺书："围棋创自尧、舜，由吉备公传来。"《大英百科全书》《美国百科全书》分别记载围棋于公元前 2356 年和公元前 2300 年由中国发明，这应该就是他们所估算的尧、舜在位的时间。

棋子山棋踪

在山西陵川县，距县城大约 15 公里，有一座山叫棋子山。

棋子山跟一般的山可有点不一样，它是淇水的源头之一。淇水从山西流到河南，《诗经·卫风》中有"瞻彼淇奥，绿竹猗猗"的句子，意思是说，看那清清的淇水弯弯流过，岸上竹林轻轻摇曳多么婀娜。山绿绿的，水清清的，多美啊！

棋子山的"奇"，还在它地貌的奇特。山上有许多扁圆形的卵石，一面凸起或二面凸起，有黑，有白，有黄，很像现在的围棋棋子。人们叫它棋子山，说不定就跟这些像"棋子"的圆石有关呢！

棋子山还留下了许多与棋有关的传说，其中一个重要的人物就是箕子。箕子是商朝时的贵族，商纣王的叔父，原名胥余，因封地在"箕"这样一个地方，爵位是子爵，所以叫箕子。箕子与比干、微子被并称为"商末三贤"，也就是商代末期的三个贤人。那箕子是做什么的呢？中国古人相信天与人是相通的，你要做什么事，比如种庄稼、捕鱼打猎、跟别的部族打仗，都要先占卜，看看那天是否适合出行。挑一个好日子，就什么事情都顺利了。箕子就是专门负责占卜的大师。箕子观测天象的地方，据说在他的封地"箕"地，所以棋子山最早叫作箕子山。

因为箕子是占卜大师，商王朝灭亡后，周武王还去向他请教如何治理天下，如何才能得到商民的拥护。箕子认为应当施行仁政，用安抚的手段来争取民心。但箕子终究不肯归顺周王朝，而是远走辽东。周武王没办法，只好答应了他的请求，封他为朝鲜侯。所以有很多人认为箕子是古朝鲜的"开国第一人"，有"箕子朝鲜"的说法，现在平壤还有箕子墓。而围棋在朝鲜半岛很是兴盛，说不定与箕子的到来有关系呢。

有一种说法，围棋的产生跟箕子有关。相传最早的时候，棋盘、棋子不是像我们现在这样，用来做圈地攻杀的游戏的，而是用来观测天体运行、占卜阴阳的工具。传说箕子在棋子山夜间观察星象，白天就用这里独有的黑白两色石子记录演绎，逐渐创造了围棋。箕子还曾与仙人对弈，这山因此又叫谋棋山。山顶的石上有一个巨人的脚印，据说就是箕子与仙人留下的。山麓上还有箕子洞，据说当年箕子就曾在这山洞中与梅伯、微子下棋。现在箕子洞的顶壁上，还能隐隐约约看到许多灰白色圆点，形状就像围棋，又像一幅古代星象图。自然的造化，是多么地巧妙啊！

棋子山往西五里路，有一个苇水村，村中还流传着一个"观棋烂柯"的故事。说是村中先有李姓人家，后来又有郎、牛二姓迁入。李家老祖中有一个叫李忓的人。有一年秋天，他去村东箕子山砍柴，顺着泉水走了一会儿，就有点迷糊了，不知不觉躺在了玉皇庙下一块大石头上。蒙眬中，他觉得有两朵莲花托着他，在泉水中逆流而上，朝箕子洞漂去。两只彩色的蝴蝶也随着莲花上下翻飞，翩翩起舞。李忓随漂着的莲花到了箕子洞前，看到两位白须长者在洞中下棋，李忓就静静地站在旁边观看。不一会儿，其中一位长者说："时间太长了，别下了吧。"另一位说什么也不答应，于是两人吵了起来，最后把棋盘也掀翻了，棋子撒了一地，许多滚到了洞外（据说后来谋棋山上满山遍野的黑白棋石就是两位白须老者的棋子变的）。吵架的老者发现了李忓，说："别看了，快回去吧。回去后如果家中没人认识你了，就到东边石门清风围来找我们。"李忓疑惑地摸腰间用来砍柴的斧头，谁知斧把儿早已朽成了木渣子。李忓急忙回到村中，果然村中早无人认识他了。问人时，人家说知道早些年村中李家曾有个李忓，但出去砍柴多年未归，可能是在外面老死或让虎狼吃了。李忓很伤心，只好去清风围找那两位老者。可谁知，李忓翻山越岭刚进清风围的庙门，正要回答庙中人的询问，却突然倒地死了。庙里人说这人绝非凡人，立即为他塑像，立在大殿中。再后来苇水村有人去清风围进香，见到了李忓的扁担与塑像，才知李忓已经成了神仙。据说从此以后苇水村就有了一个风俗，每隔四年，村上就要派八个人（其中李姓四人，郎姓与牛姓各二人）去清风围祭奠李忓，村人都称他为"李家老爹"。这一风俗一直延续到"文化大革命"时才被当作"四旧"破掉。

● 棋子山下居民收藏的石围棋盘

棋子山李忏的故事与衢州烂柯山"王质遇仙"的故事多像啊！这说明，围棋在棋子山一带，应该很早就比较普及了。在棋子山博物馆，藏有民间流传下来的石棋盘。当地民间还流行一种古代传下来的叫"占方"的棋戏，也流传着箕子在这里造棋、弈棋的传说。

近年来，当地政府做了许多与棋文化相关的事情，在棋子山山麓，建了面积400平方米的巨型棋枰，叫象天枰，又被称为"天下第一枰"。山岭上还有箕子的塑像。2007年开始举办的中国晋城棋子山国际围棋文化节，每次都要在棋子山上举行祭拜箕子的仪式，古老的棋子山吸引了越来越多的人来寻找围棋的踪迹。

关于围棋的起源，20世纪围棋大师吴清源先生也认为，围棋最开始可能就是用来占卜的。尧将王位禅让给了舜，把作为占卜工具的围棋传给了儿子丹朱，让他主持祭政。祭政主持者用棋盘占卦气象，推测何时适宜播种、何时下雨等事情，并以此教示不懂历法的人们，这起着"导国之手"的作用。围棋成为娱乐用具后，"国手"这一个词也保留了下来，不过转变为"天下第一手"之意。吴极在《棋史弈理与无极象棋》一书中也认为围棋源于"弈"，"弈"是从古人推卦演《易》中分化出来的游戏。"划地为盘，折枝为子"，便有了最初的围棋。

第二节　儒家与围棋

～～～～

　　经过原始部落联盟的文明草创，中华民族迎来了封邦建国的夏、商、周"三代"时期。在战火纷飞的春秋战国，儒、道、墨、法等各家学派"百家争鸣"，开启了一个"文明轴心时代"，围棋也在文化的繁荣发展下逐渐流行起来。在儒家前后两代圣人的言行著述中，都有围棋的身影留存。它与生俱来所承载的教育功能，也不断得到强化。

儒道对局

　　日本古代绘画中，有一幅《孔子老子对局图》。孔子和老子是否会下围棋，他们是否对弈过，史书上没有记载，也没有听说过有这方面的传闻。所以基本上算是子虚乌有，是艺术家们凭空想出来的。不过这想象还真有点意思，右边的老子，给人留下深刻印象的是那个高高突起的巨大的光头，像一个长葫芦，也许他那异乎常人的超群智慧就都在这葫芦瓜里了！还有就是他的那双大耳朵，中国人相信，有大耳朵的人往往有异禀异能。野史上说老子身长八尺，黄色美眉，长耳大目，广额疏齿，脑袋上仿佛挂着日角，悬着月亮，鼻有双柱，耳有三门。所以他的名就是"耳"，或说"重耳"，字"聃"。你看，"聃"的半边还是耳。

　　老子姓李，不知何时生何日死。传说他的母亲怀孕时，走到一棵李树下生了他。这孩子生下来就会说话，指着李树说："这就是俺的姓了！"他为什么叫老子呢？据说是他母亲怀了他七十二年，生他时，剖开左腋才弄出来的。在娘肚子里面待了七十二年，一来到这个世界就白了头，只好叫"老子"了。老子少年老成，智慧过人（只可惜，一生下来就老了，童年的许多快乐也就没

明·张路《老子骑牛图》

有了）。他做过周朝的图书馆馆长，守着书过日子，学问自然大了。后来，见到周朝日益动荡、衰落，就想着离开这是非之地，去隐居。走到关口，被守关的首领尹喜拦住，说，你走可以，但得留下"买路钱"，罚你写一本书。老子没办法，只好写了五千个字交差（这五千字可了不得，后人把它称作《道德经》，那可是一字千金啊）。然后扬长而去，不知所终。

再说孔子。孔子可比老子正经有型多了，老子一身破衣裳，孔子却是儒冠华服，还是儒家学派创始人。"儒"在商代时是掌管婚庆丧葬礼仪的司仪官，本是术士。在孔子时代，儒士则成了有学问、知礼仪之人。孔子生在公元前551年的鲁国陬邑（今山东曲阜），正逢春秋乱世，他一心想着恢复周礼，拯救世道人心，匡复天下。可是东奔西走，满腔抱负却不得施展，他说自己，像惶惶然无家可归的狗。晚年只好聚众讲学，把希望都寄托在弟子们身上了。后来弟子们把他讲课的言论编成书，便有了儒家的经典《论语》。

孔子一门心思要干大事业，对博弈之类的雕虫小技自然不怎么待见了。他曾在《论语》中说："饱食终日，无所用心，难矣哉。不有博弈

中国围棋史

● 明·佚名《孔子像》

● 孔子见老子（汉代武梁祠砖画像）

者乎，为之犹贤乎已。"意思是，整天吃饱喝足了，无所事事，这日子可无聊难过啊。既然如此，还不如下下棋呢，免得饱暖思淫欲，去干那些邪门歪道的事。

孔子这话，便定下了儒家对待围棋的基本调子。孔子最讲究的，一个是"仁"，一个是"礼"。看这"仁"字，两个人即为仁，也就是说，"仁"讲的是人与人之间相处的道理。孔子说，"仁者爱人"，"孝悌为仁之本，忠恕为仁之道"，孝敬父母，敬爱兄弟，忠于君主，对人友爱，就是仁。做人呢，要做到"恭、宽、信、敏、惠"，修身养性，就是仁。"礼"呢，就是讲礼节，懂礼貌。每个人要安守本分，遵守上下尊卑的等级秩序，社会才能和谐。而下棋呢，往往容易起争斗之心，你想，下棋时，老是使着坏心眼，搞阴谋诡计，时时算计着别人，动不动就杀、杀、杀的，在儒士们看来，难免"不仁"。还有，下棋的时候，没大没小，连天王老子我也敢赢你，更不用说父辈兄长了。儒家讲的是君臣、父子、夫妻尊卑有序，你连皇帝和老子的棋也敢吃，岂不乱了套了？这叫大胆，小子无"礼"！

所以儒士们说，下棋时要尽可能克制自己的杀心，即使赢棋，也不一定要把人家赶尽杀绝。还有，在棋盘上把一肚子坏水都倒干净了，你在现实生活中就可以做一个正人君子、好人了。所以孔子才说，你实在没事干的时候，就下下棋吧！

　　据说孔子比老子大约小二十岁。孔子曾向老子问道。老子说，你那套仁义之类，并不能通于大道。在老子那里，"道"乃是宇宙的本源，所谓"道生一，一生二，二生三，三生万物"。"一"就是太极，"二"是阴阳，阴阳合，生出天下万物。而"道"又没有名字，不可说，是"无"，但"天下万物生于有，有生于无"，道常无为。那么怎么去体悟道呢？自然中就有"道"，"人法地，地法天，天法道，道法自然"。天地本来就有自己的常规，就像日月本来就是光明的，星辰都有自己的位置，树木有自己的生长规律，白鹤自白，乌鸦自黑，黑白都是本来就有的。不需要刻意去求，一切顺乎自然就可以了。这便是老子的自然无为之道。

　　没听说老子会下围棋，也没有谈到过棋，但后来许多下棋的人都从老子的思想中悟到了许多下棋的道理。比如无为而胜，最高明的赢是不战而屈人之兵；道法自然，走的棋如果能像行云流水一般，着着都是正手，都在要点上，那一定就是高棋了。据说清代大国手施定庵棋下到一定程度后再难进步了，为此很苦恼。有一次他与他的老师梁魏今去山上游玩，梁魏今指着山下蜿蜒曲折的泉水，对他说："子之弈工矣，盍会心于此乎？行当乎行，止当乎止，任其自然，而与物无竞，乃弈之道也。"施定庵顿时便开窍了，棋艺达到一个新的境界。

　　在中国传统社会里，儒家与道家既相互对立，又相互补充、促进。一个讲积极入世，刚健有为；一个讲以退为进，以柔克刚。儒家与道家若能到棋盘上来博弈一局，输赢先不说，过程一定很有意思。围棋大师吴清源先生就曾设想过老子与孔子对弈的情景，他说："老子肯定会毫不犹豫地以天元开局，而孔子则会从角部开始着子。老子的学说哲理宏大无边，难以轻易索解；孔子的学说因为指向人之道，所以更容易让人领会。"这是深刻理解了道、儒两家学说的精髓，而后在棋盘上展示出来的结

明 · 佚名《孔子讲学图》

果。细细琢磨起来，的确意蕴无穷啊！

孟子说棋

上一节说到儒家的祖师爷孔子，孔子后来被尊为"至圣先师"。孔子死后一百余年，儒家又出了个大人物孟子。孟子生于公元前372年，邹国（今山东省邹城市）人。据说孟子三岁的时候，他的父亲就死了，他的母亲为他能健康成长可操了不少心。史书上有"孟母三迁"的故事，说一开始他们住在墓地旁边，孟子和邻居的小孩一起学大人跪拜、哭号的样子，玩办丧事的游戏。孟妈妈看到了，皱起了眉头，带着孟子搬到市集，靠近杀猪宰羊的地方去住。到了那里，孟子又和邻居的小孩学起商人做生意和屠宰猪羊来。孟妈妈知道了，又皱起了眉头，不行，不能让孩子学这些。于是，他们又搬家了。这一次，他们搬到了学校附

中国围棋史

● 清·康焘 《孟母断机教子图》

近。夏历每月初一，官员到文庙行礼跪拜，互相礼貌相待，孟子见了都一一学习记住。孟子的妈妈很满意地点着头说："这才是我儿子应该住的地方呀！"

古人云："近朱者赤，近墨者黑。"这"孟母三迁"的故事，说的就是人的成长要有个好的环境，跟好的人、事、物接近，自己也可以受到良好的影响。孟子后来果然学有所成。他跟着孔子的孙子子思的门人学习，学成后游历诸国去推销自己的政治主张。晚年退居讲学，留下《孟子》一书，传之后世。南宋时，朱熹将《孟子》与《论语》《大学》《中庸》合在一起并称"四书"，使其成为儒家的经典。

孟子继承和发展了孔子的思想，提出一套"仁学"的完整的思想体系，对后世产生了极大的影响，被尊奉为仅次于孔子的"亚圣"。孟子也给后人留下了许多名言，如"生于忧患，死于安乐""乐以天下，忧以天下""民为贵，社稷次之，君为轻""天下之本在国，国之本在家，家之本在身""不以规矩，不能成方圆""穷则独善其身，达则兼善天下""得道者多助，失道者寡助""天时不如地利，地利不如人和"，等等，这些话直到今天还被大家奉为至理名言呢！

孟子在自己的书中两次说到围棋，一次是在《离娄下》中回答他人关于"不孝"的提问时：

> 世俗所谓不孝者五：惰其四肢，不顾父母之养，一不孝也；博弈好饮酒，不顾父母之养，二不孝也；好货财，私妻子，不顾父母之养，三不孝也；从耳目之欲，以为父母戮，四不孝也；好勇斗很，以危父母，五不孝也。

这里说的是五种不孝的情况，其中一种就是"博弈好饮酒"，不过这里的"博"是指那个时代人们玩的一种叫"六博"的赌博游戏，靠掷骰子来决定棋子的走法，输赢基本上是靠运气。而"弈"一般认为是指围棋。"博弈"合在一起，就是指各种棋戏。因为下棋或好酒，而不赡养父母，当然是不孝。儒家重伦理、等级，"忠""孝"乃立国、立身之本。那些耽于"博弈"而不能自拔的"不孝"之徒，严重冲击了社会的伦理秩序，孟子对此不以为然，也是必然的了。而孟子在这里告诫我们的是，做什么事都要适度，不能过分沉溺在里面，把其他许多该做的事也荒废了。

另一次提到围棋则是在《告子上》中。孟子说：

> 虽有天下易生之物也，一日暴之，十日寒之，未有能生者也……今夫弈之为数，小数也，不专心致志，则不得也……弈秋，通国之善弈者也，使弈秋诲二人弈，其一人专心致志，惟弈秋之为听；一人虽听之，一心以为有鸿鹄将至，思援弓缴而射之，虽与之俱学，弗若之矣。为是其智弗若与？曰：非然也。

孟子在这里说，什么事情都需要用心去做才能做好。就像种养什么东西，你让它一天暴晒，十天冻着，那再容易生长的生物也会死掉啊！下围棋也是这样，虽然棋是小技，但也需要专心致志才能学好。孟子举了一个例子：一个叫弈秋的古代围棋名手教两个学生下棋，一个专心专意，认真听先生讲课；另一个呢，一边听着，心里却一边想着要是有只天鹅飞来，便拿起弓箭去射它。这样，虽然他跟别人一道学习，要说成绩也一定不如别人。是他的聪明不如人吗？不是的。是因为他一心两用，自然什么都学不好了。

总的来说，孟子说棋，都是通过围棋来打比方，以下棋来说做人和学习的道理。这就说明，围棋在孟子的时代一定比较普及了。还需要注意的是，第一，孟子称"弈之为数，小数也"。"数"是儒家"六艺"（礼、乐、射、御、书、数）之一。"六艺"是君子必备的六种基本技能。"弈"尽管只是"小数"，但好歹也是"数"。"弈"之为"艺"，可说是孟子为之开了先河。第二，弈秋为"通国之善弈者"。弈秋是当时诸侯国都知晓的最善于下棋的人，成为有文字记载的中国最早的围棋国手。《弈旦评》推崇他为围棋鼻祖，后世称某某是围棋高手，还经常说他是"当代弈秋"呢！

第三节　汉宫春晓

〜〜〜〜〜

　　"六王毕，四海一。"横扫六合的秦始皇终结了百年动荡的春秋战国，中国历史进入了大一统的帝国时代。然而，"苛政猛于虎"，秦法的积弊引爆了席卷全国的抗秦起义。"戍卒叫，函谷举。"出身平民的刘邦建立了汉朝，象征着庶民之怒的胜利。汉兴以来，围棋进一步普及。上至深宫禁地，下至山中隐者，都能听到围棋敲子的叮叮之音。

戚夫人与围棋

　　秦朝末年，天下大乱。暴秦亡后，故楚贵族项羽拥有可以问鼎天下的实力。公元前206年，在象征着刘邦臣服于项羽的鸿门宴过后，项羽以盟主的资格划分天下，分封了十八个王侯。刘邦被封为汉王，封地远在巴蜀。项羽则自称西楚霸王，回到自己的故土江东。

　　秦失其鹿，天下共逐之。为了争夺天下，楚汉之间经常发生战斗。公元前205年，项羽率兵北上，攻打齐国。刘邦趁虚而入，一举攻占了项羽的都城彭城（今徐州）。项羽知道后，顿时大怒，亲自率领三万精兵猛扑回来，把刘邦的将士打得落花流水。刘邦一个人逃到一个叫戚家村的地方，已经是精疲力尽。天色已晚，刘邦下了战马，刚在村头一株古树下休息了一会儿，追兵又来了。刘邦赶紧起身，慌慌张张地跑进了一户人家的院子，里面有一位老翁和一个年轻女子，正在整修花枝。刘邦走上前去，说自己是汉王刘邦的手下，被人追赶。姑娘急中生智，让刘邦躲进了园中的一个枯井，又用木棍狠狠地打了一下战马，战马一溜烟向村外跑去，追兵也跟着追过去，这样刘邦方才得救。晚上，老翁叫女儿置办酒菜为刘邦压惊。这时候，刘邦才知道老

● 明 · 仇英 《汉宫春晓图》(围棋局部)

翁姓戚。看那个姑娘，虽然一身朴素的打扮，但眉目俊秀，身材纤巧，如同天仙一般，刘邦一下子就喜欢上了。在说明真实身份后，第二天刘邦便把戚姓女子带走，收入后宫，是为戚夫人。

后来，刘邦做了皇帝，戚夫人就成了刘邦最宠爱的妃子。戚夫人多才多艺，能歌善舞，特别是她的舞，可说是一绝。她如迎风细柳，婀娜多姿，既会跳当时流行、刘邦又很喜爱的楚舞，又擅长一种"翘袖折腰之舞"。这是一种以舞袖、折腰为主要动作的舞蹈，注重腰功与袖式的变化。在汉代砖石画像中，我们经常可以看到这种舞袖、折腰的舞蹈动作。

刘邦喜爱围棋，戚夫人是个乖巧聪明的人，她也很快就学会了，并且非常用功，棋力进步很快。戚夫人经常在宫中与刘邦对弈，据晋代葛洪的《西京杂记》记载："戚夫人侍高帝……八月四日，出雕房北户，竹下围棋。胜者终年有福，负者终年疾病。取丝缕就北斗求长命，乃免。"在这段话中，有几点需要说明一下。

第一，在哪里下棋？戚夫人侍奉汉高帝刘邦，下棋当然也要挑一个好地方。在宫里花园的竹林下，风和日丽，竹影斑驳。对弈一局，想不心旷神怡都难啊！

第二，为什么要下棋？下棋不光是为了争胜负，还可以占卦呢。赢了的终年都有福，输了的就会有病痛。那么怎么办呢？输了棋的，要拿丝线对着北斗星求长命百岁，疾病也就消除了。原来下棋还被赋予过这么神秘的意义！

戚夫人可以说是中国历史上第一个有文字记载的下围棋的女性。而宫廷与女子围棋，从此也就有缘了。明代画家仇英画过一幅《汉宫春晓图》，画中描绘的就是汉代宫廷中的嫔妃生活。这里有的在梳妆，有的在赏花，有的在画画，有的在逗小孩子玩。而处在画面中心位置的，是两个女子在下棋。旁边还有看棋的，打扇子的，整个就是一幅宫廷生活游乐图。在当代，中国邮政总局还发行过《汉宫春晓图》的邮票呢。

可惜的是，戚夫人这样一位聪颖美丽、爱好围棋的柔弱女子，因为卷入了残酷的宫廷斗争，在刘邦死后惨遭非人折磨，死于非命，令人叹息。在这一出事关大汉王朝继承人的"宫斗剧"中，又发生了哪些与围棋有关的故事呢？

商山四皓

前面说到刘邦登基后，对戚夫人倍加宠爱。他们常常一起下棋，他们的孩子刘如意也被封为赵王。后来，刘邦见太子刘盈天生懦弱，才华平庸，而赵王如意却聪明过人，才学出众，就有意废太子而立赵王。刘盈的母亲吕后听到后，非常着急，请求开国重臣张良出面阻止这件事。张良说："我说话恐怕也不一定有用，但我知道有四个人，德高望重，皇上非常敬重他们。如果太子能请到这四人，那就不一样了。"

太子听从了张良的计策，便如此这般安排。在一次宴会中，太子侍奉在皇帝身边，有四位老人跟随在太子后面。刘邦见四老均已八十开外，胡须雪白，衣冠奇特，颇感惊讶，问起他们的来历。四人说出了自己的姓名，刘邦大吃一惊，说："多年来我一直在寻访各位高人，你们都避而不见，现在为何来追随我的儿子呢？"四个老人回答："听说陛下一向怠慢士人，臣等不愿自取其辱。如今听说太子仁厚孝顺，恭敬爱士，天下之人无不伸长脖子仰望着，希望为太子效力，所以臣等自愿前来。"刘邦说："那就有劳诸位今后辅佐太子了。"

四人向刘邦敬酒祝寿之后，告辞而去。刘邦叫来戚夫人，指着他们的背影说："我本想更换太子，但是有他们四人辅佐，看来太子羽翼已成，难以动他了。"说完长叹一声，一副无可奈何的样子。戚夫人听罢泪如雨下，在强势善妒的吕后"母以子贵"之后，戚夫人的悲惨命运或许也就注定了。

这四位让汉高祖刘邦也只能望而叹气的老人是谁呢？他们就是秦末汉初的四个隐士：东园公、夏黄公、绮里季、角里先生。四人都是八十多岁的隐士，隐居在商山，须发皆白，所以被称为"商山四皓"。在辅助太子刘盈登上皇位后，"四皓"谢绝高官厚禄，又回到商山，继续当起隐士来。

四皓在隐居生活中，围棋成了他们的一大快乐之事。《梨轩曼衍》中说："围棋初非人间之事：始出于巴邛之橘，周穆王之墓；继出于石室，又见于商山，乃仙家养性乐道之具。"也就是说，围棋乃是仙人修身养性的工具。在人间的隐士们，他们过着每天以下棋为乐的日子，在他人眼里也就像神仙了。

有人把围棋称为"橘中之乐"，还干脆把它跟"商山四皓"联系起来。唐朝人牛僧孺在《幽怪录·巴邛人》中讲过这样一个故事，说四川有一户人家，

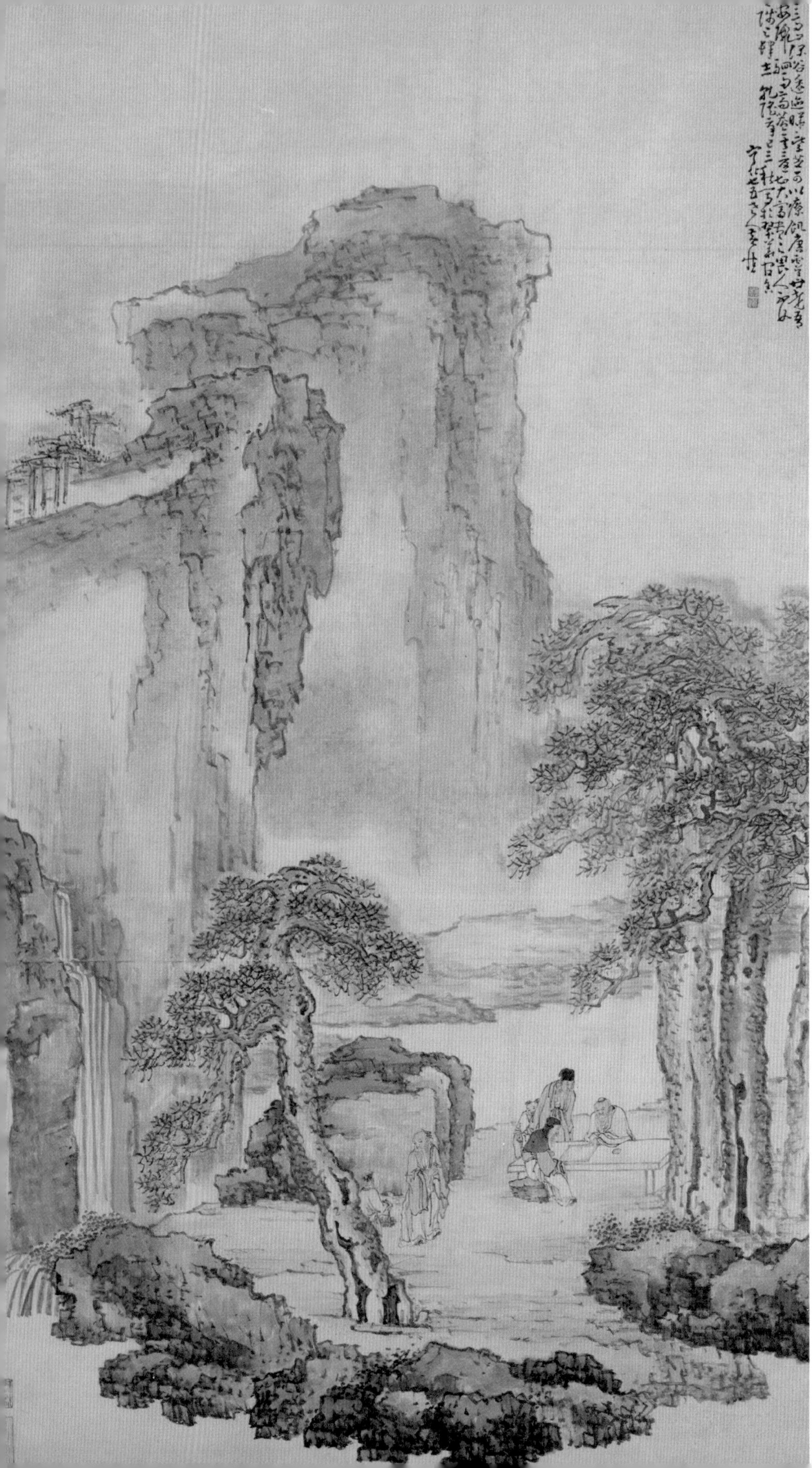

清·黄慎《商山四皓图》

家中有一片橘园，结了许多诱人喜爱的橘子。有个橘子长得特别大，主人舍不得摘掉它。一天夜晚，起了北风，风呼呼地刮着，主人从睡梦中惊醒，心里惦念着大橘子，急忙起身出屋，听到有叮叮咚咚的声音，还有说话声。奇怪了，哪里来的这些声音呢？橘园主人顺着声音找过去，发现那些声音竟然是从大橘子里发出的。主人止不住好奇之心，将大橘子摘了下来，剖开一看，里边居然对坐着两对白发老者，面色红润，正在下棋。虽然橘子被剖开了，他们仍然旁若无人，聚精会神地下着。直至下完，四个老人才叹了口气，说我们在橘中的快乐，不亚于在商山之时。只是遗憾这个橘子未能深根固蒂，就被那愚人摘下，真是扫兴。算了，我们还是走吧！说罢，四老如一阵清风，飘然而去……

四个老人的围棋故事，以后越传越神了，成了一个流传广泛的传说。明代画家谢时臣画过《四皓图》，四个老人围着棋盘，边上有一旁观者，说不定他们是在下联棋呢！清代画家黄慎也有《商山四皓图》，巨石边，古松下，围棋一局，想想就够令人神往的了。而瓷器笔筒中也有四皓弈棋图，四皓与围棋，真可谓是结下了不解之缘！

在当代，颐和园长廊有以商山四皓为题材的彩绘。位于陕西丹凤县城西7.5公里的商镇，还建有商山四皓碑林园。园内古柏环绕，碑石林立，精选历代文人雅士盛赞"四皓"的诗篇，邀请当代书法名家挥墨刻在石上，古诗词与书法雕刻艺术融为一体，更显示出围棋及中国文化魅力无穷啊！

众说围棋

在西汉，尽管有戚夫人与刘邦下棋的故事，有商山四皓与围棋的种种因缘，但总的来说，围棋的地位并不高。汉武帝时期，董仲舒提出"罢黜百家，独尊儒术"，确立了儒家的正统地位，而儒家的"仁礼"之学，与围棋是有一定的矛盾的，因为围棋本质上是"争"，在平等的基础上竞争胜负的一种游戏。西汉初的贾谊就曾指斥围棋"失礼迷风"。贾谊身为儒生，有感于秦的暴政，一门心思想恢复古制古风，针对秦朝废弃礼义的现象，认为应该移风易俗，使天下回心向道。他向汉文帝建议制定新的典章制度，兴礼乐，改正朔，

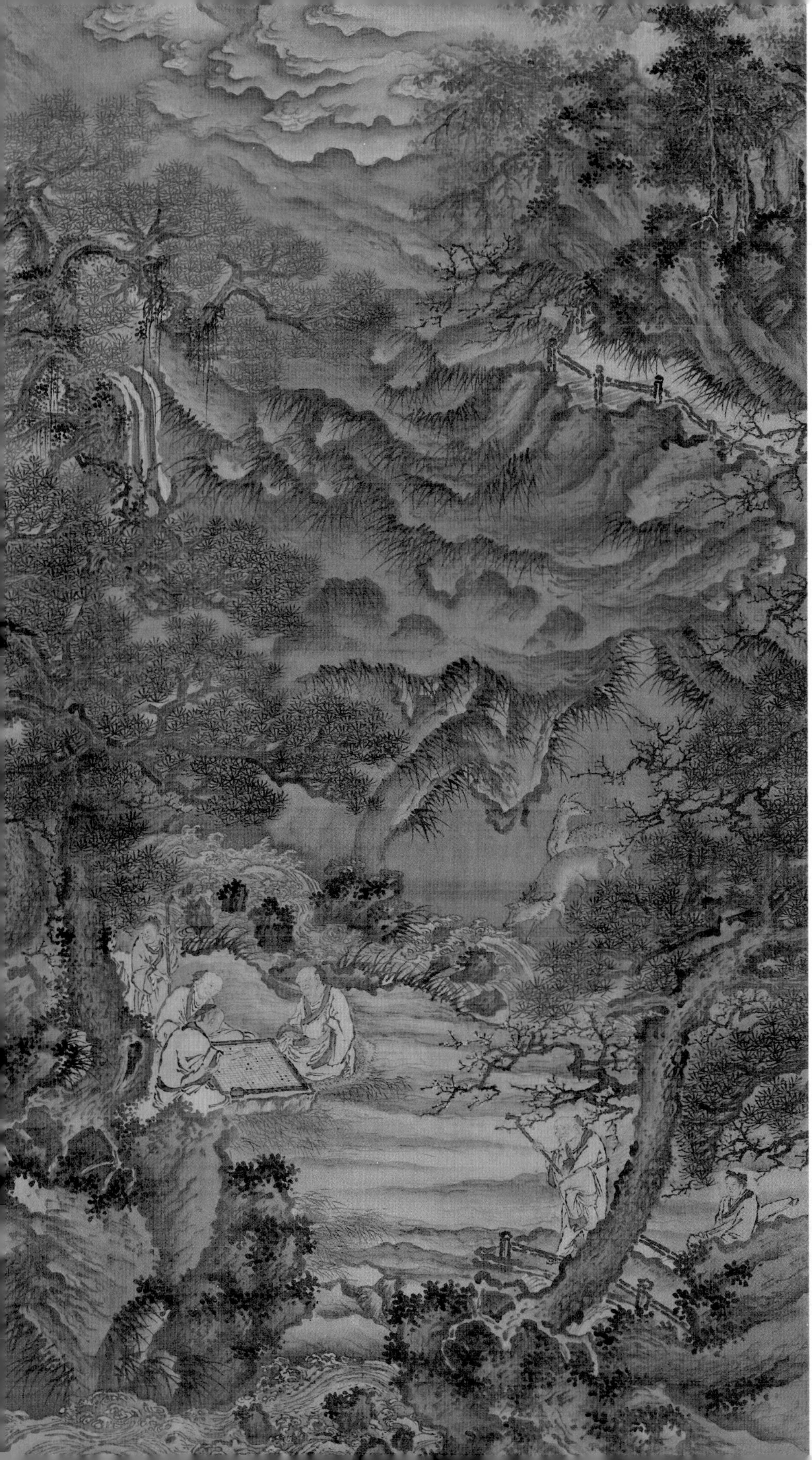

明·谢时臣《四皓图》

易服色。贾谊的才气得到汉文帝的赏识，不到一年被破格提为太中大夫。但是在二十三岁时，因遭群臣忌恨，被贬为长沙王的太傅。后被召回长安，为梁怀王太傅。梁怀王坠马死后，贾谊很是内疚，在三十三岁时，年纪轻轻就忧伤而死。贾谊的一生，是典型的儒家士子感时忧世的一生。他对博弈之事的排斥也就自然而然了。

到汉元帝时，有一个叫史游的士大夫，也在《急就篇》中说"棋局博戏相易轻"，"棋局"就是指弹棋、围棋之类的棋戏，"轻"就是下棋争来争去的，容易言语轻佻，不讲礼数，跟贾谊说围棋"失礼迷风"，是一个路子。并且，《急就篇》是一本教孩童识字的启蒙课本，在普通人中影响更大。

不过，事物总是一分为二，西汉时，也有说围棋好话的。扬雄在《法言·问道篇》就说："围棋、击剑……亦皆自然也。由其大者作正道，由其小者作奸道。"这可以说开了道家论棋的先河，所谓棋法自然，道为经纬。而在棋上是走正道还是歪门邪道，那就要看下棋的人是君子还是小人了。《西京杂记》载，刘歆遗书《汉书》中也有一则说到围棋："杜陵杜夫子善弈棋，为天下第一。人或讥其费日。夫子曰：'精其理者，足以大裨圣教。'"你看，下棋还可以"大裨圣教"。

不过，第一个全面系统地肯定围棋的正面意义的，是东汉的大史学家班固。

班固（32—92），字孟坚，东汉扶风安陵（今陕西咸阳）人。做官的时候历经汉明帝、汉章帝、汉和帝三朝，官至兰台令史。班固撰《汉书》，作《两都赋》，编《白虎通义》，在史学、文学、经学领域均取得很高成就。鉴于其所生活的时代，"博行于世，而弈独绝。博义既弘，弈义不述"，"博"是一种靠掷骰子来行棋的赌博游戏，所谓"夫博悬于投，不专在行。优者有不遇，劣者有侥幸"。博大行其道，而下围棋的人却不多，这让班固大大地不服，所以他作《弈旨》，大力突出下围棋的好处，说：

> 局必方正，象地则也；道必正直，神明德也，棋有白
> 黑，阴阳分也；骈罗列布，效天文也。四象既陈，行之在
> 人，盖王政也。成败臧否，为仁由己，危之正也。

方方正正的围棋盘，象征大地；而棋盘上纵横交错的格子，跟做人之"德"一样，都是既"正"且"直"；棋子分黑白，代表阴阳；棋子散落在棋盘上，又像那满是星星的天空。四方的棋盘摆上，行棋在人，又通王政，通仁德之道。最后，班固总结道：

> 上有天地之象，次有帝王之治，中有五霸之权，下有
> 战国之事，览其得失，古今略备。

哇，这一下子把围棋的地位拔得高而又高啊！围棋上通天文，其次合于帝王治国之道，再不济也是兵法谋略，曾经被看作"失礼迷风"的围棋，一下子变得高大上起来。有道是玩物丧志，其实玩物未必丧志，玩围棋还有这么多的好处，从此大家也就可以玩得名正言顺、心安理得了。

有人把班固关于围棋的这套说辞，总结为"立象比德"，赋予各种"物""象"以道德伦理的意义。这也是中国文化的一个传统。而班固竭力证明围棋是有用的，体现的也是儒家的功用的围棋观。

魏晋风采

第一节 三国演弈

东汉末年,汉室衰微,军阀四起,最终形成了三分天下,"三足鼎立"的格局。北方有曹操"挟天子以令诸侯",其子曹丕代汉自立,建立魏国;西南的刘备奉汉正朔,号曰蜀汉,有一代贤相诸葛亮辅佐;东南的孙权据守江东,窥视天下,亦成一方豪右。三国演义,亦是"三国演弈"。围棋在这段风起云涌的乱世之中,既代表着智慧、勇武,也沾染了残酷、血腥的色彩。

诸葛弈棋

三国争霸,魏、蜀、吴各霸一方,围棋盘也成了他们的虚拟战场。

曹操身为东汉丞相,魏国奠基者,有雄才大略,棋力也了得。据说与当时的围棋高手山子道、王九真等对局,实力不相上下。受父亲影响,曹操的两个儿子魏文帝曹丕与任城王曹彰也好棋。

吴国地处江南,围棋更是兴盛,统治阶层和士大夫中弈棋者最多。现在留下的最早的棋谱,就是吴大帝孙权之兄孙策与手下吕范下的,叫作《孙策诏吕范弈棋局面》。像严子卿、马绥明等棋手,更是被当时的人称为"棋圣"。

蜀国刘备手下也有一批围棋"发烧友"。费祎在魏军来犯的时候,还在从容下棋。关羽一边刮骨疗毒,一边喝酒下棋,更是被传为千古佳话。这里都按下不表,单说蜀国丞相诸葛孔明,即诸葛亮,他足智多谋,用兵如神,如此了得,据说跟围棋也有几分渊源。

据罗贯中在《三国演义》中的描写,刘备听说诸葛先生是个高人,便想来请教争天下的大计。那天,他和关羽、张飞一起来到隆中,远远地看见山边有几个人,一边耕地,一边唱歌:

● 明·朱瞻基 《武侯高卧图》

苍天如圆盖，陆地似棋局。

世人黑白分，往来争荣辱。

荣者自安安，辱者定碌碌。

南阳有隐居，高眠卧不足！

　　歌词的意思是说，天像一个圆圆的盖子，大地就像四方的棋盘，棋上黑白争斗，世上的人也在为各种利益争来争去。有的赢，有的输，有的沾沾自喜，有的劳碌奔波。南阳有隐居的人，却每天在安心睡觉，优哉游哉。

　　这歌以围棋来比人间之事，刘备一听，觉得不同寻常，急忙问："这歌是什么人写的？"唱歌的回答说："这是卧龙先生所作。"刘备问："卧龙先生住哪里呢？"农夫回答："从这山往南边去，有一片高地，就是卧龙岗了。山前树林中有一座茅庐，就是卧龙先生住的地方了。"刘备道了谢，策马前行，走了没多久，就看见卧龙岗，果然风景这边独好。

接下来就是著名的"三顾茅庐"的故事。第一次、第二次都扑了个空，求贤若渴的刘备锲而不舍，第三次登门拜访，终于见到了诸葛亮。诸葛亮向刘备提出了联吴抗曹、三分天下的主张。在诸葛先生看来，棋盘是小天地，天地才是一个大棋局。三国争霸，就像那棋盘上的争斗，关键是在布局的时候，就要有一个好的策略。

诸葛亮每次在大的战斗前，都要通过观天象，看天时，以决定战斗的时机。围棋也有天元，有星位，暗合天象，所以被人称为星阵。说不定诸葛亮曾经以棋盘看星象呢！

诸葛亮喜欢棋，总是把围棋带在身边，他手下也有不少喜欢下棋的将领。当他一路西征、南征的时候，兵马到哪里，就将围棋传到了哪里，据说藏棋也是由诸葛先生将围棋带入云南，又由云南流入西藏，稍加改造而成的。"出师未捷身先死，长使英雄泪满襟。"诸葛亮没能实现统一中国的政治抱负，却传播了围棋，也算"失之东隅，收之桑榆"了。

诸葛亮运筹帷幄，羽扇纶巾，留下了许多与棋有关的传说。《宝庆府志》记载，在湖南邵阳有个棋盘崖，崖上有个宽六尺的石棋盘，相传就是诸葛亮招待部下、喝酒下棋的地方，石盘上的棋格还隐约可见呢。

刮骨疗毒

在中国，一说起诸葛亮和关羽，恐怕没有人不知道。用"妇孺皆知"这个词来形容这两位三国名人，也不为过。

诸葛亮是智慧的象征。俗话说"三个臭皮匠，顶个诸葛亮"，说的就是几个人的聪明智慧凑到一起，总可以跟诸葛孔明有得一比了吧！要是你一个人足够智慧，那人家就会叫你小诸葛，比真正的诸葛略微逊色而已。

而说到关羽，人们首先就会想到"忠勇"两个字。想当初，他与刘备、张飞桃园三结义，从此对大哥刘备忠心耿耿。一度陷身曹营，曹操对他礼遇有加，他却一直是身在曹营心在汉。最后千里走单骑，过五关斩六将，回

到刘备军中。关羽死后，人们景仰他，敬佩他，把他奉为"关公"，很多地方还有关公庙呢。后人将关羽封为"武圣"，与"文圣"孔子齐名。

如果要评选《三国演义》中写得最生动的段落，关羽一边下棋，一边刮骨疗毒的故事一定排得进前几名。话说关羽攻打樊城时，被曹兵的毒箭射中右臂。神医华佗知道后，主动前来为关羽治病。华佗察看了伤势，看到箭毒已经透入臂骨，建议立一根柱子，设一个铁环，将关羽捆在那里，以便开刀。关羽听了却大笑，说："哪用得着什么柱环？"随即设席款待华佗。关羽喝了几杯，一边和马良下棋，一边伸出伤臂让华佗割治。

华佗拿了把尖刀，让一个小将领拿了一个大盆子准备接血。华佗说："我要动手了，将军你千万不要惊慌啊！"关羽说："你放心吧，我岂是像世上的凡夫俗子那样怕痛的人吗？"华佗下刀割开皮肉，直到骨头，只见骨头已经青了，他用刀刮着骨头，沙沙作响，帐上帐下的人都惊呆了。关羽却照样喝酒吃肉，一边谈笑，一边下围棋，没有一点儿痛苦的样子。不一会儿，血就流了半盆。华佗刮尽箭毒，敷上药，缝了伤口。关羽站起来，伸伸手臂，大笑着说："我这手臂伸展自如，先生真是神医啊。"华佗说："我一生行医，从未见过这样的英雄。将军真乃天神啊！"

后来关老爷越来越被神化，看来有一定的道理。你想想，那个时候没有麻药，割肉刮骨，多疼啊！一般人都无法忍受，要是一般人，可能早就哭天抢地了。可人家关老爷，在刮骨疗毒时，却还能一边谈笑，一边下棋。这一方面真的像华佗所说的：神了。另一方面也说明了围棋的魅力。下棋，有时可以转移注意力，起到镇痛的效果。有时候，棋比药还灵呢。

正因为关羽刮骨疗毒的故事是这样不一般，后来也就成了很多人进行艺术创作的素材。日本的葛饰应为画过《关羽割臂图》，你看关羽那眼睛盯着棋盘，手臂却血流如注的样子，多么

● 日本·葛饰应为《关羽割臂图》

令人震撼啊！

在中国，无论是古代粉彩笔筒，还是颐和园长廊彩绘，都有"关云长刮骨疗毒"的画面。通过这些图像，关公超人般的形象就更加深入人心了。

覆巢无完卵

提起孔融这个名字，浮现在大家脑海里的第一感恐怕不是"他是孔子的二十世孙"或者"建安七子之一"，而是他"让梨"的经典故事。每一位读者在小时候或者在教育小孩子的时候，都会听到或讲到"孔融让梨"的故事吧！

"融四岁，能让梨"，这是《三字经》中朗朗上口的记载。说的是孔融在四岁的时候，与诸位哥哥一起吃梨，孔融主动挑了最小的那个。长辈奇怪地问："你为什么要这么做啊？"孔融回答："我是最小的孩子，理应拿最小的梨。"这种谦虚礼让、长幼有序的观念，正是中国传统道德规范中最受提倡的操守。也因为孔融是孔子的后代，体现了孔夫子重视"礼"的家风，更被中国人代代颂扬，传承至今。

谁能想到，就是这样一位道德模范、圣人之后，后来做到北海相的一代名士，竟然在三国的乱世中落得个身死族灭的凄惨下场。

范晔《后汉书·孔融传》记载，曹操在出任东汉丞相，平定北方，权威压过天子后，日益骄横跋扈，孔融与曹操在一些行政措施上产生了重大分歧。由于东汉末年士林之风的流弊，兼之名门之后的孔融从骨子里瞧不上出身寒微的曹操，孔融在上书用词里不仅侮辱轻慢曹操，甚至出现颇多偏激之语。晚年的曹操性格易怒，猜忌心重，又担心作为举国名士的孔融继续抨击自己于己不利，就找了个借口将孔融处死，并全家问斩。于是，我们看到了中国历史，也是中国围棋史上极为悲壮的一幕。

当孔融被捕之时，孔融的两个幼子——女孩七岁、男孩九岁，正在家里从容下棋。周围人对他们说："你们的父亲被逮捕了，你们怎么还在这儿下棋啊！"他们回答说："哪里有巢穴毁坏，而巢中的卵不破损的呢？"从容赴死，面容不改。《后汉书》用了"莫不伤之"（听说这件事的人没有不悲伤的）四个字来形容世人对曹操专横擅权、滥杀无辜的不满和对孔家孩子与父同生死的气节的同情。而"覆巢之下，岂有完卵"，也从此流传成了一句千古名言。

因言获罪，被曹操诬杀的孔融，无疑是三国乱世黑暗政治的牺牲品。无独有偶，在曹操去世后，其子曹丕继承了曹操的全部权力，进而逼迫汉献帝退位，建立魏国之后，也做出了滥杀无辜的举动，甚至将屠刀伸向了自己的兄弟。巧合的是，在下面的这个故事中，也有围棋作为道具出现。

南朝笔记小说《世说新语》记载，称帝后的曹丕忌惮自己的亲弟弟任城王曹彰武勇健壮，勇敢过人，于是邀请他在母亲卞太后面前共弈围棋，同时吃枣。曹丕早早指使手下在枣蒂中下毒，曹彰集中精力对弈，不察枣中有毒，立时毒发。曹丕又欲杀害另一个亲弟弟东阿王曹植，卞太后哭着说："你已经杀了我的任城王，不可再害我的东阿王！"

曹丕是如何对待曹植的，我们应该更为耳熟能详。曹植少有文名，才华横溢，一度是曹操最宠爱的儿子，也是曹丕继任的最大威胁。称帝之后，曹丕召曹植前来，命他在七步之内写成一首诗，要是在七步之内不能成诗，就要处死他。曹植立即以身旁锅釜为题，吟出"煮豆燃豆萁，豆在釜中泣。本是同根生，相煎何太急"的千古名句。既完成了皇帝规定的题目，又在诗中隐喻兄弟生于一母，何必苦苦相逼的道理，令曹丕再也无脸动手诛杀弟弟。

当然，曹丕毒杀曹彰、威逼曹植的故事，只是小说家言，未必是历史事实。著名诗词学家叶嘉莹先生就曾在《汉魏六朝诗讲录》中以曹丕召曹彰还朝的时间枣子不可能成熟来质疑《世说新语》的真实性，"七步诗"究竟是否为曹植所作，历来也是争议不断。不过，曹丕借弈棋毒杀曹彰，与上面讲的"覆巢完卵"的故事，都说明了三国时期政局动荡，执政者为巩固己方势力残忍好杀，即使贵如朝廷大臣、皇亲贵胄，也难保一生平平安安的社会现实。同时，由于多次以道具身份出现，这些故事也从侧面说明了围棋在三国社会的流行程度。

第二节　隐逸之风

〜〜〜〜〜〜

　　三国两晋南北朝，是中国历史上分裂时间最久的乱世。政权频繁更迭，"皇帝轮流做，今年到我家"。政治黑暗，权力斗争残酷而血腥，上层社会门阀固化，儒家思想不再是思想主流。在社会动荡，出仕无望，崇尚"无为"的社会背景下，一大批隐逸之士出现在历史舞台。他们游娱山水，远离现实，绘成了一幅独特的人生画卷，而围棋就是他们寄情的途径之一。

竹林七贤

　　提到"隐逸"一词，就不能不提他们中的代表人物"竹林七贤"。他们是中国历史上，也是围棋史上赫赫有名的人物。他们的有名不是因为做了多大的官，建立了多少的功勋，而是他们在动荡的社会里，为了保全自己，索性拒绝做官，常常聚在山林间，喝酒、下棋、弹琴、吟诗。他们的这种生活方式，引起很多人的羡慕，后人就把他们称为"竹林七贤"。

　　"七贤"都是魏晋时代的大文学家，包括嵇康、阮籍、山涛、向秀、刘伶、王戎、阮咸，七人常聚会的地方在当时的山阳县（今河南修武）云台山百家岩。他们不仅文章作得好，也喜欢下棋。史书上就有王戎、阮籍等观棋、下棋的记载。《晋书·王戎传》说王戎是个孝子，母亲去世后，辞官回家，为母亲守孝。他每天沉浸在悲痛之中，茶不思，饭不想，以致越来越憔悴。他的妻子很着急，就让他去看别人下棋，以分散注意力。这样过了好一段时间，他的心情才逐渐平静下来，人也变得正常了。难怪有人会把围棋称为"忘忧"，连看棋都可以让人忘记烦恼啊！

　　《晋书》中还有阮籍下棋的著名故事。说阮籍也是个著名的孝子，母亲去世的时候，他正在跟人下棋。那个人见阮籍家里出了这样大的事，就说不下了吧！可阮籍坚持要把棋下完。一盘棋终于结束，阮籍神色木然，喝了两大碗酒，大叫一声，"哇"地吐出一大口血，痛哭着向家里跑去。

有人说母亲死了，阮籍却还在那里下棋，真是没良心。其实，阮籍表面上无动于衷，他只是想通过下棋来压抑、缓解内心的悲痛，他不想在外人面前失态。下棋的人走了，他的真情才流露出来，所以史书上才会说他"性至孝"。

其实，竹林七贤下棋，往往是棋翁之意不在棋，而在山林间。棋成了他们追求精神自由、排解人生痛苦的一种方式。这也影响到后来的文人士子们。明代高启就有一首题为《围棋》的诗：

中国围棋史

> 偶与消闲客，围棋向竹林。
> 声敲惊鹤梦，局罢转桐阴。
> 坐对忘言久，相攻运意深。
> 此间元有乐，何用橘中寻。

跟那些有闲情逸致的人在竹林中、树荫下下棋，落子声惊起了白鹤，两人不说话，棋中的深意，都在不言之中。这里面自然有许多的快乐，哪用得着到那橘子中去找呢！

这种美好的场景，也成了后来的许多艺术家乐于表现的题材。自古至今有不少画家画过《竹林七贤图》。历代以来，上至王公贵族、下至平民百姓的生活文化用品中，也有许多以"竹林七贤"为题材，有粉彩笔筒、竹雕笔筒、青花笔筒、瓷碗、砚台等。它们所表现的一个共同点就是都有竹林和棋，足见围棋在人的精神生活中所起的作用，也可以看出这个题材对中华文化的影响有多大。

东山报捷

说到中国历史上著名的"以少胜多"的战役，名列前茅的就有个"淝水之战"。不过，你知道在"淝水之战"中，东晋的宰相谢安一边下棋，一边把敌人杀得落花流水的故事吗？那可是八万对八十万大军啊，真的是以一当十了。可是，谢安却赢得那样轻松，仿佛不费吹灰之力。你看，清代画家苏六朋的《东山报捷图》，远处的山道上，有信使骑着快马来报捷，谢安却在树荫下的石桌旁，从容地下棋，加上山水的衬托，真的是好闲雅啊。

那又是为什么呢？难道是谢安有什么妙手、绝招吗？

且说公元 383 年，中国北方的前秦皇帝苻坚率领八十七万大军南下进攻东晋，大军进抵淝水，东晋的都城建康（今南京）一片惊慌。谢安本来在绍兴的东山隐居，东晋皇帝请他出山，担任征讨大都督，负责抗击敌人。这就是成语"东山再起"的来源了。谢安因此又被叫作谢东山。

当时东晋派出的军队只有八万人，以弱敌强，能否取胜，大家心里都没底。有一天，谢安的侄子、前敌都督谢玄来宰相府，向谢安请教退敌的计谋。谢安从容地说了一句"我自有对策"，便再也不作声了。谢玄心里七上八下的，又不好再问，于是第二天又派他手下的一员大将张玄，到谢安这里来。张玄刚要说明来意，谢安却跟他说："我正要去山里的别墅散散心，你也一块去吧！"

张玄不好再说什么，便跟着谢安一行来到山中。一路游山玩水，张玄却无心看景，只是默默地跟在谢安后面。

在山里玩了大半天，谢安又提出要跟张玄下盘棋，就以别墅来赌输赢。谢安承诺，如果他输了，就把别墅让给张玄。

平时，谢安的棋不如张玄。这天，张将军心神不安，心思怎么也集中不到棋上来，结果很快就败下阵来，他一连输了好几盘。

大家看谢安在这样危急的时刻，却还在下棋消遣，都很担心，也许东晋就这样玩儿完了。其实谢安装着镇静的样子，是想让大家安下心来。两军对垒，最忌讳一方先惊慌失措，精神上先败阵。谢安在游山下棋的间隙，其实暗暗在调遣军队，从容布置。

谢安将主要兵力布置在淮河一线，先趁苻坚骄傲自满，其前锋盲目冒进、立足未稳的机会，打了先头部队一个措手不及。这就像下棋，轻敌冒进，就是这样一个结果。接着，谢安又抓住苻坚心里急躁，想速战速决、一举吞下东晋的心理，让苻坚在淮河北退后一步，让出一块地方来，大家好决一死战。苻坚当然没那么傻，他想将计就计，等到晋军渡河渡到一半时，用骑兵冲杀，

清·苏六朋《东山报捷图》

于是下令稍退。哪知前秦大军多是刚招募来的新兵，听到后撤的命令，有人马上趁机逃跑，加上后面有人喊"晋军追来了"，他们更慌了，就这样一发不可收拾，乱作一团。连听到风吹和鹤叫声，看到草木晃动，都以为是追兵到了，因而跑得更快；加上水土不服，死伤的十有七八。成语"风声鹤唳""草木皆兵"都是从这里来的。

苻坚的失败正应验了一句俗语："心急吃不了热豆腐。"诸位，下棋的时候，一定要有耐心，千万要以苻坚为鉴啊！

当谢玄在前线率军迎敌的时候，谢安却在家里跟人下棋。信使送来报捷的书信，谢安看了一眼，一句话不说，继续下棋。客人很好奇，问前线的战事怎么样了，谢安平静地说："小儿辈们已经把敌人打败了。"

这就是说，赢了棋，也不需要骄傲自满，自吹自擂。小菜一碟嘛！像谢安那样，才叫大将风度。

中国历史上勇猛、能打胜仗的将军很多，但要是都像李逵那样拿着板斧，到处打打杀杀的，总觉得不雅。能够举重若轻，从容不迫，像诸葛亮一样拿着鹅毛扇，敌人就已经屁滚尿流的，那才叫一个帅。谢安就是这样的一个将领，首先人长得帅，古书上说他"神识沉敏，风宇条畅"，气度不凡。在下棋中从容退敌，古人说这叫"魏晋风度"，用如今流行的话说，就是"酷"啊！

所以，谢安弈棋退敌的故事，也就成了后来人津津乐道的话题。还有不少艺术家，以此为题材，画了很多画。明代就有尤求的《围棋报捷图》，明代实用的工艺品黑漆描金长方盒上也有《围棋报捷图》。

到清代，刻竹名家吴之璠还刻了一个高浮雕黄杨木雕对弈图笔筒，它反映了谢安与大将张玄对弈的情景。画面中二人对弈正酣，而旁边数人有的抱臂观战助威，看得入神；有的伫立一旁小声耳语，议论猜测；有的尽忠职守，护卫左右……笔筒的另一面，则是信使飞马来报捷，一静一动，一张一弛，真的是珠联璧合、相得益彰啊！而筒壁还有乾隆皇帝御笔题诗一首，更增添了笔筒的艺术价值。

现代画家傅抱石也有一幅画《古今输赢一笑间》，说的是：其实胜负都是暂时的，事过境迁之后，一切也就没什么了。可见，古往今来，谢安弈棋退敌的故事，真的是让人浮想联翩，激发了许多创作灵感啊！

● 明·徐渭《烂柯图》

第三节　仙人下棋

〜〜〜〜〜〜

　　魏晋南北朝的隐逸之士重玄学，尚清谈，追求长生不老之术，自然对神仙之事颇为热衷。在当时文人墨客的笔下，自然少不了遇仙修道的传奇故事。于是，围棋、隐士、山川、神仙，巧妙地构成了一个整体。因围棋遇仙，由神仙学棋。沉迷围棋一日，人间已过千年。围棋那引人入迷的特性，深深根植在这些奇幻玄妙的传说里。

观棋烂柯

　　魏晋时代，社会纷乱，儒家立德、立功、立言那一套不吃香了，每个人追求苟全性命于乱世，获得一份精神的自由与解脱，这才是最重要的。于是，各种"戏"与"艺"也就获得了独立存在的价值。围棋在这个时代，也出现了不少别称，如手谈、坐隐、忘忧、烂柯。棋，成为人们精神存在的一种方式。

　　称围棋为坐隐、手谈，出自《世说新语》："王中郎以围棋为坐隐，支公以围棋为手谈。"王中郎即王坦之，因官居北中郎将，世称王中郎。他对围棋情有独钟。《世说新语》载，他在守丧时，有客来访，竟置礼教于不顾，而与客对弈。这一方面表现出魏晋士人的名士风范，另一方面也显示了其对围棋的痴迷程度。

　　而支公（314—366，字道林，名遁，俗姓关，陈留人。幼时聪慧过人，二十五岁出家，创"即色论"，所谓"色即是空，空复异色"，色即事物、现象）好诗，好山水，好棋，俨然一名士，佛教的"空"，在他身上似演化成了中国文人崇尚的任性逍遥、随缘放旷。他融玄言佛理于山水、于棋中。以围棋为"手谈"，乃是以手谈代清谈。如果说围棋作为"竞技"，体现的是冲突

● 清·丁观鹏《烂柯仙迹图》

与征服，那么"手谈"强调的是沟通与交流，它是一种不用语言的交流方式。

"忘忧"之说，出自东晋的另一名流祖纳。祖纳之弟祖逖北伐失败，祖纳对弟弟的失败十分痛心，终日弈棋。朋友王隐劝他珍惜光阴，祖纳答曰："聊用忘忧耳。"

围棋又被称作"烂柯"，你知道这又是为什么吗？

柯，就是斧头的木柄。让木柄都烂了，围棋为什么具有如此的魔力呢？

这来自一个传说。南朝梁代任昉的《述异记》中记载，晋代有个人名叫王质，住在石室山的附近。有一次，他到山上砍柴，看见两个童子在那里下棋，黑白子相互抱在一起，分不清哪是你的，哪是我的。这是什么好玩的东西呢？他很好奇，就坐下来，把斧头放在一边，看了起来。其中有一个童子给了王质一个像枣核一样的东西，他吃了就不觉得饿了。一盘棋还没下完，童子指着他的斧头说，你还不走啊，你看你的斧头柄都已经烂了。王质赶紧起身，回到家里，却发现已经过了一百年，当时跟他在一起的人都已经不在了。这可以说是"山中方一日，世上已千年"啦。

神仙一局棋，就相当于世上一百年。这说明，神仙们过的都是快乐的生活，所以不觉得时光的漫长。而下棋的孩子，有的说其实是老人。原来，下棋还可以让人返老还童，青春永驻啊！

这也正是围棋的魅力，所以后人便把围棋称作"烂柯"。

王质观棋烂柯的地方，就在现在的浙江衢州，石室山也改名为烂柯山。

它位于衢州城东南，山虽不高（最高峰中岩海拔 177 米），但地貌不凡，南北中空，上面有一座东西跨度 40 米、宽 30 米的石桥，这也是浙江最大的天然石桥，道书中把这里称为青霞第八洞天。道教把地上的仙人安顿在三十六洞天、七十二福地等名山胜景居住，烂柯山也就成了仙弈圣地。

烂柯故事产生后，在各地广泛传播，中国文人也非常喜爱这一想象的故事，纷纷进行艺术加工，在诗歌、绘画等领域出现了一批以"烂柯"为题材的艺术作品。以"烂柯"为题材的绘画作品，有宋代郑思肖的《烂柯图》、明代张以宁的《烂柯山图》、清代丁观鹏的《烂柯仙迹图》等，还有各种书籍中的插图、版画。其中最有名的是明代文人徐渭画的《烂柯图》，两个老人在那里下棋，童子在旁观，衬以泼墨山石、浓荫，形成一幅优雅写意的画面。画面左边还题了一首诗：

闲看数着烂樵柯，涧草山花一刹那。
百五年来棋一局，仙家岁月也无多。

另外还有一段说明文字，说关于烂柯的故事，《水经注》中还有另外一个版本，童子不是在下棋，而是在弹琴唱歌。徐渭说，这其实不需要去考证哪种说法更正宗。棋也罢，琴也罢，反正它们都给人带来许多的快乐，所以人才会觉得日子过得快。不然，在痛苦的时候，就是度日如年，一日长于百年了。

在各种工艺品和实用器具中，也有许多以烂柯为题材的装饰画，如粉彩笔筒、各式各样的瓷瓶、花瓶等。它们组成了丰富多彩的"烂柯"艺术，深入寻常百姓的生活中。

桃源一梦

您可能已经发现了，本节选择的主题图不同以往，这是一道大型死活题，来自元代的著名棋谱《玄玄棋经》。这张棋图的名字叫"刘阮入桃源"，本节要讲的故事，也正是"刘阮入桃源"。

这是来自古代的一个传说。相传东汉永平年间，在剡县有两个人，一个

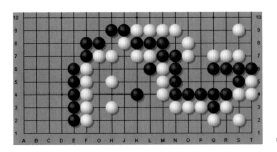

●《玄玄棋经》"刘阮入桃源"（黑先）

叫刘晨，一个叫阮肇，他们一起去天台山采药。在棋图里，白空中恰好就有两颗黑子。为什么要去采药呢？因为村子里很多人都病了。你看这棋图上，有十八个黑子聚在一起，却只有一个眼。再不想办法，可就要活不了了。

刘晨、阮肇很着急，急忙忙往山里赶。他们沿着一条小路往前走，路边有溪水蜿蜒曲折地流着，水清极了，里面还有小鱼在游来游去呢。

他们走到一个窄窄的山口，仿佛是个窄门，走进去，门就合上了。糟糕，后路被断了。他们慌了，正焦急地走来走去，这时走过来两个少女，都穿着

白裙子，看起来只有十七八岁的样子，脸上带着甜美的笑，刘晨和阮肇一下子就被她们的笑容迷住了。其中一个少女走近前说，想救你们村子的人，就跟我们走吧！刘晨、阮肇想了想，在他人的地盘上，身不由己，也只能这样了。他们随着两个女子走了好长一段路，来到一个山洞前。洞的外表与其他山洞并没有什么不同，但一进去，就有一群穿着美丽衣服的丫鬟迎了出来，纷纷笑着说："主人回来啦，二位新郎也来了。"

刘晨和阮肇还没有反应过来，已经被丫鬟们领着去别处沐浴更衣。等两人出来后，桌上摆满了他们从没见过的山珍海味，两个女子也已经更了衣，坐在桌旁。

酒美菜香，更有漂亮的女子在旁边奏乐，随乐声起舞。刘晨和阮肇从来没有享受过这样的生活，只是心中牵挂着家人，难以安心享受美酒佳肴。那两个女子见状，就对他们说：这样吧！我们教你们下棋，等什么时候你们的棋艺提高了，自然可以想出救你们家人的办法。

刘晨和阮肇就这样留了下来，他们拼命地学棋，棋艺也突飞猛进。不到半年，就可以与两个女子对下了。再过一段时间，甚至超过了师父，他们也

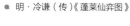

● 明·冷谦（传）《蓬莱仙弈图》

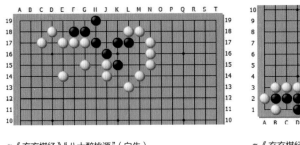

● 《玄玄棋经》"八士醉桃源"（白先）

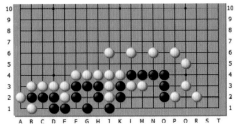

● 《玄玄棋经》"二士桃源"（白先）

中国围棋史

终于想出了救村民的办法。只是他们自己永远留在了桃源洞里，与那两个女子结下了一段姻缘。

其实，刘晨、阮肇上山采药，碰到两个仙女，学会下棋的故事，仅仅是个传说。既然是传说，故事就可能有许多种讲法。比如，《玄玄棋经》中还有"八士醉桃源"，两人变成八人，那肯定就是刘晨、阮肇的后代了。结局呢，就是八个人都被灌醉，乐不思蜀了。

更通行的说法是，刘晨和阮肇不安于神仙的生活，半年后，他们悄悄离开仙人洞，回到家里，才发现留在村里的已经是他们的第七代子孙了。原来，在仙界半年，世上几百年过去了。而《玄玄棋经》中就有一道死活题"二士桃源"。读者朋友们，好好想想，刘晨和阮肇是怎么找到回家之路的呢？

如果你想不出来，那就说明你的棋力还不到，就要像刘晨和阮肇一样，继续努力学习。有一天，你一定会学有所成，豁然开朗的。那时，再来找救村民的法子或者回家的路，就不需要那么费劲了。

刘晨、阮肇回来后，也教会了很多村里人下棋，于是围棋在这个地方流行起来。天台八景中便有一景"桃源春晓"。在县城西北十多公里的地方，有"桃源坑"，那里有溪水名"桃花坞"，有山叫"双女峰"，还有一个"桃源洞"。1993年，在天台县城汽车站旁的广场上，还塑起了一尊桃源双女的塑像。

另外，还有人要去寻找"桃源洞"，只是，当他们终于找到"桃源洞"，却发现，"洞大如一室，清寂幽深，平时攀登人迹较少，也找不到金碧生辉、弦歌曼舞的洞天福地的仙景痕迹"，难免失望。其实，"桃源"代表的是世人对美好生活的一种想象，就像陶渊明也写过《桃花源记》，我们不需要去落实它究竟在哪里。就像"梦"，让它永远存在于美好的想象中，不是挺好的吗？

第四节　魏晋古谱

～～～～～～

　　魏晋时期被誉为中国围棋史上的"自觉"时代，一大标志便是留下了有明确记录的棋谱。以下两局流传至今的古谱均出自达官显宦之手，创造者甚至包括垂名史册的皇帝。虽然两局棋均未记录完整，但它们已经展示出了千载之前中国古人在围棋上的智慧。两千年改变了世界，没有改变围棋的基本规则——从下面的这两盘棋里，我们可以清楚地发现这一点。

孙策诏弈

　　魏、蜀、吴三国争霸，如果大家订一个协议，说仗就不用打了，打来打去，多残酷啊，死那么多人，还不如就在棋盘上见个高低算了。那举双手赞成的，恐怕首先是吴国。因为吴地社会比较安定，统治阶层和士大夫中好棋者最多，如孙策、吕范、顾雍、陆逊、蔡颖等。水涨船高，那个时候的围棋顶级高手也应该在吴国，严子卿、马绥明就被称为"棋圣"，也是中国古代最早被称为"棋圣"的棋手。

　　现在流传下来的最早的棋谱，也出自吴国，那就是《孙策诏吕范弈棋局面》。

　　孙策何许人也？他于公元175年出生在浙江富春的一个大户人家。可惜命运跟他过不去，十七岁时，父亲就去世了。他带领父亲的旧部千余人，去依附袁术。后来率军渡江，占领了一些地方，逐渐在江东站稳脚跟，孙策也就成了吴国的奠基人。

　　吕范是河南汝南人，他为了避难，逃到一个叫寿春的地方。孙策见他长相不凡，并且勇武异常，对他另眼相看，很是厚待。他跟着孙策一路攻关夺

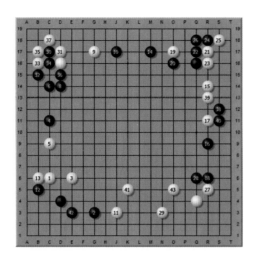

●"孙策诏吕范对局"棋谱

中国围棋史

隘，成了孙策手下的一员得力干将。后来，吕范成了吴国的财政大臣，孙策的很多决策都会先和他商量。孙策待吕范像亲戚一样，他们之间的关系自然非同一般了。

孙策和吕范两人还是棋友，他们经常在一起下棋，现在流传下来的《孙策诏吕范弈棋局面》，应该就是他们之间的一次对局记录。

这盘棋采用的是古代通行的座子制，即黑白双方在下棋之前，先在对角星位上各自放上子。也就是说，古人下的永远是对角星布局。还有就是由白棋先走。在行棋上，这盘棋也典型地体现了古棋的风格。黑2大飞，是古人惯用的招术。因为古代围棋规则规定，每一块棋中活棋所需的最基本的两眼（气）不算"路"（即目），下完后计算胜负时，你多一块棋，就要多贴还对方一个子，这样就不怕你进角来谋活，我当然要大飞了。果然，白3既不进角，也不分边，而是往空中一跳，在古人眼里，还是中腹重要。当黑4分投时，白5拆逼，白7尖顶，黑8长，以下白9又是一大飞。黑10、白11各往对方的角紧逼过去，想要近身肉搏，这也体现了古棋的作风。而白19打入，当对手压盖时，白21轻灵转身，又颇有些现代棋的味道了。

《孙策诏吕范弈棋局面》载于留存最早的棋谱著作《忘忧清乐集》中。但有人怀疑这不是孙策和吕范实战下出来的棋谱，而是后人伪托。但不管怎样，这本宋代棋谱为我们了解古棋的下法，包括古人的围棋观念，提供了重要的参考价值。

在孙策之后，孙策的弟弟孙权也喜欢下棋。上行下效，东吴下棋的风气越来越浓厚。大家在棋盘上乐此不疲，有可能把许多正经的事也耽误了。这可把孙权的第三个儿子孙和急坏了。孙和赶紧把大臣韦曜找来，命令他写一篇文章，来说明下棋的害处。韦曜冥思苦想了几天，想出了几条，写成《博弈论》，说下棋有四害：第一，没日没夜地下棋，耽误时间；第二，沉溺在棋中，把人身体、精神都搞疲了，还怎么去干正事呢；第三，在棋上，尽使些阴谋诡计，杀来杀去，把人心也搞坏了；第四，费了这么多脑子，赢了棋又怎么样呢？既不能加官晋爵，那获得的"地盘"也是虚的。韦曜由此劝告那些下棋的人，少在棋盘上白操心，还是去建功立业要紧。

韦曜作《博弈论》，试图纠正吴国下棋的风气。其实下棋并没什么不好，关键是要把握一个"度"。也就是说，下棋可以，只是不要没日没夜地下棋，其他事都不管了就行。事实证明，韦曜的努力算是白费心了。吴国的国君、大臣们喜欢下棋，也带动了女子们的弈棋之风。雍正粉彩笔筒中就有一幅《江东二乔下棋图》。

二乔即大乔、小乔，她们分别是孙策、周瑜的妻子。历史上，只知道她俩是三国时吴国著名的美女，没听说她们还会下棋。作图的人把美女与围棋拉到一起，客观上增加了棋的魅力，围棋不再仅仅是男人们打打杀杀的游戏。美女下棋，多优雅，多有情趣啊！二乔，也就成了那个时代的围棋形象代言人。

晋武帝大战王武子

到了晋代，围棋更加盛行，这首先得益于皇帝的提倡。西晋的开国君主晋武帝司马炎就是一个棋迷。

司马炎何许人也？首先要讲一下他的祖父司马懿。司马懿可是大大地有名，他是三国时魏国著名的大臣、将军，平生最重要的功绩就是让蜀国的诸葛亮多次北伐无功而返。能够让"智多星"诸葛亮壮志难酬的人，肯定是有两把刷子的吧！

晋武帝司马炎

中
国
围
棋
史

● 唐·阎立本《历代帝王图·晋武帝》

　　司马懿晚年全面掌管了魏国的朝政。他死后，他的第二个儿子司马昭被封为晋王，后来做了相国。司马昭死后，其长子司马炎继承父位，掌握了魏国的军政大权。这时，司马炎开始做起了皇帝梦，他暗地里指使一些大臣去劝说魏帝曹奂早点让位。曹奂没办法，只好下诏书说："晋王，你家世代辅佐皇帝，功勋高过上天，四海蒙受司马家族的恩泽，上天要我把皇帝之位让给你，请顺应天命，不要推辞！"司马炎却假装不能接受。满朝文武官员再三劝谏，司马炎才接受曹奂的禅让，于公元265年登上帝位，国号大晋，史称西晋。从此，曹家天下便姓司马了。想当年，曹操的儿子曹丕让汉帝禅位称帝，没想到，帝位只传了四十五年，自己的后代也面临同样的命运。历史在重演，只不过角色换了啊！

司马炎逼迫魏帝退位后，心里并不轻松，因为这帝位来得并不是那样名正言顺。为了巩固自己的政权，他推行了一系列改革，大力发展生产，使社会出现一片繁荣景象，史称"太康之治"。公元 280 年，西晋又灭了东吴，结束了三国时代，重新统一了中国。

晋武帝司马炎在政治上尚有作为，才艺也不凡。他喜欢书法、围棋。西晋讨伐吴国，还有一个与围棋有关的故事。公元 279 年，有大臣上表请求晋武帝伐吴。这时，晋武帝正在与臣子张华下棋，张华见状，马上把棋局推掉，决然地说："陛下神武英明，朝野清平，国富兵强，号令如一。而吴主荒淫骄奢，诛杀贤能。现在去讨伐，可以不费吹灰之力，就可平定天下啊！"张华的这一席话，坚定了晋武帝的决心。结果也如张华所料，两个月就把吴国搞定了。

晋武帝的棋艺颇为了得，这可不是空口说白话，而是有棋谱为证。《忘忧清乐集》中就收有《晋武帝诏王武子弈棋局》，这可是中国围棋史上流传下来的第二古老的棋谱。

有人可能会问，那王武子又是谁呢？王武子，名济，字武子。王济既有文才，又擅长骑马射箭，勇武过人，加上人长得帅，个性率真，很符合那个时代所谓的"魏晋风度"。晋武帝喜欢他，把自己的女儿常山公主嫁给了他。

有一次，王济和晋武帝一起下棋。王济并不因对手是皇帝而感到拘谨，反而心态放松，不知不觉间就把脚伸到了棋桌的下面。这在中国人还在跪坐的时代里，可是非常无礼的举动。正好此时东吴的亡国之君孙皓在一旁看棋，晋武帝随口问他："你在江南做皇帝时，为什么喜欢剥人家的面皮？"孙皓看了看王济，故意说："看见对君王无礼的人，就该剥他的面皮。"言下之意就是，王某人太无礼了。王济善于言辞，喜欢议论朝政，好在他的皇帝岳父一直非常赏识他，并不怪罪。他们常在一起下棋，可以想见，棋盘上，王济可是谁也不会让的，当然包括自己的岳父皇帝老子。

《晋武帝诏王武子弈棋局》不知是谁执白先走，反正下得非常激烈。你看，白 3、黑 4、白 5、黑 8、白 9，都是非常凶狠地逼上去，近身肉搏，这也

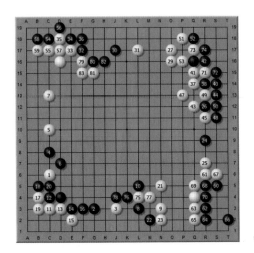

● 晋武帝诏王武子弈棋局

中
国
围
棋
史

是古棋的风格。这盘棋还有个特点，黑白双方都掏了对方一个角，这在古棋中可不多见。因为古棋中有个"还棋头"的规定，多一块棋，终局计算胜负时就要多贴还对方一个子，一进一出，如果是两目活棋，这两目便算打水漂，没了。可这盘棋，到83手为止，感觉白棋目数稍好一点（古棋中没有先走的一方贴目的规则），并且，各四块棋，白棋外面的几块棋连片的可能更大一些。白棋优势的获得，在于当黑10跳起时，白11及时点角，先手活角后，导致黑棋外势的效率不高。因为之前白5、7的拆二、白9的逼，已经限制了黑棋外势的扩张。如果白棋能早一点扳到79，或者及时护住右下角，优势也许会更大一些。

《晋武帝诏王武子弈棋局》与《孙策诏吕范弈棋局面》一样，都是十九路棋盘。由于在目前的考古发现中，魏晋时代的围棋盘都是十七路，有人便据此推断，这两局棋都是后来人伪造出来的。真也罢，假也罢，皇帝好棋，客观上推动了那个时代围棋的繁荣。从魏晋到南北朝，中国围棋逐渐走向第一个高峰，西晋的开国君主晋武帝应该有一份功劳吧！

南北對抗

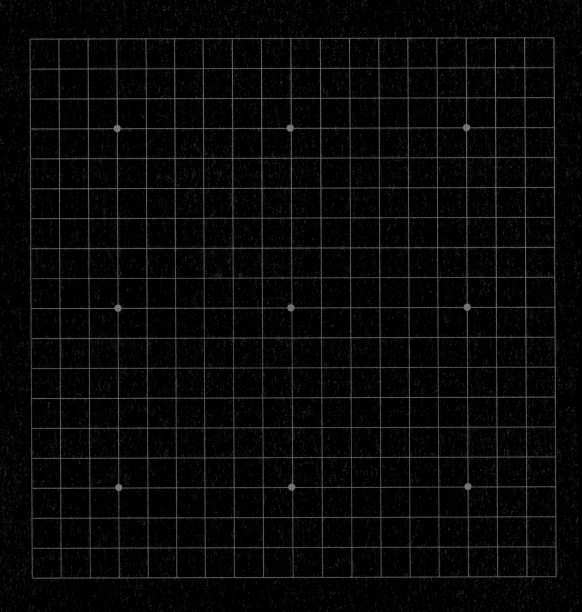

第一节　南朝烟雨

~~~~~~~~

经过魏晋两百年的弘扬、传承，围棋在南北朝迎来了第一个黄金时代。皇帝倡导围棋，国手品评围棋，朝臣以围棋作为晋升之阶，整个南方知识阶层甚至有了把围棋当作天下的代表的观念。南朝皇帝如宋明帝刘彧、梁武帝萧衍，无论他们的政治声名如何，对于围棋的发展都有一份功绩。氤氲在南朝烟雨之中的，是围棋在世间的蓬勃生长。与围棋有关的故事，也都别样地可堪咀嚼。

棋品制度

南朝围棋承接两晋的遗风，更呈现出全面繁荣的态势。张如安的《中国围棋史》罗列了南朝围棋进入黄金时代的九大标志。

1. 南朝帝王尽管棋艺高低悬殊，但他们远比魏晋帝王更热衷、更自觉、更着力地倡导围棋。

2. 围棋州邑的建立，皇家品棋活动的兴起，"逸品"概念的提出，标志着棋品制度进入了崭新的发展时期。

3. 围棋人口激增。

4. 高品棋手已形成了独特鲜明的个性与风格。

5. 围棋专著的问世在数量上超过前代。

6. 形成了"天下惟有文义棋书"的社会风尚。

7. 南朝士人的围棋活动和棋品等级，特为当代史家所重，被作为纪传的有机组成部分而载入史册。

8. 出现了南北棋艺双向交流的新局面。

9. 围棋文化向周边国家辐射，至迟在南北朝时期传入朝鲜和日本，为唐代形成三国争雄的局面奠定了基础。

其中，在围棋发展史上最有意义的应属围棋州邑的建立和棋品制度的确立。

围棋州邑的设置，始于宋明帝。《南史·王谌传》载：

> 明帝好围棋，置围棋州邑，以建安王休仁为围棋州都大中正，谌与太子右率沈勃、尚书水部郎庾珪之、彭城丞王抗四人为小中正，朝请褚思庄、傅楚之为清定访问……谌贞正和谨，朝廷称为善人，多与之厚。

两晋和南北朝的地方行政单位为州、郡、县三级。邑是自然村落、人群聚居的地方，而不是地方行政单位。围棋州邑应是掌管围棋的专业机构，仿州、郡设大、小中正，职掌棋者的选举、推荐，棋谱的收集、整理等。这应是中国最早的官方围棋机构，对围棋的发展，品棋及其他弈棋制度的进一步完善，有着颇为重要的意义。

棋品制度的创立，同样是魏晋弈坛的大事。它与当时的文官选拔制度有关。秦和西汉前期，选官实行的是军功爵制度，董仲舒倡儒学，主仁政，以察举和征辟（征召、辟举）代军功爵制，创立了文官制度，也形成了一种人物品藻风气。孔子依人的才智高低将人分三类：上智、中人、下愚。东汉班固在《汉书·古今人表》将历史人物分为"九等之序"：上上、上中、上下；中上、中中、中下；下上、下中、下下。曹魏在此基础上进一步完善，创立了九品中正制。其一，设中正，州设大中正，郡设小中正；其二，中正负责品第人物，将士人分为九品；其三，按品授官。这一制度为后来几个朝代所继承。

在这种品第人物的风气之下，各个艺术领域都出现了以品命名的著作。南朝钟嵘有《诗品》，谢赫有《画品》，庾肩吾有《书品》。这种品第风气自然也影响到围棋。与九品中正制相应，曹魏时也出现了将棋艺分为九品的说法。元陶宗仪《说郛》引邯郸淳（132—？）《艺经·棋品》云："夫围棋之品有九：一曰入神，二曰坐照，三曰具体，四曰通幽，五曰用智，六曰小巧，七曰斗力，八曰若愚，九曰守拙。"

到东晋时，范汪有《棋品》，袁遵有《棋后九品序》，标志着围棋作为独立的艺术品评体制的形成。南朝时，棋品制度进入黄金时代，进行了三次大规模的皇家品棋活动。

第一次是在齐武帝萧赜时。《南史·萧惠基传》："永明（萧赜年号，483—493）中，敕抗（王抗）品棋，竟陵王子良使惠基掌其事。"

第二次是在梁武帝的天监年间（502—519）。《梁书·柳恽传》："恽善弈棋，帝每敕侍坐，仍令定棋谱，第其优劣。"《南史·柳元景传》："梁武帝好弈棋，使恽品定棋谱，登格者二百七十八人，第其优劣，为《棋品》三卷。"这次品棋，是通过品定棋谱来实现的。

第三次是在大同（萧衍年号，535—546）末年。《南史·陆慧晓传》："大同末，（陆）云公受梁武帝诏，校定《棋品》，朱异、刘溉以下并集。"这次是对过去已定的《棋品》，作了校订工作。

在"登格"的人中，最著名的有南宋、南齐时的"琅琊王抗第一品，吴郡褚思庄、会稽夏赤松第二品"，齐高帝萧道成"弈棋第二品"，梁柳恽"为第二"等。还有吴郡褚引，"年七岁入高品，及长，冠绝当时"，宋文帝称之为"天下五绝"之一。

以人物品第为核心的仕进制度，起过一定的历史作用，但后来品第职权多被世家大族垄断，导致出现"上品无寒门，下品无士族"的状况。隋唐时，科举制取代了九品中正制。品棋制度所赖以依托的社会政治基础已不复存在，自然也就慢慢消失了。尽管唐代也出现了以第几手为特征的弈人等级划分和高低手对局制度，但不再有专门的权威机构负责品评弈人棋艺，中国围棋本来有可能以此为契机，建立较为完备的组织和竞赛体制，就这样中途而废了，这不能不说是中国围棋的一大遗憾。

但是，现代围棋的段位制，尽管一般认为来自日本，但跟中国传统的品位制，应该说还是有很大的关系。只不过在现在流行的段位制里，九段成了最高段位。而在中国台湾，职业棋界至今沿袭了中国传统的品位制，棋分九品，一品最高，九品最低。

皇帝飞棋

说到记载中国历代围棋人物的书籍，《弈人传》是不可不提的。这是一部成书于民国初年的皇皇巨著，它将自上古至清末著名围棋人的事迹、著作编为一册，有着汇总资料、独成一家的重要意义。《弈人传》由黄俊编撰。黄俊在民国时曾担任湖南大学的教授。致力于围棋文化研究的前辈贤达完全以个人之力做成了功在千秋的伟大事业，着实令人钦佩。但或许正是因为个人之力，书中难免出现一些费解之处。

在《弈人传·卷三·南北朝》中，对南朝宋、齐的两位皇帝刘彧与萧鸾各有一段记载，抄录如下：

> 刘彧，文帝第十一子，封湘东王。前废帝子业被弑，宋臣立之，是为明帝。好围棋，甚拙。与第一品彭城丞王抗对弈，抗每假借之，曰："皇帝飞棋，臣抗不能断。"宋主不悟，好之愈笃。

> 萧鸾，字景栖，高帝侄，初封西昌侯，专政攘位，在位五年，卒谥明帝。《南齐书·虞愿传》："愿为祠部郎，明帝好围棋，甚拙，去格八九道，物议共欺以为第三品，与第一品王抗围棋，依品赌戏。抗每饶借之，曰：'皇帝飞棋，臣抗不能断。'帝终不觉，以为信然，好之愈笃。"

仔细读来，我们会吃惊地发现这两节基本重复。内容都是"明帝"爱下围棋，但水平甚低。在古代"棋分九品"的等级下，他距离九品还差八九子。但因为有着皇帝的地位，棋界称赞他的实力达到了三品的高度。明帝召来当世最高手王抗，要按照三品对一品的对局规格下棋。王抗每每推辞："皇帝飞棋，臣抗不能断。"明帝大喜，对围棋更加痴迷。

前后两朝，两位皇帝做同样的事，听同样的话，这样的故事出现的概率，实在是低得不能再低了吧？但这两段文字皆有出处，并非后人的随意杜撰。《弈人传》中，刘彧一节引自《资治通鉴》，萧鸾一节引自《南齐书》，都是列入中国封建王朝"钦定"的正史，可信度极强。两段共同提到的围棋国手王抗一生历经宋齐两朝，也是史有所载，白纸黑字。这究竟是著史者不够严谨，还是后世誊抄出错，以讹传讹？

其实，答案就藏在这段文字最早的出处《南齐书·虞愿传》里。检索传主，虞愿在宋为官，卒于南齐成立的第一年，显然不可能经历萧鸾做皇帝的时代。而刘彧与萧鸾除了同样残忍嗜杀外，又都巧合地被谥为"明帝"。或许《弈人传》凭借出处将虞愿所侍奉的宋明帝误作南齐朝的齐明帝，才是出现上述谬误的原因。至于虞愿的本传为何出现在《南齐书》而非《宋书》里，就无从知晓了。

"皇帝飞棋，臣抗不能断"一句，很能显示国手王抗的智慧。有人将其译为"皇帝这步飞棋厉害，臣不敢断开"，未免拘泥于字面的围棋术语。王抗一边描述"皇帝落子如飞"这一事实，一边自谦"（因此）臣不能判断"，既保住了皇帝的面子，又维护了自己的实力。宋明帝沾沾自喜，推动建立围棋州邑，这对于围棋的发展是有功的。有文章据此贬损王抗的人品，实在是不知棋手生计艰难的有罪假设。

文义棋书

南朝是中国围棋史上的第一个黄金时代，除了上节说过的皇帝倡导，确定品级等故事，当后世围棋史家提起这段"黄金岁月"时，总愿意引用南朝名士沈约的一句名言："天下惟有文义棋书。"虽然文、义、书究竟是哪些东西，至今尚有争议，但围棋的地位已经再明白不过地展示在我们眼前了。围棋在当时可以代表整个天下，这个地位是有多高啊！哪怕这个"天下"，只是上层贵族社会的天下。

沈约是何许人也？此人在中国政治史、文学史、史学史上都值得大书特书一笔。沈约（441—513）少年家庭贫寒，但读书不辍，勤奋到了他的母亲担忧他如此用功，瘦弱的身体承受不住，因此偷偷减少他读书用的灯油的地步。苦心人，天不负。沈约凭借他过人的才华，在南朝宋、齐、梁三朝平步青云，并与萧衍、谢朓、王融、萧琛、范云、任昉、陆倕并称为"竟陵八友"，是当时文坛闻名遐迩的名士。后来萧衍策划政变，建立梁朝取代南齐，沈约出力不小，他对萧衍来说可谓开国功臣。

在文学史贡献上，沈约提出了"四声八病说"，即根据中国诗歌的发展需要，沈约提出了写诗时韵律、音节、平仄等方面的要求，规范了诗歌的写法，中国诗也由古体向格律诗（即近体诗）开始过渡。中国诗歌在唐代进入繁荣期，讲究音韵平仄的格律诗的成就彪炳千古，沈约在这个诗歌演进过程中扮演了举足轻重的角色。至于史学研究，我们今天听来如雷贯耳的"二十四史"，其中的一部《宋书》就是出自沈约的手笔。

所谓"上有所好，下必效焉"，这样一位举国名士、朝廷重臣，沈约的个人爱好自然会影响到南朝士林。沈约曾经写过一篇《棋品序》，称围棋"体希微之趣，含奇正之情，静则合道，动必适变。若夫入神造极之灵，经武纬文之德，故可与和乐等妙，上艺齐工"，将围棋与"和乐""上艺"并称。围棋之技日益走向精神化、审美化，成为艺术。到唐代，琴、棋、书、画并称，棋正式成为"四艺"之一。

而南朝出现"天下惟有文义棋书"的时代观念，应该说也与沈约自己有关。如果我们找到沈约这句话的全貌，再了解沈约讲这句话的对象时，会发现其中藏着另一个值得我们深思的故事。

公元 503 年，一个二十一岁的寒门青年在与当朝宰相沈约的对答中展示出了高超的才华，被破格推荐走上仕途——魏晋南北朝是中国历史上阶层固化的时代，不是出身于名门世家的人很难加官晋爵。这位曾经是一乡之患的赌博少年，在发愤图强后迅速精通文史，博弈书算无所不长。正是在这次问答中，沈约用了极高而有趣的赞语评价他："天下惟有文义棋书，卿一时将去，可谓不廉也。"这句话用现代汉语翻译过来，就是："天下只有文义棋书，你把它们全占了，不就是贪婪吗？"这位从此步入政坛，做到一人之下、万人之上地位的人，名叫朱异。

朱异的围棋才能是举世公认的，时值梁武帝萧衍当政，在酷爱围棋的萧衍下旨校订的《棋品》中，朱异位居上品。除了棋才，朱异的文才、辩才以及智慧、记忆力方面的才能，桩桩件件都记载在史书里。然而自受宠以来，朱异对外大肆收受贿赂，对内谄媚阿谀君王。最终在他的兴风作浪之下，北朝叛将侯景以讨伐朱异"贪财受贿，欺罔视听"为名，挥兵包围梁朝首都建康城，困死梁武帝，祸乱江南，"南朝四百八十寺"的繁华由此烟消云散。令人感慨的是，朱异最后留在世间的才能，竟然是祸国之才。沈约当时有心夸赞所说的"不廉"，竟然成了一句悲哀的谶语。

"下围棋的没有坏人"，这是一句棋界耳熟能详的话，然而这话却无法用在朱异身上。甚至在早期的中国电影里，围棋扮演的也非正面角色。在1940年费穆导演的杰作《孔夫子》中，阳货与少正卯密谋叛乱时也是以二人下围棋为背景。或许，这不是什么难以理解的矛盾。纵观朱异一生，围棋只是他升官谋权的手段。梁武帝嗜好围棋，朱异便与他通宵对弈；梁武帝沉溺宗教，朱异便精研各门宗教理论。他并非真心爱棋的人，而是把围棋当成了工具。他下的不是围棋，是利益。

这样想来，很多围绕在"下围棋的没有坏人"里的疑惑，就可以得到解释了。真正从围棋中取得快乐的人一定纯朴中正，而试图通过围棋谋取私利的人，就有可能钻规则的漏洞以求一逞。小到在网棋中为了区区一两盘胜利，利用网络规则漏洞而耍赖的当代人，大到葬送了梁朝大好河山的奸臣朱异。他们的确很聪明，他们也确实是被自己的聪明误了人生。

梁武帝《围棋赋》

> 如垄生木，木有异心。
>
> 如林鸣鸟，鸟有殊音。
>
> 如江游鱼，鱼有浮沉。
>
> 岩岩山高，湛湛水深。
>
> 事迹易见，理相难寻。

这首出自南朝在位时间最长的皇帝梁武帝萧衍（502—549在位）笔下的诗，说的是那一条垄上长出许多树木，每棵树木却都有着不同位置的树心；一片林中有许多鸟儿鸣叫，每只鸟儿的叫声却都有所不同；一条江里游着无数条鱼，每条鱼却都有着不同的浮浮沉沉的姿态。壁立千仞，山是那样地高；江流滔滔，水是那样地深。万事万物的外在表征易于被发现，藏在它们内部的道理规律却难以找寻。这首诗通过描写自然中的种种物象，表达了对探求世事规律之难的感慨。

然而，萧衍对于围棋的道理却有着超越时代的感悟。萧衍写过一篇《围棋赋》，是围棋史上赫赫有名的文章。全文如下：

> 围奁象天，方局法地。枰则广羊文犀，子则白瑶玄玉。方目无斜，直道不曲。尔乃建将军，布将士，列两阵，驱双轨。徘徊鹤翔，差池燕起。用忿兵而不顾，亦凭河而必危。痴无戒术而好斗，非智者之所为。运疑心而犹豫，志无成而必亏。今一棋之出手，思九事而为防。故谋断而计屈，欲侵地而无方。不失行而致寇，不助彼而为强。不让他以增地，不失子而云亡。落重围而计穷，欲佻巧而行促。剧疏勒之迟遭，甚白登之困辱。或龙化而超绝，或神变而独悟。勿胶柱以调瑟，专守株而待兔。或有少棋，已有活形。失不为悴，得不为荣。若其苦战，未必能平。用折雄威，致损令名。故城有所不攻，地有所不争。东西驰走，左右周章。善有翻覆，多致败亡。虽蓄锐以将取，必居谦以自牧。譬猛兽之将去，亦俛耳而固伏。若局势已胜，不宜过轻。祸起于所忽，功坠于垂成。至如玉壶、银台，车厢、井栏，既见知于曩日，亦在今之可观。或非劫非持，两悬两生。局有众势，多不可名。或方四聚五，花六持七。虽涉戏之近事，亦临局而应悉。或取结角，或营边鄙。或先点而亡，或先撇而死。故君子以之游神，先达以之安思。尽有戏之要道，穷情理之奥秘。

隐藏在这篇南北朝华丽赋藻之下的，是现代爱棋者也不一定能说得出、做得到的先进围棋理论。萧衍在文章中指出：下好围棋需重斗智，戒蛮力（"用忿兵而不顾，亦凭河而必危。痴无戒术而好斗，非智者之所为"），敢决断（"运疑心而犹豫，志无成而必亏"），多计算（"今一棋之出手，思九事而为防"），勤练死活（"或方四聚五，花六持七。虽涉戏之近事，亦临局而应悉"）。

在具体的行棋策略上，讲了不要帮人补强（"不失行而致寇，不助彼而为强"），不要打入过深（"落重围而计穷"），不要棋形过薄（"欲佻巧而行促"），优势下不要得意忘形（"若局势已胜，不宜过轻。祸起于所忽，功坠于垂成"），甚至敢于弃子（"失不为悴，得不为荣。若其苦战，未必能平。用折雄威，致损令名"），善于判断（"城有所不攻，地有所不争"），积蓄力量锐利出击（"虽蓄锐以将取，必居谦以自牧。譬猛兽之将击，亦俛耳而固伏"）等高级战术。想想看，这可是一千五百年前的古人对围棋的理解和认识啊！

命运堪怜，即便对"人生的缩小版"——围棋（当代围棋高手李世石语）有着如此深刻的认识，萧衍在后半生也出人意料地犯下了他所说的"若局势已胜，不宜过轻。祸起于所忽，功坠于垂成"的错误。登基日久，天下承平，梁武帝渐渐亲小人，远贤臣。开国功臣沈约得罪皇帝，忧惧致死；"贪财受贿，欺罔视听"的朱异却平步青云，深受宠幸。晚年的梁武帝笃信佛教，曾创下四次出家而后用钱财"赎回"还俗的荒唐纪录。皇帝不理政事，高层日益腐化，最终酿成了"侯景之乱"的惨剧。生灵涂炭，白骨累累，梁武帝自己也落得个被困台城，八十五岁高龄想喝一口蜂蜜而不得，最终被活活饿死的结局。

相传，梁武帝在死前用一句"天下自我得之，自我失之，亦复何恨"作为自己的人生总结。作为南朝梁的开国皇帝，亲手建立的王朝亲手毁灭在自己手里，梁武帝在中国历史上也堪称空前绝后了。南朝富庶之地，百年繁华一朝毁灭，梁武帝的"昏君"之名已经永远地留在了史书里。能够在博大精深的围棋里领悟到那么多精妙的道理，却不能运用到现实中，为自己的人生增加成就，反而蹈入身死国灭的万劫不复之地。梁武帝啊，梁武帝，又有谁会去同情你呢！

第二节　塞北棋踪

～～～～

　　与继承了魏晋风流的南方相比，一直由少数民族统治，且战火不断的北方相对而言就是文化的"蛮荒区"。但在北朝时期，围棋也以它独特的魅力硬是在荒野里开出了娇艳的花朵。谁能想到，成名几十年的南方国手，竟然被来自北方的无名小辈一战杀败。那古朴繁华的丝绸之路上，也有围棋的踪迹。不过，围棋在古代毕竟是无关国计民生的"小技"。皇帝喜好，一言而兴，一言而废，让人感慨不已。

南北对抗

　　以长江为界，南北两国形成划江而治的局面，在中国历史上出现过多次。两晋时，东晋王朝据守南方，北方陆续有少数民族建立的十六个国家倏起忽灭。靖康之耻后，南宋朝廷以长江为天险，抵御北方的金朝。以及本章所讲述的，南方宋齐梁陈四朝相继，北方北魏独霸，尔后分为东西魏，又分别被北齐、北周取代，形成长达一百七十年的南北朝历史格局。

　　隔江而治，南北对抗。这其中必然少不了"北伐"的战略、"南攻"的谋划。多少战歌起，多少征夫泪。后世辛弃疾那首著名的《永遇乐·京口北固亭怀古》中"元嘉（南朝宋文帝的年号）草草，封狼居胥，赢得仓皇北顾。四十三年，望中犹记，烽火扬州路"的句子，道尽了南北对抗、战事悠悠之感慨。

　　既然说南北朝是中国围棋的第一个黄金时代，那么在连年战事之余，南北两朝有没有想过在围棋上一争高下？如果南北两朝真的有"围棋对抗"，棋局掺杂着政治、外交、民族等等因素，将会是一幅怎样令人遐想的画面，又会对南北朝的历史走向产生怎样的影响呢？

● 明·佚名《对弈图轴》

您别说，还真有这么一次围棋史上的"南北对抗"。

公元491年12月，中国南方的齐政权在首都建康迎来了从寒冷的北国远道而来的北魏使团。使团由北魏孝文帝钦命的李彪带队，李彪时年四十八岁，从事南北交流近十年。在半年前到访南齐时，曾受到齐武帝萧赜亲自送归的厚待，并吟诵了南朝诗人"宴衍清都中，一去永矣哉"的句子。之所以违背了当时"此次告别再也不回来了啊"的誓言，是因为李彪此行还有着更重要的目的。在这支文化使团中，有一位来自北方的棋手，名叫范宁儿。

齐武帝对于"南北和平"是很看重的。出于对北方棋界的敬意，南齐请出举世公认的第一品高手王抗与范宁儿对弈。由于中国古代棋手资料的匮乏，我们无法确知这两位对局者的年龄。但从史书的蛛丝马迹推断，王抗在前朝宋明帝时就已名列一品，且担任彭城丞的要职，那么从棋力和资历上看，都不会特别年轻。二十余年过去，此时的王抗纵然不是垂垂老矣，也不可能风华正茂。而范宁儿则是突然跃出的弈坛新星，这位名字与我们今天的围棋动画片主人公江流儿颇有些相似的北方高手，既然背负使命而来，肯定做了大量的准备工作。所以这场棋战无论是双方年龄，还是备战情况，都是不平等的。

比赛的结果果然如此。虽然史书中没有对棋局过程做出介绍，但我们可以将线索连缀起来，做出符合常理的猜想。因为气候、地域的差别，南北两地的民族性一定有着相当大的差异。这种不同的个性反映到棋盘上，或许范宁儿的棋风就带着草原民族虎狼之性的勇猛，而王抗难免有南方高门世族奢华逸兴的空疏——这种描述是不是有些二十世纪八九十年代崇尚实战性的韩国围棋走"刺客"路子冲击追求艺术美的日本围棋的感觉？更有甚者，王抗是一位喜好取势、落子迅捷的感觉派棋手。人到高年，就更加疏于计算。在真刀真枪的对抗上，范宁儿一旦谋算深远，王抗那浩渺壮阔的中腹大空，是不是就有了成为"纸灯笼"的危险？

这是围棋史上最重要的一盘南北对抗局，其重要性深刻影响到了中国历史的发展。因为北魏孝文帝此时已经有了迁都洛阳、全面汉化的宏伟蓝图，这一文化使团的出行实际带有政治目的。李彪的副手是北朝著名的建筑师蒋少游，他以他天才的记忆力将建康城的建筑构造深藏于心，为洛阳城的修建奠定了基础。而范宁儿取得的围棋胜利，更证明了北人在南人擅长的文化修养上亦不逊色。三年后，孝文帝排除一切阻力正式南迁。民族融合，时代更迭。后世著史者在提及孝文帝的不朽功勋时，不知是否还记得在此过程中出过一份力的围棋？

敦煌《棋经》

两晋以后，随着围棋活动的蓬勃开展，棋艺水平的提高，特别是大规模品棋活动的展开，棋谱的收集与棋艺理论的研究不断加强，由此出现了不少专门的棋艺理论著作，如《棋势》《棋势图》《棋九品序录》《围棋品》《棋法》之类，可惜这些著作多已不存。幸运的是，到20世纪初，随着敦煌经卷被发现，在一部经卷的背面，还发现有一部手抄的《棋经》，它为我们了解南北朝

● 敦煌《棋经》手抄本局部

的围棋状况与棋艺水平提供了重要资料。

敦煌写本《棋经》，原书名与作者均已不详，因发现于敦煌卷子中又为写本而得名。据成恩元先生的考证，《棋经》系北周写本。它是我国现存最早的一部棋经。全书分为七篇正文和附录，卷首已残，现存2443字。

《棋经》的作者曾在第七篇中自称："余自修棋法，姓（性）好手谈。"还编撰过棋势四部，部别四篇。这部棋势专著集"汉图一十三势，吴图廿四盘"以及将军生煞（角部死活变化）、常见定式、杂征共和之势，内容极为丰富。从中可看出作者是棋艺专家，而非文学名家。"五赋三论"都以文辞华丽著称，《棋经》的修辞用字，均质朴无华，鄙俗俚语也多，其中还有不少别体字甚至错别字。作者自认"文辞直（寡）拙"，《棋经》不以文辞取胜，反而更突显了其内容的实在、实用。

《棋经》共分七篇。第一篇篇名不详，从残存的文字看，主要是阐述弈棋的基本要领和法则。作者明确强调，围棋乃以"巧诈"为能，与文人士大夫大谈的"仁义"之道，迥异其趣。这里还涉及声东击西、弃子得利等各类战法，颇得棋道真髓。

第二篇《诱征篇》，专论征子之法。

第三篇《势用篇》，综论各种"势"的运用，即一些具体的死活和对杀图形，如"直四曲四，便是活棋。花六聚五，恒为死兆""角旁曲四，局竟乃亡"。

第四篇《像名篇》，"像名"乃古人对一些特定的棋形，赋予一形象的名称。内容涉及角、边、中央。"将军生煞之法"，为角上死活定式；"卧龙赌马""玉壶神杯"，为边上下法；"子冲征法、褚胤悬炮、车相井栏"，为中央的棋势；"悬炮"应为"打入"战术，因古代炮车抛石而得名，非常形象。

第五篇《释图势篇》，论述图与势的关系和复图打谱的重要性。"图者，养生之巧，大格之能"，强调"图"与全局作战的关系。而"势者，弓刀之用，皆有所宜"，是具体的战斗武器。经常打谱，熟悉各种图势，"多习有益，教学渐能"，乃是提高棋艺的途径。

第六篇《棋制篇》，叙述弈棋的规则和计算输赢的方法。

第七篇《部襄篇》，作者自述"姓（性）好手谈"，阐述将棋势分为四部的标准和内容。"依情具理，搜觅所知，使学者可观，寻思易解"。

《部襄篇》后还专列了"棋病法""棋法"。"棋病法"提出棋有"三恶""二不祥"。"三恶"：第一，傍畔萦角；第二，应手鹿鹿；第三，断绝不续。"二不祥"：一谓下子无理，任急速；二谓救死形势不足。同时还提出棋有"两存""二好"。"两存"：一者，入内不绝，远望相连；二者，八通四达，以或（惑）敌人。"二好"者：无力不贪为一好，有力怯战必少功。

"棋法"则在第一篇的基础上更具体地总结了行棋之大法。"棋法本由人心，思虑须精，计算须审。"布局阶段，"竖一拆一，竖二拆三，竖三拆四，竖四拆五"，则是非常具体的行棋法则，直到现在仍广为人所接受。

《棋经》既重视全局，"棋之大体，本拟全局，审知得局，然后可奇兵异讨，虏掠敌人"，又揭示了局部战法的要领，可说是唐以前围棋理论的一次全面总结，具有重要的理论和实践意义。

杭州中国围棋博物馆敦煌《棋经》创作过程场景再现

因人兴废

读围棋史，特别是乱世棋史，令人难免生出废卷而叹之心情的，是围棋人不得不"含情凝涕谢君王"的无奈。围棋的兴也好，衰也罢，尽在皇帝的一念之间。本章第一节提到了两位南朝皇帝：宋明帝刘彧、梁武帝萧衍，虽然他们残暴昏庸，声名不堪，但二人利用个人权力建设围棋州邑（中国最早设立的官方围棋机构，负责举荐棋手、收集棋谱），校订棋品（仿照九品中正制的官制，按棋手实力分为九品，为段位制度之滥觞），促进了围棋的大发展。

但当我们纵览北朝的围棋发展情况，却会发现另一番景象。前面我们讲过的北魏孝文帝时期的"南北对抗"，范宁儿力克王抗的故事，与丝绸之路上那围棋的点点足迹，只是浩瀚沙漠中的一点儿绿洲。整个北朝，由于历代皇帝对围棋的轻视，棋界再没有出现什么盛况留给后人赞叹。

爱棋的皇帝绝无仅有，下棋的皇帝也是寥若晨星。"二十四史"之一的《魏书》记载了北魏太武帝拓跋焘的一段下棋故事，说他在与担任给事中的刘树下棋的时候，大臣古弼前来奏事。拓跋焘因为专心下棋，并未认真回答。古弼大怒，竟然直接上前揪住刘树的脑袋，摔下与皇帝对弈的胡床，将其一顿暴打。身为皇帝，拓跋焘也只好不再下棋，温言好语为刘树解围。这个故事一方面体现出由鲜卑族人建立的北魏政风剽悍，没有汉族封建王朝的森严等级，另一方面也展示了北朝侍奉君王下棋之臣的卑微地位。

● 隋·白瓷围棋盘

在北魏孝文帝极力汉化，南下迁都（由平城，即今山西大同南迁至河南洛阳）后，围棋在北朝得到了一定的提倡。但是北魏王朝盛极而衰，在汉化的过程中沾染了腐化奢华的"时代病"，最终酿成尔朱荣之乱，北魏也分裂为东、西二魏。后来，东魏、西魏又分别被把持朝政的高欢、宇文泰二族取代，他们各自建立北齐、北周。北魏原有的弈棋之风，基本被北齐一支继承。但是北齐国运不济，逐渐被从陇西兴起的北周蚕食以致消灭。

奠定北周国力基础的，是西魏权臣宇文泰。他和曹操一样，在打好改朝换代的基业后，把真正称帝的"果子"留给了儿子。北周取代西魏后，宇文泰被尊为周文帝。可惜的是，这位创业雄主对围棋毫不感冒，以至于本就气脉微弱的北朝围棋进入了长久的荒凉期。

北周灭掉北齐，一统北方之后，国家权力又落到了权臣杨坚的手里。公元 581 年，杨坚代周自立，是为中国历史上有名的隋文帝。八年之后，隋朝灭陈，中华大地时隔数百年终于再逢统一盛世。但是，隋文帝对围棋的否定态度更加坚决。在一次谈到围棋在内的所有棋类游戏时，杨坚用了"多乱法，何以致久"这样语含偏激的句子，将棋类游戏视作安邦兴国的隐患。皇帝张嘴，金口玉言，谁敢违背？有了这句话，整个棋界在隋文帝在位期间一片冷寂，满目萧然，也是可以想见的结果了。

不过历史的走向终究要让这些贬低围棋的君主失望了。围棋作为一项有生命力、有创造力的艺术门类与竞技游戏，固然会因一时当权者的个人好恶繁荣或沉寂，但永远不会就此而灭绝，不再传承下去。哪怕在北周、隋时期的围棋发展低谷期，依然出现了我们前面讲到的发现于敦煌的《棋经》，河南安阳隋朝墓中也曾发现白瓷围棋盘。通过这件考古实物我们可以得知，围棋发展到了隋朝，十九路棋盘已经成为主流，越来越接近现代围棋的外在形式。围棋终究要迎来它的下一个黄金时代，那就是让中国人倍感骄傲的盛唐。

盛唐氣象

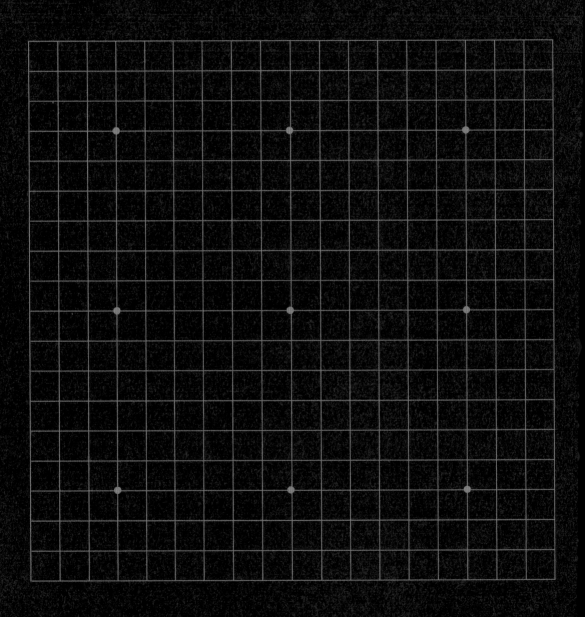

第一节　宫廷围棋

皇皇大唐，万千气象。千载之前，伟大的中华民族用自己勤劳的双手与无尽的智慧开创了中国历史上的一代盛世，围棋也在这个胸襟开放、心态包容的繁盛时代得到了前所未有的发展。这其中，唐代最有名的两位皇帝太宗李世民、玄宗李隆基对围棋的提倡功不可没。围棋人也第一次得到了通过围棋进入朝堂，获封为"棋待诏"的做官机会。

唐太宗与围棋

中国历史上，喜欢下棋的皇帝还真不少。像前面我们说过的晋武帝，特别是南北朝的时候，南朝宋、齐、梁三朝的宋文帝、宋明帝、齐高帝、齐武帝、梁武帝，都是著名的棋迷，梁武帝还亲自撰写《围棋品》《棋法》和《围棋赋》。

南北朝是中国围棋的第一个兴盛期，到了唐代，围棋又有了一番新的气象。这一方面是因为唐朝政治相对清明，国泰民安，历史上把唐太宗当政的一段时间称为"贞观之治"，它为围棋的发展提供了一个比较好的社会环境。另一方面这也跟一国的家长——皇帝——的提倡有关。这其中，首先要提到唐太宗李世民，他对围棋的参与、吟咏、提倡，客观上为初唐围棋的发展奠定了一个很好的基础。

其实，李世民的父亲李渊就是一个大棋迷，他精力旺盛，甚至有时下棋没日没夜，不知疲倦。受他的影响，李渊几个儿子都好棋。《旧唐书·裴寂传》曾记载李世民借裴寂与李渊下棋时，由裴寂劝说李渊起兵反隋。《西游记》中也写到太宗与魏徵下棋的场面，民间还有李世民观虬髯客与刘文静下

077

棋的传说。唐代传奇《虬髯客传》说虬髯客和道士邀请李世民下棋，想趁机看看他是否有帝王之相。道士一见到李世民的风采，下了几招，就垂头丧气地说："我这盘棋全输了，局面已经无法挽回。算了，算了，没救了，还有什么好说的呢？"说完就不再下子，请求离去。这真是神了！原来，说人不可貌相，也不能一概而论啊！另外一个说法，是说下棋的是虬髯客和李世民。一开局，虬髯客在"四·四"星位各放置一个子，牛气烘烘地叫道："老虬四子占四方！"而李世民呢，不慌不忙，在天元上下了一子，回敬说："小子一子定乾坤！"天元啊！一子落定，雄视八方。据说李世民的气势立即镇住了虬髯客，使他打消了逐鹿中原的念头，棋也很快认输了。

当然，这些都是传说而已。棋不过是其中的一个道具，用下棋来说明李世民有帝王之相，天生就是当皇帝的料。不过，有一点是需要好好提一下的，就是唐太宗是历史上第一个留下围棋诗歌的皇帝。让我们一同来看看他的两首《咏棋》：

中国围棋史

其一

手谈标昔美，坐隐逸前良。

参差分两势，玄素引双行。

舍生非假命，带死不关伤。

方知仙岭侧，烂斧几寒芳。

其二

治兵期制胜，裂地不要勋。

半死围中断，全生节外分。

雁行非假翼，阵气本无云。

玩此孙吴意，怡神静俗氛。

这两首诗是什么意思呢？我们先来看第一首。手谈、坐隐都是古人对围棋的称呼，"昔美""前良"指前代的围棋高手及他们的棋艺。以下写到具体的棋局，"势"在棋局中既指广义的形势，也指具体的定式、战术；"玄素"指黑白棋子。这两句写出了棋局中黑白棋势相互纠缠在一起的复杂局面。而棋盘上争斗虽然激烈，又不同于现实生活中的争战。"舍生"不用付出生命的代价，"赴死"也不会遭受伤害。领悟了这其中的乐趣，也就知道王质当年为什么会观棋烂柯了。

再说第二首。以兵法言棋，围棋如同用兵，目的当然在于谋取胜利。但攻城略地，割据称雄，却并不需要功勋。在棋盘上展开战斗，棋在包围中被断开，情势紧急，却又忽然柳暗花明，渡过难关。这里的"节外"与"围中"相对，可理解为冲出重围的另一天地，也可理解为围棋中的"劫"，在"劫"中谋生路。而棋势的伸展，就如那雁阵，却无须凭借翅膀。列阵作战，虽然气氛紧张，但并没有像云一样浓烈的杀气。在棋盘上打仗，既需要用兵的谋略，又别有一番情趣。围棋可以令人精神愉快，少点世俗的气息。

围棋有这么多好处，何乐而不为呢！皇帝对围棋的提倡，自然会影响到社会各阶层，特别是文人士大夫对围棋的态度。太宗的棋诗还引来弘文馆学士许敬宗、刘子翼等的唱和，也由此掀起了一个围棋诗歌的小高潮。上面喜欢什么，下面就都会模仿什么，就像现在的歌星、影星、球星，耀眼瞩目，引领社会的时尚。唐代围棋的繁荣，也就从此开始了。

明皇会棋

上一节我们说到唐太宗李世民，他在位的时间是公元627年—649年，之后即位的是唐高宗。接下来，唐高宗的皇后武则天临朝称制，进而称帝，是中国历史上唯一一位女皇帝。武则天退位之后，她的两个儿子唐中宗、唐睿宗先后接位，之后成为九五之尊的就是唐玄宗李隆基了。由于唐玄宗死后的谥号是"至道大圣大明孝皇帝"，突出一个"明"字，因此也被后人称为唐明皇。

前期的唐玄宗，是一个颇有作为的皇帝，他在位的四十多年（712—756），唐王朝达到了鼎盛时期，国富力强，声威远扬，人民安居乐业，这就是历史上著名的"开元盛世"。

人往往是有了点成绩就容易骄傲自满。因为社会富足了，唐玄宗慢慢地将励精图治的精神抛诸脑后，越来越少过问政事，终日沉溺于酒色之中。

唐玄宗喜欢下围棋，为此他首创了翰林棋待诏制度。待诏，就是待命供

奉内廷、专门侍奉皇帝的人。有写词的，有研究学问的，有负责占卜、主持各种祭祀仪式的，有书法、画画、下棋的，应有尽有。比如"绣口一吐，便是半个盛唐"的李白，就被唐玄宗封为翰林待诏。棋待诏的职责，一方面是陪皇帝下棋，另一方面就是负责教授宫中的人下棋。

既然皇帝喜欢下围棋，大臣们自然是不管喜不喜欢都要学上一些，以便能和皇帝接近。唐玄宗经常会召集那些善于下棋的王公大臣，大家聚在一起，下棋取乐。南唐画家周文矩还以唐玄宗弈棋为题材，画了一幅《明皇会棋图》。画面上唐玄宗身前有几个神态各异的人物，其中还有僧人。据说，日本来的棋僧辨正也在里面。辨正，原是日本和州大安寺的僧人，对唐朝的文化很感兴趣。由于他生性诙谐，口才好，又精通围棋，入唐后得到很高的待遇。李隆基还没有登基的时候，就与辨正很熟，多次召他下棋。所以周文矩在画《明皇会棋图》时，就把辨正也画进去了。这可算是中国与日本两国间最早的围棋交流了。

不光是大臣，后宫里的宫女嫔妃，也纷纷学棋，一个比一个热情高涨，大

● 南唐·周文矩《明皇会棋图》

家暗地里较着劲，要盖过他人，当然目的都是为了得到皇帝的宠爱。然而，自从杨玉环进宫后，她似乎把皇帝的宠爱全占了。

作为中国历史上最美的女人之一，杨玉环的容貌自不必说。但她不只是美得让"六宫粉黛无颜色"，还多才多艺，琴棋歌舞，样样皆能，特别是下得一手好棋，据说她的棋力还在皇帝之上。但杨玉环聪明机灵，擅于察言观色，特别会迎合皇帝的心理，每次下棋都要故意输给皇帝一点，这也是她能够深得皇帝宠爱的重要原因。关于她的聪明机灵，还有一个流传很广的故事呢。

有一年夏天，正是荔枝成熟的季节，唐玄宗与一位亲王在御花园里下棋。他只留下了少数几个随从，另外叫了乐师弹奏琵琶助兴。已是贵妃的杨玉环坐在玄宗一侧，一边吃着侍女剥好送来的荔枝，一边抚摸着怀中的康国猧子。猧子是域外的小国康国进奉的一种名贵的小狗，是杨玉环的宠物。

玄宗与亲王下了很久了，杨玉环时不时地看着局面。这位亲王也许是本来就看不惯玄宗，因此毫不相让，步步紧逼。渐渐地，玄宗的形势越来越差。杨玉环深知唐玄宗身为皇帝，是个极爱脸面的人，他要是输了这盘棋，恐怕谁都不会好过。

　　只见玄宗的脸色越来越难看，杨玉环也很着急，不停地挠着怀中的猸子。突然，她心生一计，温柔地摸着猸子的肚皮，然后，向猸子指了指棋盘。这猸子极通人性，就顺着杨玉环的手指往棋盘上一跳，棋子顿时被弄乱了，散得到处都是。玄宗转过头来，只见杨玉杯朱唇轻启，不无狡黠地对他笑，便哈哈大笑，把棋盘一推，不下了。亲王见此情景，也只好作罢。

　　这就是著名的"康猸乱局"的故事。这样貌美绝伦、冰雪聪明而又善解人意的杨玉环如何能不得皇帝的深宠呢？可惜好景不长，因为唐玄宗不务政事，导致安史之乱，叛军入京，皇帝与其部属逃离长安，仓皇西进。他们来到马嵬坡，部属却再也不肯走了。人们将祸乱归罪于杨玉环，唐玄宗迫于舆论压力，只得含恨送杨玉环上了不归路。

　　此外，人们还认为唐玄宗是因为太过喜爱围棋，以致玩物丧志。其实，红颜并非祸水，玩物也未必丧志，关键是如何把握"度"。

　　唐玄宗与杨贵妃的爱情悲剧，自然成了后来文人写诗、画家作画的题材。杨贵妃魂销马嵬坡，唐明皇孤守长生殿。唐代后期的诗人白居易，就写了一篇非常著名的诗《长恨歌》。"在天愿作比翼鸟，在地愿为连理枝"，多么感人的爱的表达啊！杜甫也在遥远的蜀地，在秋风落叶中，北望长安，发悲秋之叹：

> 闻道长安似弈棋，百年世事不胜悲。
> 王侯第宅皆新主，文武衣冠异昔时。
> 直北关山金鼓振，征西车马羽书迟。
> 鱼龙寂寞秋江冷，故国平居有所思。

　　长安犹似一盘棋，百年世事，都如那棋局一般反复不定。物是人非，王侯第宅皆换新主，文武衣冠已非昔时。战事不断，寂寞秋风，真是长安不见使人愁啊！明皇在凄凄惶惶中欲往海上仙山一觅佳人踪影，杜甫寓居蜀道却不断对长安梦绕魂牵。都说棋局如世局，真要那样倒也好了。棋无论输赢，都还可以再来一盘，世局却不容你再来过。回首前尘往事，一切已成云烟，上穷碧落下黄泉，两处茫茫皆不见，奈何？

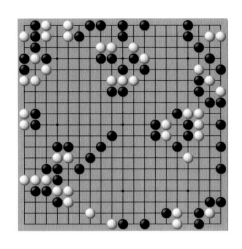

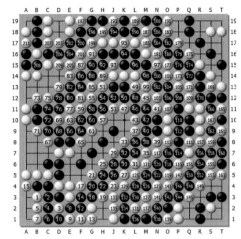

●《玄玄棋经》"唐明皇游月宫"（白先）　　　　●《玄玄棋经》"唐明皇游月宫"解答图

元代著名棋书《玄玄棋经》中，还有一道大型死活题"唐明皇游月宫"。月宫，那一定就是杨贵妃在另一个世界住的地方。唐明皇在月宫里绕了一大圈，也没有逃出贵妃控制，被死死地"征"住了！越陷越深越迷惘，这就是人们常挂在嘴边的"爱"啊！

唐玄宗与杨贵妃的故事，虽然最终是个悲剧，但还是留给了人们许多美好的想象啊！

樵夫与国手

唐代出现了一批棋待诏。尽管棋待诏地位不高，但毕竟他们是专门以棋为职业的人，也就是中国最早的一批"专业棋手"。

唐代著名的棋待诏有王积薪、王叔文、王倚、顾师言、滑能、朴球等。其中，最著名的当数王积薪。

"薪"，就是柴火，"积薪"，那家里肯定堆了许多柴火。砍柴的成了国手，说到其中的原因，有人说是因为王积薪一次在睡觉的时候，梦到一条青龙吐出九部棋经，他读了这些棋经，从此棋艺大进。其实这不过是好事者编出来的故事，真正的诀窍很简单，就是勤奋、好学。

据说王积薪小时候上山砍柴，在山林的寺庙里看和尚下棋，看着看着就学会了。他的棋艺提高很快，乡里没有了对手，便有好心人出路费，让他到城里找高手较量。据说他每次出门，随身都会带一个小包，里面装着小型的围棋和可折的纸棋盘。在路上碰上会下棋的，哪怕是普通老百姓，也要杀上一盘。赢了，就赚一餐饭吃，酒足饭饱之后，继续上路，去寻找新的对手。如此年复一年，棋力不长才怪呢。

有一年，太原府李九言在府上举行围棋擂台赛，国手冯汪连战连胜。王积薪听说后，有心要去较量一番。对局在李府中的金谷园进行，连下九局。王积薪开始以二比四落后于对手，但他毫不气馁，总结经验，沉着应战，之后连扳三局，以五比四取得最终的胜利。这九局棋便成了棋史上有名的《金谷园九局图》，可惜没能流传下来。

王积薪战胜冯汪后，一下子出了大名。他被召到宫里，做了棋待诏。棋待诏的职责，主要是陪皇帝下棋。后来，因为安史之乱，王积薪又跟着玄宗一路往四川退却。

有一次，来到一个地方，他刚将行囊放下，准备歇息。突然听到屋里一位妇女说，黑灯瞎火的，没事可做，咱们婆媳俩来下盘棋吧！另一位妇女说，好的。王积薪很奇怪，这没灯怎么下棋呢？便听得开头说话的婆婆说："我走东三北六。"媳妇立即说："那我就在东三北八处落子。"王积薪这才明白，原来她们在下盲棋。王积薪从来没有见过，棋还可以用"口"下。他顿时打起精神，用心听着，在想象中将婆媳俩的招法复现于盘上。渐渐地，他发现，这二人真不简单，棋盘上显示出来的局势是他从来没有见过的。媳妇这边的棋看起来行动迅速，咄咄逼人，却不承想姜还是老的辣，婆婆的棋指东打西，渐渐对媳妇的棋形成压力。媳妇想棋的时间越来越长，只下了三十六手，只听婆婆哈哈一笑："不下了吧，我将要赢你九目。"媳妇也叹服道："我的棋还是不如婆婆您啊。"

第二天一早，媳妇刚一开门，王积薪就赶上前作揖，请求她教自己下棋。媳妇说："我半夜里与我婆婆下的棋想必你已经听着了。"王积薪忙点头说是。媳妇笑道："那就可以了，这足够你用了。"王积薪还想再说什么，媳妇已经笑吟吟地走开了。

王积薪只好背起包袱向二人告别，沿小溪走了一会儿，天已大亮，他回头再看的时候，却大吃一惊，婆媳二人，还有那房屋，一下子消失得连个影子都没了。

王积薪估摸着，自己一定是碰到仙人了。他苦苦想着那些奇妙的招术，将这个布局命名为"邓艾开蜀势"，借用的是三国时曹魏大将邓艾率兵出其不意偷袭攻破蜀国的典故，以说明此局的精妙。可惜这"邓艾开蜀势"，传说有三十六手，现在却只传下来四着棋。这四着棋也很不平凡哦！你看，白1、黑2往五路拆边，重视中腹，还可以理解。当白3扩张时，黑4碰上去，出人意料的一着，只能说，这是神仙下的棋，常人只有啧啧称奇的份了。

后来，王积薪的棋艺越来越高，他还将实践与理论结合在一起，著有《棋诀》三卷，《凤池图》一卷，可惜都已失传。只有一个棋图《一子解双征》还保存在宋代李逸民所编的《忘忧清乐集》中。起手黑1小飞挂，白2飞镇，这是古谱"镇神头"的起手式。以下双方展开激战，当白42想要两边征子的时候，王积薪巧施妙手，黑43一子防住了两边的征子，局势顿时大为改观。由此可见王积薪的不凡棋艺。

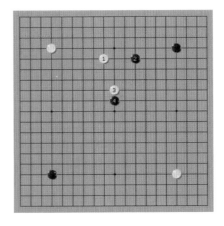

● 邓艾开蜀势

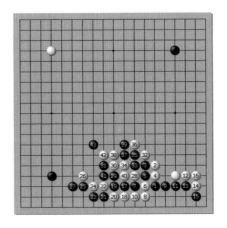

● 一子解双征

王积薪还根据自己的对弈经验，总结出了著名的"围棋十诀"，即，一、不得贪胜；二、入界宜缓；三、攻彼顾我；四、弃子争先；五、舍小就大；六、逢危须弃；七、慎勿轻速；八、动须相应；九、彼强自保；十、势孤取和。这是什么意思呢？第一，占优势时要稳扎稳打，不能贪得无厌，赢了还想赢得更多；第二，进入对方的领地要讲究分寸，循序渐进，不要孤军深入；第三，攻击对方时还要顾及自己，不要留下破绽；第四，要善于通过弃子来争取先手；第五，棋要分清大小，照顾全局，舍弃小利，这是为了获得更大的利益；第六，遇到危难时，该弃的就要弃掉；第七，下棋不可单纯地为了追求速度，而到处是薄棋；第八，棋子之间要有配合，相互呼应；第九，对方强的地方，先要自己谋活，不可拿鸡蛋去碰石头；第十，自己势力孤单时，以和为贵。

"十诀"最早见于元泰定本《事林广记》，题为《象棋十诀》，迄今未发现确凿证据为王积薪所作。近人也有人认为"十诀"乃象棋理论。不过棋艺都有相通处，我们不妨把它看作是古人对棋艺理论的高度总结吧。

第二节　围棋西游与东传

～～～～～

“穷则独善其身，达则兼济天下”，这一句人们用来激励自己奋发向上的励志名言用在围棋上，也相当合适。发展不利之时，围棋默默积蓄力量，独自传递星火；发扬光大之际，围棋便向四方照射出耀眼的光芒。围棋在唐代发展到高峰期时，逐渐向东西方流传，影响到藏棋密芒的产生，与日本、朝鲜围棋事业的普及。功在千秋，泽被万代。

丝路棋迹

前面曾说到敦煌《棋经》，作为中国现存最早的围棋理论著作，是北周时期的手抄本。北周是南北朝时期的北朝王朝之一，时间从公元557年到581年，距现在将近一千五百年。那么早就有了这么著名的围棋经典，真是了不起啊！

还有，敦煌离中原那么远，古人写诗说“羌笛何须怨杨柳，春风不度玉门关”。在人们的想象中，西北一片茫茫戈壁沙滩，多荒凉啊！为什么偏偏《棋经》是在那里发现的呢？这就不能不提到丝绸之路了。从汉代开始，运载丝绸、瓷器、茶叶等的驼队，就从长安（今西安）出发，一路向西，运往西域各国，然后又从西域运回中土所需要的东西，丝绸之路由此成为中西交流的一条重要通道。而敦煌自古就是丝绸之路上的重镇，通往西域的要塞。随着内地居民的西迁，作为文化活动一部分的围棋，也在那里蓬勃发展起来。而《棋经》发现于敦煌莫高窟藏经洞中，也就不足为奇了。

丝绸之路作为亚欧大陆上的大动脉，沟通了蒙古高原、塔里木盆地、准噶尔盆地、西藏高原、帕米尔高原、西突厥斯坦（中亚细亚里海到天山一带突厥语系居民居住地区的传统称呼），小亚细亚等地区，以及阿富汗、伊朗、伊拉克、叙利亚等国，使之互相影响、互相渗透。"丝绸之路"也是东西方文化的桥梁，至于围棋什么时候开始沿丝绸之路向西传播的，无确切的文献记载。但值得注意的是，两晋南北朝时期的汉译佛经中，就有不少"博弈"的记载。当然，汉译佛经中的"博弈"，应是各种棋戏的统称。但一些来自印度、尼泊尔及西域诸地的高僧到中国后，逐渐熟悉了中国的博弈活动却是事实，甚至还涌现了鸠摩罗什这样著名的弈僧。

鸠摩罗什（344—413）原籍天竺，七岁随母出家，从师受经，日诵千偈，二十岁名震西域。后随吕光乐归凉州，从事译经。公元401年到达后秦首都长安，使长安成为佛经翻译中心。鸠摩罗什曾译《维摩诘经》，维摩诘吃喝玩乐、博弈游戏，无所不为，对南北弈坛乃至那个时代人们的生活方式影响最深。鸠摩罗什自己也是好弈之人。《晋书·吕纂传》曾载，一次鸠摩罗什与吕纂下棋，吕纂"杀死"了他的好多棋子，便开玩笑地说："斫胡奴头。"因吕纂亦属五胡的一支，故鸠摩罗什纠正说："不斫胡奴头，胡奴斫人头。"事有凑巧，吕纂于龙飞四年（399）即帝位（十六国时期后凉君主），次年就被小名叫作胡奴的吕超杀死。鸠摩罗什的戏言竟成了谶语。段成式的《酉阳杂俎》还写他曾与人下棋，"拾敌死子，空处如龙凤形"。虽有夸张成分，但鸠摩罗什有一定的棋艺造诣是毋庸置疑的，堪称西域弈人的代表。

唐代是中西交流的繁荣时期。陆上丝绸之路到了唐代最为繁盛。大唐帝国威震海外的强盛国力和海纳百川的恢宏气度，使中外经济、文化交流的深度与广度前所未有。唐代中外使节交往频繁，经济、文化联系密切。各个使臣、权贵、留学生、商人、僧侣、乐工、画师、舞蹈家纷纷来华，彼此交往。都城长安成为亚洲最繁荣的国际都市。随着唐代文化、丝绸、陶瓷等制品的西传，围棋也逐渐越出国界，在丝绸之路上留下种种印迹。

唐代在丝绸之路上围棋最盛行的是以敦煌为中心的地区。内地居民西迁，围棋也被带入。坐落在今敦煌市区西南75公里处的唐代寿昌城就是一个著名的围棋棋子制作中心。这些棋子精巧美观，除满足本地需求外，大多为上贡之物。

围棋通过丝绸之路，不断地向西传播，留下了很多的踪迹。五代（907—960）时开凿的安西榆林窟，在三十二窟南壁上方，就有一幅下围棋图。它与

弈棋图（敦煌石窟壁画）

佛教有关，说的是维摩居士到娱乐场所去救度人。用什么来拯救人脱离苦海呢？下棋啊！何以解忧，唯有围棋。两人对坐桌旁，棋盘上落有十多个棋子。下棋的一人低头静观棋局变化，右手拈子，准备下着。另一人安详端坐，观察对方落子何处，棋局有无突然变化。从作战双方专心致志的神态来看，一场紧张激烈的搏斗正在进行，边上还有一个人在看棋。这是唐亡后五代时期的一幅反映社会现实的生活图，真实地记录了当时敦煌地区群众下围棋的场面。敦煌莫高窟454窟（宋代）也有下围棋图，说明唐宋时期围棋在"丝绸

之路"上已经广泛流行。

1972 年在新疆吐鲁番阿斯塔娜唐墓中，还出土了一幅绢画，叫作《弈棋仕女图》。画的是一位贵族妇人，身上穿着红缎团花斜领长裙、宽袖，腰上束着黄底绿花彩带，头梳天宝髻，扎一朵红色小花，端坐在棋盘一边，面前摆了一张小桌子，桌上放着木制围棋盘。这位贵妇正对着棋局，静静地沉思，她的右手食、中二指夹着棋子准备落子。绢画随葬说明墓中人生前肯定是一个围棋爱好者，死后家人为纪念她生前的爱好，才把画绢埋入墓中。这一绢画充分说明了唐代丝绸之路上围棋的盛况。围棋作为中国艺术瑰宝之一，正是沿着这条"文化交流之路"逐渐传入亚欧各国。

大唐围棋东游记

《西游记》想必是中国人耳熟能详的古典名著之一了。孙悟空大闹天宫，唐僧西天取经，师徒四人同心协力破除八十一难……《西游记》原著固然是一部涵盖了多重意蕴、主题的经典小说，但经过当代电视剧、动画片的几次轰动性的演绎，唐僧师徒为取得佛学真经矢志西行的精神，早已根植在我们的心中。

有趣的是，如果说真实历史中玄奘在唐太宗时期步行万里，抵达印度带回佛经是名副其实的"西游"的话，那么围棋在同时期更是经历了一次深刻影响了后世围棋史的"东游"。

围棋大约在南北朝的时候传入了朝鲜，之后又漂洋过海，到了日本。具体时间说不清楚了，但到唐代，围棋肯定已经在日本扎下了根。在日本奈良的正仓院，直到现在还收藏着一副紫檀棋盘。棋盘底座是雕空的，四面画有各种精美的飞鸟、走兽、人物，还有两只放棋子的小抽屉，只要拉开一只，另一只就会自动打开。这棋盘据说是公元8世纪唐玄宗送给日本圣武天皇的。但棋盘的盘面上，从星位开始，每隔两个棋道就标出一个花点。加上天元，整个棋盘上一共标有十七个花点。古朝鲜的围棋就是十七个座子，所以又有人推测，这棋盘来自朝鲜。

日本人认为，最早将围棋传到日本的是吉备真备（695—775）。当时大唐帝国的文化很发达，吸引了周边许多国家的使节、留学生来唐朝交流、取经。其中，日本多次派遣唐使团来中国，吉备真备就是其中的留学生。他于公元717年来到中国，在唐近十九年，研究唐代的天文、历法、音乐、法律、兵法、建筑等知识，后来带着许多的典籍回到日本。这是不是另一个版本的"西天取经"？这"经"里面当然也包括"棋经"了。

日本的《江谈抄·吉备入唐轶事》中有一则吉备真备与唐人下围棋的故事，讲的是吉备入唐之后，刻苦上进，博学聪慧，唐人非常嫉妒，把他关在阁楼里，处处为难他，为难他的手段中就包括围棋。唐人要派高手与他下棋，可他压根不会围棋啊，怎么办呢？据说是与他一起入唐的阿倍仲麻吕的鬼魂用一个晚上的时间教会了他下棋。在下棋之前，阿倍仲麻吕的鬼魂还莫名其妙地拿出一服止泻药，让吉备喝下去。下棋的过程中，鬼魂在一旁不停地指点吉备。虽然人与鬼同心协力，但吉备毕竟刚刚学会围棋，水平实在有限。棋局结束，勉强打了个平手。

没有获胜，这可怎么办呢？吉备真备心生一计，趁对手不注意，偷偷把一颗黑子吞进了肚子。这是为什么呢？原来唐代围棋计算胜负，实行的是数目法。自己被对方吃住的子，要填回到自己的空里，最后计算双方空出的目数。偷吃一个死子，岂不等于多出一目棋来。吉备就这样赢了棋。

输棋的唐人想想觉得不对，分明点了目啊，平局怎么会输呢？再数整个的棋子，才发现少了一颗黑子，那一定是被吉备吞吃了。为了拿到证据，唐人逼着吉备喝泻药，让他把吞进肚子里的棋子排泄出来。吉备没办法，只好硬着头皮把泻药喝了下去。结果，你猜怎么着？鬼魂事先让吉备服下的止泻药派上了用场。吉备喝了泻药，一点儿事也没有。这真是有先见之明啊！

唐人大怒，决定继续把吉备真备关在阁楼里，不给饭吃。但吉备依靠鬼魂的帮助，不仅没有饿死，还活得好好的。

这个故事很荒唐，从头到尾说的都是吉备真备如何依靠自身的智慧、勇气和鬼魂的帮助，战胜唐人的种种迫害。不过，靠偷吃棋子赢棋，毕竟不太光彩。后来，在日本的书里，故事又演变为中国的地方官玄东与真备对弈，玄东的妻子在一旁看棋，看到丈夫最后可能要差一子，便偷吃了一颗棋子，使盘面巧成和棋。

故事无论怎样编，有一点是肯定的，即围棋是由中国传到日本去的。唐代中日围棋之间的交流，有两次高潮：一次为唐玄宗开元年间，也就是吉备真备入唐的时期，另一次则是唐宣宗大中年间。相传唐宣宗李忱大中二年（848），日本国王子入唐，与中国国手、棋待诏顾师言进行了一次比赛。唐代苏鹗《杜阳杂编》对此有详细记载，说日本王子善于下围棋，与棋待诏顾师言对局，下到三十二手时，胜负还未决出。顾师言身为当时的第一国手，棋下到这个份上，很是着急，生怕有伤大国的面子。他苦思冥想半天，想出了一着妙手，被称为"镇神头一子解双征"。王子见此，没了脾气，只好认输。他问："顾待诏是大唐排名第几的棋手啊？"唐朝负责接待的官员故意欺骗他说："是排名第三的棋手。"王子说："我想会一会第一。"回答说："王子要先和第三下，赢了才能对第二；胜了第二，才能见第一。现在一下子就想见第一，不行啊！"王子推掉棋盘，叹气说："小国之第一，不如大国之第三，今天算是服了。"

《顾师言三十三手镇神头图》如今已不可见，也许中日高手间确实有过这样一次比赛，又或许因为"王积薪一子解双征势"颇为有名，便有记事者张冠李戴，将其附会到顾师言头上，以增加其"轰动"效应。

古代的一些围棋故事，我们就把它当作传说好了。看看上面讲到的唐代中日围棋交流的故事，不都挺有趣的嘛。

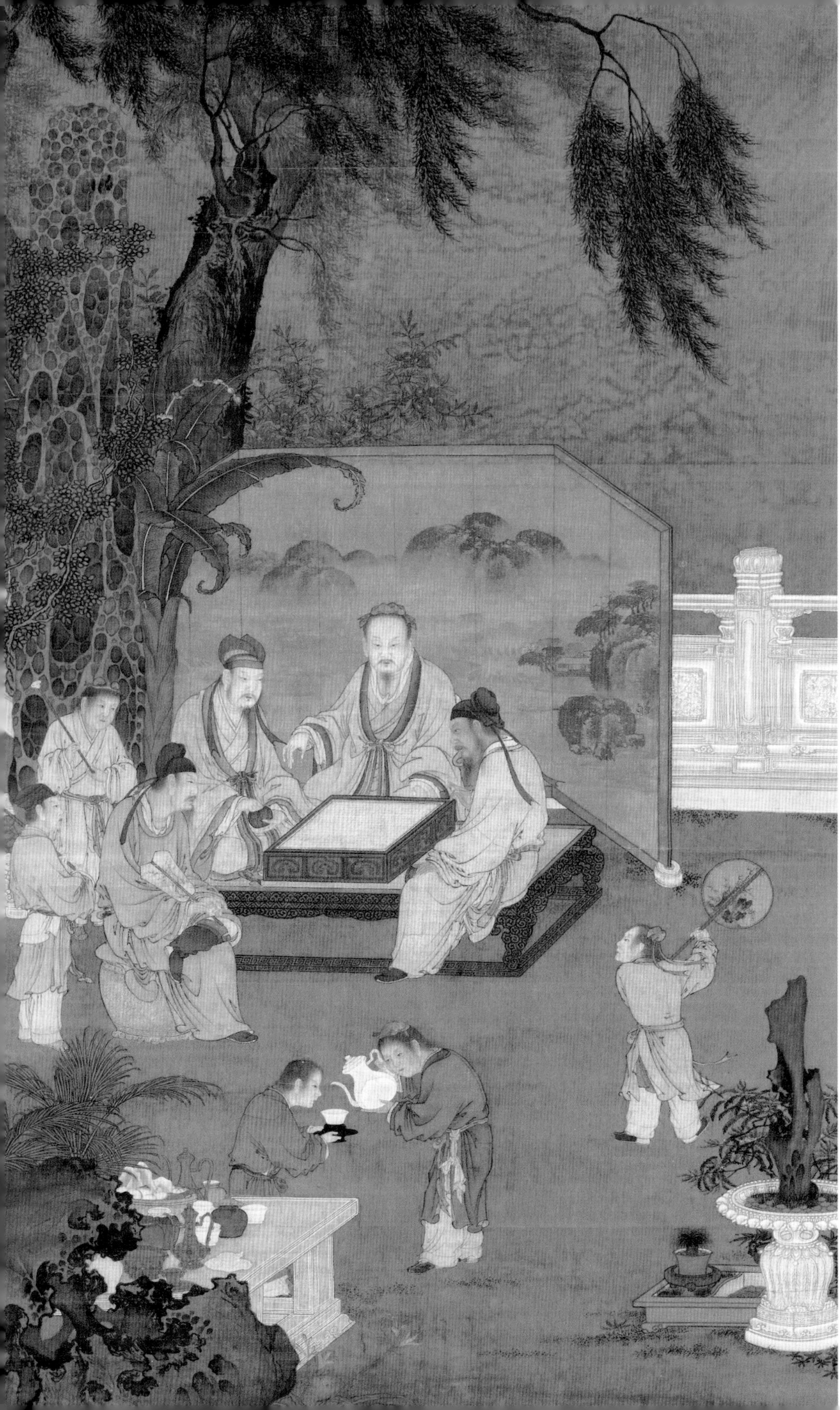

宋·佚名《十八学士图之棋》

第三节　文人与棋

〰〰〰〰〰

　　大唐贞观年间，唐太宗李世民看着鱼贯而入科举考场的各地士子，不禁高兴地说："天下英雄，入吾彀中矣！"科举制为唐朝政局的稳定、官员素质的保障、社会上下阶层的有效流通起到了至关重要的作用。由于科举制考察学子的诗赋能力，唐朝也成为诗歌繁荣、文人众多的时代。

　　自古以来，围棋与文人就有着密不可分的关系，"冠盖满京华"的唐朝自然也不例外。

十八学士

　　提到"学士"，那首先想到的应该是有学问的人。十八学士凑到一起，是要干吗呢？原来唐朝的唐太宗还在做秦王的时候，为了自己以后的霸业，四处笼络人才。武德三年（620），秦王平定了王世充，回来时，李世民的父亲唐高祖李渊一时高兴，封李世民为天策上将，设天策府。李世民抓住这个大好机会，开办文学馆，广纳人才，秦府十八学士就这样凑齐了。

　　这十八学士可是个个不凡，各有所长。就说那心腹谋士杜如晦、房玄龄，足智多谋，简直就是小诸葛啊；儒士学者，如陆德明、孔颖达，则是学问大大有名的饱学名儒；还有能对李渊产生影响的，如苏世长、颜相时。皇帝身边有能替自己说话的人，事情岂不好办多了？还有代表地方的势力，如士族首领李守素，这叫地方上有人，有广泛的群众基础啊。这些人有的是隋朝旧臣，有的是洛阳王世充的旧部，如今为了一个共同的目标走到一起。

　　俗话说，要想马儿跑，就要让马儿吃得好。李世民可是个聪明人，舍得投资，让这些人吃香的，喝辣的，享受五品官的待遇。他还命令当时的著名

宋·佚名 《洛阳耆英会图轴》

画师阎立本为他们画像，名为《秦府十八学士图》（今已失传）。"藏诸凌烟阁，留待后人看。"这可是流芳千古的事啊！当时的人羡慕啊，所以称之为"登瀛洲"。

瀛洲又是什么地方呢？它是中国神话中的神山。传说渤海有三座神山——蓬莱、瀛洲、方丈，住在那里的都是神仙，到处是果树，既美味，吃了还能长生不老。有这样的好事，赶紧去啊！难怪当年秦始皇、汉武帝念念不忘，要去求仙访药呢！

不过，这神仙般的日子并不长久，李世民跟他们谈论了一阵子学问，很快就把"争皇位"的事摆上了桌面。李世民习惯于"夜晚办公"，十八学士只好轮流值班，以备召见，为李世民出谋划策。公元626年，李世民带兵闯入玄武门，诛杀了幼弟李元吉、太子李建成，又逼老父亲退位，自己坐上了皇帝的宝座。这其中，自然少不了十八学士的功劳。

不过，十八学士的好日子也就到头了。尽管他们一个个被封了官职，但李世民深知平衡之术，他出人意料地让李建成的旧臣魏徵当上了丞相。这魏徵可是出了名的"直臣"，做事公正，不讲情面。这是李世民的一种姿态，既显得自己宽宏大量，任人唯贤，又给十八学士吹了哨，亮了黄牌：小心点，夹紧屁股做人吧，可别让魏徵逮住了你的尾巴，把你罚下场！

从此以后，那种大块吃肉、大碗喝酒的日子算是过去了，十八学士慢慢地退出了唐代初期的政治舞台，"瀛洲"终不过是那个时代文人士子们的一个美梦。

尽管这样，十八学士的故事还是激发了后来许多人的美好想象，不少绘画都以此为题材。奇怪的是，这其中的许多画都与围棋有关。如宋代的《十八学士图之棋》（作者佚名，现藏台北故宫博物馆），几位学士在一个亭台上悠闲地下棋，后面有一山水屏风，前有几个小厮打扇子、筛酒、倒茶伺候着，多么惬意啊！还有南宋刘松年所绘的《十八学士图》，亭台楼阁，富丽堂皇，学士们或下棋，或观棋，或挥墨，悠游自在，真让人羡慕！

只是，翻遍史料，我们也没发现十八学士会下棋啊！唯一与围棋有关的记载，是十八学士之一的许敬宗，在唐太宗李世民写了两首咏棋诗（见本章第一节）后，也唱和了两首，题目就叫《五言奉和咏棋应诏二首》。其中一首写道：

● 南宋·刘松年《十八学士图》

鱼丽新整阵，鹳雀忽争先。

八围规破眼，略野务开边。

分行渐云布，乱点逐星连。

胜是精神得，非关品格悬。

还有一首：

拂局初料敌，阴谋比用师。

观形已决胜，怯下复徐思。

抟战类相劫，图全且自持。

宸襟协尧智，游艺发初丝。

话说回来，为什么"十八学士登瀛洲"会成为那么多人感兴趣的话题，而神仙居住的瀛洲为什么又总是跟围棋联系在一起呢？在民间，各种瓷器、木雕、砖雕艺术里，都有"十八学士图"。近代画家吴友如的通俗画集里也有《十八学士登瀛洲图》。这就像"商山四皓""竹林七贤"成为艺术家们喜欢表现的题材一样。看来，既做官，又能像神仙一样自在逍遥，就是中国传统士子文人的理想啊！而围棋，作为仙家"养性乐道"之具，当然不可缺少了。

草堂棋声

唐代的许多文人都会下棋，在那个时代，下棋可是一种时尚，以善于下棋为荣，以不会下棋为耻。

一样东西一旦流行，就会带动许多人，何况围棋本身就那么好玩呢？所以，文人士大夫中会下棋的名字可以列出一长串：王勃、王维、张说、刘长卿、杜甫、岑参、白居易、元稹、刘禹锡、王建、张籍、卢纶、韩愈、贾岛、杜牧、段成式、温庭筠、李商隐、司空图、杜荀鹤、张乔……

我们今天单说"诗圣"杜甫（712—770）。杜甫诗写得好，那是没得说。他与"诗仙"李白齐名，被称为中国诗歌的"双子星"。那地位，在棋界，就相当于清代的围棋大家范西屏和施定庵，要在今天，就是李世石和古力。可惜没听说李白会下棋，可能李白就像散仙一样，来无踪，去无影，没那个耐烦心在棋盘上一坐就是一两个小时。相反，杜甫是个沉稳、内向的人，一生生活困苦，又不像李白那样潇洒，看得开，一肚子苦水没地方倒，只好写点诗、喝口酒、下下棋，聊以消愁解闷。"地僻昏炎瘴，山稠隘石泉。且将棋度日，应用酒为年。"你看，棋与酒，简直就成了诗人的下饭菜了。

杜甫生活的时代，正是唐玄宗当皇帝，唐朝由鼎盛到衰落的时期。安史之乱使许多平民百姓生活无着，无家可归。杜甫一家也是凄凄凉凉，颠沛流离，连在秦州盖一间茅草屋的钱都没有。在成都，他们在老友及棋友的帮助下，才在成都西郊外修了一间茅草屋。可这茅草屋也不结实，秋风一吹，就快要散架了。他为此写过一首《茅屋为秋风所破歌》，诗中大声呼吁"安得广厦千万间，大庇天下寒士俱欢颜"。这诗要搁到现在，那就是：安得房价低一点，天下寒士都能买。

不过，杜甫一家住在成都郊外浣花溪畔的江村，毕竟过了一段比较安定的生活。他有一首诗《江村》：

清江一曲抱村流，长夏江村事事幽。
自去自来堂上燕，相亲相近水中鸥。
老妻画纸为棋局，稚子敲针作钓钩。
多病所须唯药物，微躯此外更何求。

清江就是浣花溪，浣花溪绕着江村流过，燕子飞来飞去，水鸟自由嬉戏，真是一幅幽静闲雅的画面啊！诗人的妻子杨氏是当时司农少卿家的小姐，精通琴棋书画，为人知书达理。安顿下来第一件事，就是用纸画一个棋盘。兴许，没外人时，夫妻俩就时不时要下上一盘。孩子们呢，也自有他们的乐趣。把缝衣的针敲打一下，就是钓钩了，能不能钓到小鱼倒在其次，玩的就是心跳的过程啊！当然，这一切都有个前提，就是有故人供禄米，一家子有得吃，有得穿，不需为柴米油盐发愁。不然，就只能做"神仙"了。所以，这首诗的第七句还有个版本，就是"但有故人供禄米"。权衡一下，"禄米"与"药"，还是前者更要紧啊！

中国围棋史

● 清·吴友如《老妻画纸为棋局》

　　清代晚期的吴友如为当时的报刊画过一幅画《老妻画纸为棋局》：清溪绕屋，妻子正在用纸画棋盘，诗人手抚着棋盒，眼巴巴地等着，孩子们在外面用针打造钓钩，好一幅温馨美好的家庭和乐图啊！

　　人在潦倒之际，有棋、有妻儿相伴，也算是不幸中之万幸了。后来，杜甫还写过一首与围棋有关的著名的诗，题为《七月一日题终明府水楼二首·其二》：

> 宓子弹琴邑宰日，终军弃繻英妙时。
>
> 承家节操尚不泯，为政风流今在兹。
>
> 可怜宾客尽倾盖，何处老翁来赋诗。
>
> 楚江巫峡半云雨，清簟疏帘看弈棋。

楚江巫峽半雲雨
清簟疏簾看奕棋

那是在夔州，杜甫在终明府参加了一场棋会，明府就是县令，前四句都是对主人的恭维话。宓子是孔子的弟子宓不齐，弹着琴就能把一个地方治理得好好的；终军是汉代的将领，"缥"是出入关卡需要的凭证，"弃缥"就是准备为国捐躯，压根没打算回来啊！终明府水楼的主人也继承了这种节操，在政治上颇有些作为。后四句是写聚会，来的宾客很多，吟诗、看棋。室内纹枰天地，黑白对战；室外巫峡耸峙，江水滔滔，云雾缭绕，真是让人感慨啊！

诗的最后两句"楚江巫峡半云雨，清簟疏帘看弈棋"，充满诗情画意，成了写棋的千古名句。有画家说："此句可画，但恐画不及耳。"意思是，这诗如画，只是怕一般的画家画不好。尽管如此，还是有不信邪的。清代的画家王时敏就是其中的一个。他有一幅《杜甫诗意图》，突出的是巫峡的高耸，江水拍岸的气势，水楼中下棋的人反倒成了陪衬。其实，这也是中国绘画的特点。山水是主体，山水中的人与棋，就是画龙点睛的那一笔，虽然占的位置小，可是有人则灵。

杜甫的诗也是这样，写棋，从来不铺张，往往只有一句，却是围棋中至关重要的"眼位"，有眼则大龙皆活啊。并且，这棋都包含着许多的意趣。"闻道长安似弈棋，百年世事不胜悲"（《秋兴》），棋如世事一样起伏不定，变幻莫测。能不能有点感悟，那就看你自己了。

香山九老

唐代文人士子中会下棋的有很多，那不会下的呢，肯定就觉得没面子了。得，赶紧学吧！大诗人白居易就是其中的一个。

白居易（772—846）生于河南新郑，据说他去京城长安参加科举考试时，拜见大诗人顾况。顾况看到他的名字，开玩笑说："长安的物价很贵，要在这儿住下可是很不容易啊。"等到读了白居易的诗，特别是看到"野火烧不尽，春风吹又生"这样的诗句，马上改变了态度，说："能写出这样好的诗，居住在这里也就没有什么难的了！"从顾况态度的前后对比中，可见白居易诗歌才能之高。唐代科举考试要考"诗赋"，也就是说，诗写得好也可以做官。

年轻时候的白居易曾经很有些抱负，很想在政治上有些作为，自然不屑于书画棋博之类的"玩物"。但他为人太耿直，在官场上，碰到看不惯的事，就忍不住要发点牢骚，这样很容易得罪人。四十四岁时，他被贬为江州司马，因为心情苦闷，学会了围棋。哇，世上还有这么好玩的东西啊！真是后悔死了，没早点学得啊！白居易说，这围棋就是狐狸精，"忽然一笑千万态，见者十人八九迷"（《古冢狐》）。而白居易一旦结识了这"狐狸精"，就被深深地迷上了。"晚酒一两杯，夜棋三数局"（《郭虚舟相访》），"兴发饮数杯，闷来棋一局"（《孟夏思渭村旧居寄舍弟》），"送春唯有酒，销日不过棋"（《官舍闲题》），"花下放狂冲黑饮，灯前起坐彻明棋"（《独树浦雨夜寄李六郎中》），"唯共嵩阳刘处士，围棋赌酒到天明"（《刘十九同宿》）。你看，这么多关于棋的诗，白诗人也可以算得上是一个围棋超级发烧友了。他还说自己，"棋罢嫌无敌，诗成愧在前"。虽然有不谦虚的嫌疑，那水平一定也不低，牛皮也要有点力气才吹得起嘛！

　　白居易晚年居住在洛阳。他曾捐款修建香山寺，并写了篇《修香山寺记》。他还把自己在洛阳写的八百多首诗编为十卷，名为《白氏洛中集》。诗人常住在香山寺内，自号"香山居士"。香山寺建在洛阳城南的香山上，对面就是著名的龙门石窟。伊河穿山而过，风景非常优美。白居易经常和胡杲、吉旼、刘贞、郑据、卢贞、张浑、李元爽、禅僧如满在香山聚会，宴游之余，下棋吟诗，优哉游哉，他们九人也就被称为"香山九老"。

　　"香山九老"的这种生活让人很是羡慕。中国古代艺术中，不少就以香山九老为题材。宋代有佚名的《会昌九老图》（现藏台北故宫博物院），会昌是唐代白居易他们聚会时的年号。在画家的想象中，伊河就在寺旁。九老中，有的在寺里读书作文，有两个则在船上下棋。船工划船，仕女打扇，古松遮荫，动中有静，静中有动，真是好一幅动人的画面啊！

　　明代黄彪的《香山九老图》，三株分立的巨松与两列平行的坡石，像窗格子一样，将画面切成几个既独立又相互呼应的场景。九老有的围坐在石桌旁聚精会神地下棋，有的在展卷观赏书法，几个小书童正捧着几卷作品赶来，有的相伴着在林中漫步。其中一老可能喝多了，醉意盎然，边走还边手舞足蹈，整个聚会真是丰富多彩、其乐融融啊！

　　明代的谢环也有画作《香山九老图》。整幅画突出的是山林野趣。这让我们想起白居易的《池上二绝（其一）》：

珥筆何女
赤磷州刺史廣孚劉興韋八十七
垂絲今日幸同道宋紫屏頁是大宦當景
尚知心未退吟詩猶且完全開庭歡酒
當三月狂席歡豪累三月山若煮橢霧
碧亞杯黚采雲鮮豀陌花笑如妓備
柳松歡當筍緒雜未學寵生外訣人間意
尿膝神撮
赤龍芚軍長史兢陽鄭珦韋八十五
東閣幽陰暮春遠歡皆是白頭霜官班
朱紫皆相侶韋紀高低次第句羅向豪言
松竹意停蘯多誅古今人變無外事來心
瞻空有清靈人鬼神酔壽兩迴迎酒狂
豀一腳會餘亨今朝何事情偏重同倫明
時削任臣
前侍御史內供事范易盧韋八十三
三晉已盡洛陽宮天氣祖晴蔓義中子朵
幽亭春番盧芺歡居頁是大官遺跌
蒼鶯登遠岫丞綬何火望黚磊詩聯六韻
猶應易酒歠三杯未覺車高巳共酌迎同宴
妙玩花詩思盈能窈先普共作三翰書今
曰猶遑七老翁但顯綠醍氓滿酌煙霞萬
里會遑通
赤永州刺史清河張津韋七十七
刑部尚書致仕白居易韋七十四
七八五百八十甲挹紫紆束乘白顧囊裡
麻盦莫蕺曠中有酒且懷娛吟咸六韻
神還王歡到三杯氣尚驫嵺狂歌敦婎
照庭花落綺納此序不須鋪繡根甄延墁
往畫圖指
拍婆姿醉罷孫扶天來高過二疎傳人
散敷於甲峭圖除部三坐五天竺人間此
會且應蠔
歲眉乙未歲冬十有一月既望書
吳郡陸士仁

明·黄彪《香山九老图》

明·谢环《香山九老图》

绘事得神為上僊然惟唐人有焉波澄瀘图□□王勲貴不蔡阿公以秀勁冠時其□□雄渾道古法雅博洽古者莫能与□陽晋吳歔吳昆山城南朱□陰家藏□□渾氏家藏李陽□□□□李□□朱□陽北氏好事者莫不資其畫得道為傳神故其氣韻高絶非時人所及也賦南宋年間人物也興譜開馬□邊逓失千里踪跡天謂絵小物□□柔绫以理雅言之□□□夏文常朱□□出壯于義謂無金丹爻迷後□□神寶欲擴凡此賢無道以歸七十有四歲突□朝萬曆甲午□月立秋黃姬圖謹識

唐九老詩 并序

會昌五年三月二十四日胡吉劉真夢得
等六賢皆多壽來集於東都履道
坊獻屈合尚齒之會七老相顧既醉且歡
靜唫思久此會希有固各賦七言詩一
章以記心武塘誥好事者異來當繪命書
姓名年貌絶倫同歸故鄉亦來會續命書
客年高貌其亦彰附於圖右仍剐一絙
贈之示

靈作須貽賀僊作在遠東萊裏草觀驛當嘗
一齲齲賓有何况今逢兩令威
洛中貽老卓元爽年一百三十六
僧如滿年九十三
赤縣同司馬安定胡杲年八十九
閣屈同會狂三巻大祗愚辛罘出聲霜雪
不揉杯酒同興白頭何歲瓦爐黃逈玩柳
心猶健杏大痴花意却勤醫落滿斜葬酪
酊香盧高掛往賞盧抄句顯浮得落斜顯紙婁
景昱瞼對白雲今日交情何不替皆卒同
事聖明君蕭尉卿致仕馮翊吉故年八十八

山僧对棋坐，局上竹阴清。

映竹无人见，时闻下子声。

二僧对棋而坐，竹林摇曳，在棋枰上投下斑斑驳驳的影子。阳光映照着竹林，却看不到人影，只有落子的声音不时传来……好一幅竹林围棋、幽静闲雅、禅意盎然的画面。这《香山九老图》中的山石、松林、童子、下棋之人所营造的氛围，让我们体会到了那种山水之乐、归隐之趣。谁不想过这种日子呢？所以，才有那么多人要画香山九老。连日本都有《香山九老图》呢！九个老头围着一盘棋，不光有下棋的，还有坐着、站着看棋的。头发都白了还那么入迷，只能说是"木野狐"的魅力大啊！

还有，在中国民间工艺品，如竹雕、玉石雕笔筒中，也有不少以香山九老为题材的装饰画。有一件"乾隆丙午年制"的玉雕《会昌九老图》（现藏台北故宫博物院），高115.5厘米，是用名贵的和田玉制成的，价值连城，在中国玉器史上占有重要的位置。

宋元棋事

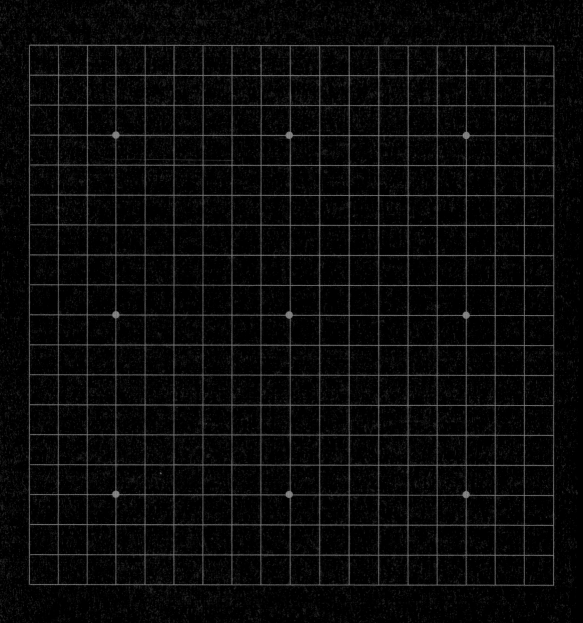

第一节 帝王与棋

公元 960 年，赵匡胤黄袍加身，登基为帝，即宋太祖。北宋结束了五代十国的乱世，采取重文轻武的国策，文人的地位显著提升，一直以来受文人追捧的围棋自然也身价倍增。北宋开国的两位皇帝都留下了与围棋有关的故事，如果说宋太祖以棋赌华山只是民间传说的话，那么宋太宗亲自制作围棋死活题则是有图为证的历史事实。帝王的倡导，无疑是中国古代围棋发展的重要因素。

华山论道

说起华山，也许你马上就会想起一句话：自古华山一条路。没去过华山，你就无法想象华山的惊险。那"一条路"，就像鲤鱼的脊背，两边是万丈悬崖，一不小心就会滑溜下去！有恐高症的，千万不要去登华山。

华山最初叫"惇物山"。因为周平王迁都洛阳，华山在东周京城之西，所以改称"西岳"。与东岳泰山，一东一西，相互呼应。

华山很早就留下与棋相关的传说，叫"以木欺神"。据说早在战国秦昭王时，人们就把地势险要、云雾缭绕的华山看作神仙聚居的"福地"。一次，秦昭王做了个梦，主管金银财宝的西岳神白帝少昊命令各路神仙带着财宝到华山。为什么呢？因为黄河发生水灾，黎民百姓没饭吃、没地方住！西岳神说，如果秦王带些烙饼上山祭祀，供奉各路神仙，就可以换回金银。有这样的好事？那赶快，迟了就来不及了。秦昭王醒后，马上命令文武百官催促老百姓连夜烙了几千张饼子，并且亲自带各府官员，"施钩搭梯"上华山祭祀神仙。不料，上到半山腰，因山势险要，无路可走，秦昭王会见神仙心切，就

● 清·佚名 《赵匡胤华山围棋图》(年画)

将所带烙饼抛下悬崖，以减轻负担。等到他们费尽艰辛爬上华山后，这才意识到，祭祀西岳神的供品没有了！怎么办呢？秦昭王让人将山上的松树砍掉，锯成烙饼的形状，进献神仙。神仙见他用木头来欺骗，就把金银撒落在华山上。秦昭王见木头饼没有了用处，只好将其丢弃在山涧，灰溜溜地回去了。这"木饼"也不能白白浪费啊！于是，当地人把"以木欺神"的"木饼"当作棋子玩，就这样有了围棋。最早的"棋"字写作"棊"，不就是木头做的嘛！

到了宋代，华山又留下了"宋太祖赌棋输华山"的故事。

赵匡胤还是一个普通军校的时候，有一次行军到陕西，路过华山，听说山上有一个道士，人称陈抟老祖，棋下得极好，远近闻名。赵匡胤从来自我感觉很好，心想难道还有比我更厉害的高人？不行，我得去会会，一下子技痒了起来，于是偷偷登上了华山，去挑战老道士。陈抟见了他，说："下棋是要带彩的，你带了吗？"赵匡胤一摸口袋，糟了，忘记带银子了。陈抟老祖见状，说："那就算了，你下次再来吧！"赵匡胤一听急了，便说："我愿意以整座华山来作抵押。"他心想：反正华山又不是我的，输了又有什么关系。没想到，陈抟老祖很爽快地答应了。

● 明·陈洪绶《华山五老图》

棋，不用说，自然是赵匡胤输了。陈抟老祖叫人拿来纸笔，让赵匡胤签字画押，并将文约刻在南峰的绝壁上。后来，赵匡胤黄袍加身，当上了皇帝。陈抟老祖亲执字据，下山来到皇宫。皇帝可不能赖皮啊，只好下旨将华山赐予他，并答应永远免除华山周边百姓的赋税。于是，留下了"华山自古不纳粮"的一段佳话。

天津的杨柳青年画，就有一幅《赵匡胤华山围棋图》。赵匡胤穿着盔甲，戴着面具，杀气腾腾的。各自的小厮也拉开架式，准备对打，一副兵对兵、将对将，激烈厮杀的样子！倒是陈抟老祖坐在那里，气定神闲。这才叫真正的高手！其实，松下对坐，石上铺局，气氛本应该是悠游自在的。不就是一个赌华山的玩笑嘛，何必那么当真，剑拔弩张、气势汹汹的！

至今，华山上有一个下棋亭，据说就是当年陈抟老祖与赵匡胤下棋的地方。不过，这盘棋，有的说是围棋，有的说是象棋，据说还有象棋棋谱流传下来呢。其实，象棋也罢，围棋也罢，它代表的是老百姓的一种美好的愿望，要是真能够因为一盘棋，就不用交租税了，那就好了。就如明代陈洪绶的《华山五老图》，求道的道士们在那里悠闲地下棋，那就是美好的生活啊！

历史翻开新的一页，在当代，中国华山围棋大会又掀开了华山围棋论道的新篇章。2001 年以来，来自全国各地的棋坛精英、业余高手、影视名人及海外华侨云集华山，纹枰对弈精彩纷呈。2003 年 10 月 8 日，一代武侠文学宗师金庸先生也应邀来华山参加"金庸华山论剑"大型文化活动。金庸先生经知名演员刘亦菲、魏子把守的"美女关""美酒关"，在到达中国围棋棋圣聂卫平把守的"棋艺关"时，被为难住了，因为聂卫平是金庸先生的围棋老师。金老作揖，聂老回礼，寒暄半天后，聂老哈哈一笑："在我关前下一子即过矣！"金庸老先生落子有声："承让，承让！"于是就留下了"一子定乾坤"的佳话。而聂卫平和曹薰铉两位中韩棋界宗师级高手在 1989 年 9 月第一届应氏杯决赛中精彩对决后，2006 年 9 月 3 日，二人在中国华山北峰的第六届华山围棋大会上又续了一段棋缘。

宋太宗自制棋势

作为赵宋王朝的前两位皇帝，宋太祖与宋太宗是兄弟俩。哥哥叫赵匡胤，弟弟叫赵匡义。赵匡义二十二岁时，参与了陈桥兵变，拥立他的兄长赵匡胤为皇帝，自己也被封为晋王。皇帝哥哥身份不一样了，"匡""胤"两个字别人不能再用，这叫避讳，所以只好把名字改为赵光义。

赵光义生于公元 939 年，属猪。据说，太宗母亲杜太后梦见神仙捧着太阳授予她，使她怀孕。太宗出生的那个夜晚，天上满是红光，街巷充满异香。这是中国史书惯用的伎俩，经常用来形容一个人有皇帝命。

公元 976 年，宋太祖赵匡胤去世，弟弟赵光义登上了皇位，又改名为赵炅，死后庙号为太宗。宋太宗在位二十一年（976—997），继续进行全国统一事业，积极发展农业生产，扩大科举考试的规模，选拔那些有才华的读书人来做官，削弱武人的权力，确立了文官政治体制。宋太宗自己也多才多艺，琴棋书画，样样皆能。

宋太宗喜欢下棋，棋艺也不错。他身边聚集了贾玄（一作贾元）、李仲玄、潘慎修、蒋居才、陈好玄等一大批棋类高手，这些人都要被他让三到四子。潘慎修还写诗献给太宗，说："如今纵得仙翁术，也怯君王四路饶。"意思是，现在就是学到神仙的本事，被君王让四子也要害怕啊！这当然是拍马屁，你想想，皇帝老子的棋，谁敢赢呢？除非是活得不耐烦了。

史书上还记载了一个关于宋太宗与贾玄下棋的故事。说棋待诏贾玄侍奉太宗下棋，太宗让他三子，他经常输一个子。太宗心里当然清楚，堂堂国手，被让三个子还输，这其中肯定有诈。所以，有一次下棋时，太宗说："这局你如果再输，我就要让你挨板子。"结果满盘不死不生，大家都是公活。太宗又说："你还是不老实，又在使诈。我们再下一局，你赢了我就奖励你红色的官服，输了就把你扔到泥水里去。"这贾玄，既不敢要红色的官服，又不愿被扔到水里去，结果费尽心机，下出了一个不输不赢——和棋。太宗说："我让了你子，现在是平局，那还是你输了。"说着就命令左右随从把贾玄抱起来，就要扔到水里去。贾玄急了，大声呼喊说："我手里还抓了一个子呢！"太宗哈哈大笑，把红色的官服赐给了他。

这是怎么一回事呢？原来唐宋的时候，下围棋计算胜负还是实行双方比空的方法（日本现行的"数目法"就是延续唐宋时的规则），终局后把各自吃住的死子填回到对方的空里去。贾玄手里抓了对手的一个死子，那自己不就多出了一目嘛！

贾玄这么费尽心机讨皇帝的欢心，还是要受到朝廷里那些谏臣的攻击，说贾玄辈常常进"新图妙势，悦惑明主"，劝太宗别沉迷于此，误了国家大事。太宗说："朕非不知，聊避六宫之惑耳。"也就是说，下棋对太宗来说，成了逃避女色诱惑的一种手段。

宋太宗不仅下棋，他还自制棋势，据说最著名的有三个：对面千里、独飞天鹅、海底取明珠。但现在流传下来的只有前面两个，在宋代唯一流传下来的棋书《忘忧清乐集》中就有记载。两个棋势，都是方方正正的，呈对称型，一看就让人感觉挺美的。不过，"对面千里势"中的白棋，"独飞天鹅势"中的黑棋，要危难中求生，可得费一番脑筋哦。

下面我们就来看看"对面千里势"中的白棋有什么妙招，见"对面千里势"正解图。白1顶妙手，黑2如扳，白3断，黑4吃，做了这一系列准备后，白棋延出了一口气，再在另一边枷就成立了。变化至白15，一串黑棋已经无路可逃了。

再来看"对面千里势"变化图：白1顶时，黑2如曲出会怎么样呢？白3黑4交换后，白5扳，白棋已经可以从边路逃走了。黑棋要不服，想阻渡，

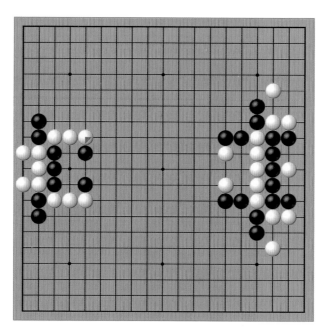

"对面千里势"（左）、"独飞天鹅势"（右）

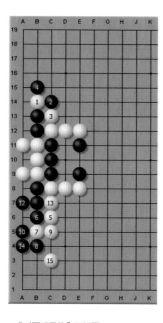

"对面千里势"正解图

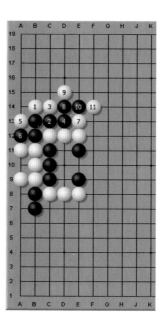

"对面千里势"变化图

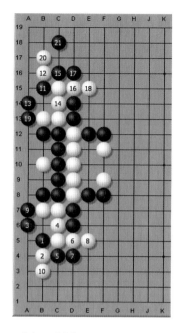

● "独飞天鹅势" 正解图

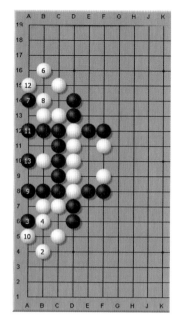

● "独飞天鹅势" 变化图

结果就是自取灭亡，被征吃。

再看"独飞天鹅势"正解图。七个黑子身陷重围，本身做不出两个眼，怎么办呢？黑1托白2扳时，黑3尖妙手，白4如接，黑5、7断开白棋后，再黑9渡过延气。黑11至19在另一边如法炮制，待白20长出时，黑21一枷，大功告成，哈哈！

再来看"独飞天鹅势"变化图。黑3时，白4如打吃，另一边也一样，黑9、11两手便成了先手。黑13一补，活了。

从这两个精妙的死活棋势来看，宋太宗的棋虽然没有他的臣子吹嘘的那么厉害，但也算是位高手了。宋代围棋能繁荣发展，宋太宗出的力恐怕不小吧！

第二节　国手棋与文人棋

宋朝最著名的围棋国手非刘仲甫莫属，他"奉饶天下棋先"与"骊山老媪呕血谱"的故事扣人心弦，十分精彩。北宋围棋的一大特征是文人对弈的繁盛，朝廷名臣、文坛领袖、书画才子、科学先贤，都对围棋十分热衷，如林逋、欧阳修、沈括、文彦博、王安石、苏轼、黄庭坚、米芾等。而随着围棋的日益职业化，文人无法在棋盘上与围棋国手争胜负，索性看淡胜负，以棋为雅玩，所谓"胜固欣然，败亦可喜"，构成了棋士棋与文人棋的分化。

钱塘对弈

说起北宋时期的棋手刘仲甫，你也许马上就会想到那个广为流传的故事：刘仲甫奉饶天下棋先。

这是怎么回事呢？话还得从头说起。

刘仲甫祖籍山东，后在江南定居。很小的时候，他就对围棋产生了浓厚的兴趣。他天资聪颖，再加上一直虚心、勤奋地学习，棋力大有长进，很快就打遍家乡无敌手。于是，他决定前去京城翰林院考取棋待诏。有一天，他从江西先到了浙江的钱塘，也就是如今的杭州城，找到一个旅馆住下。这一带棋风盛行，有"钱塘围棋甲一方"的美名，其中高手如云。于是，他每天天不亮就出去，晚上披星戴月回来，为的就是看看当地高手下棋水平究竟怎么样。

十几天后，刘仲甫心里有了底，便在这家旅馆的外面竖起了一面大旗，上有十三个大字："江南棋客刘仲甫奉饶天下棋先"。

哇，这么大口气啊！天下的棋手，都可以让先。"哪里来的浑小子，敢如

● 中国围棋博物馆刘仲甫塑像

此瞧不起钱塘的棋手，给他点厉害瞧瞧！”于是，有好棋的豪贵出三百两银子，推举当地最厉害的一位棋手来与刘仲甫对决，对局在城北紫霄宫举行。那天，紫霄宫里挤满了来观看的人，自然都是希望钱塘棋手教训一下这个说大话的乡里小子。钱塘棋手的能力果然不同凡响，棋下到一半，观棋的众人渐渐看出刘仲甫的白棋已经处于劣势，叫好的人越来越多，钱塘棋手也面露得意之色。可刘仲甫不动声色，还在那里不紧不慢地落子。下着下着，他突然一伸手，将棋子全扫在了一边。钱塘棋手和围观的人都惊呆了，纷纷指责他要赖。刘仲甫拱手作揖，说：“各位不要性急。这局棋，你们都认为白棋要输。但我只要走一手，白棋最后反倒会赢十几目。我先不走，如果你们有人看出了这步棋，我立即认输，走人！”

接着，刘仲甫将刚刚的那盘棋分毫不差地复了出来。周围静悄悄的，都在想这步棋，钱塘棋手更是面色凝重。时间过去了很久，没人看得出来。有人请刘仲甫下子，刘仲甫在很不起眼的一个地方落下一子，众人都想不明白，刘仲甫说：“这步棋二十手之后会有大用处。”

　　钱塘棋手依旧步步紧逼，双方下了二十手，之前落的那颗白子果然成了关键的一着。形势突然逆转，钱塘棋手猝不及防，棋局结束，白棋最终赢得了胜利。一数，果然赢了十三目。

　　哇，这真是神了！周围纷纷叫好，钱塘棋手也甘拜下风，表示佩服。他们热情地请刘仲甫在钱塘住下来，一起切磋棋艺，直到刘仲甫实在要赶时间去京城才让他走。

　　这局棋让刘仲甫名声大噪。到京城后，他顺利地进入了翰林院，成了哲宗皇帝的棋待诏。之后的二十余年，他几乎打败了所有成名的棋手，独步棋坛，成为当之无愧的棋王。

　　刘仲甫不仅棋艺高超，还写下了不少围棋理论著作。当然，有很多已经遗失了。但仅凭流传下来的一部《棋诀》，就可以看出他在围棋理论方面有很深的造诣。

　　刘仲甫的棋局，流传至今的共有三局，都可以在《忘忧清乐集》里面找到。一局因为是在东京（今河南开封）万胜门里的长生宫下的，所以名叫《长生图》，刘仲甫饶王珏黑先，共134着。一局是《成都府四仙子图》，是杨中和、孙侁、王珏、刘仲甫四人下的联棋。孙侁、刘仲甫执白后走，各125着，白胜1路（"路"的意思是"目"），这可是我国现存最早的有记录的联棋。

　　刘仲甫还有一局棋，是与骊山某位女子高手下的。也许是因为唐代王积

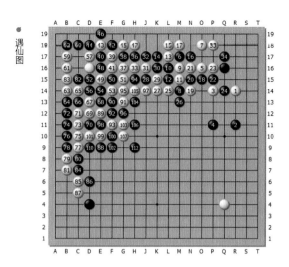

遇仙图

薪遇蜀山妇姑的故事太有名了，与刘仲甫下棋的骊山老姆，也被说成是仙女。所以这盘棋就有了一个名字：《遇仙图》。

我们先来看看刘仲甫与"仙人"的这盘棋是怎么下的。

白1挂角，黑2二间夹（古棋里不常见，更普遍的是一间夹），白3跳，黑4在外面关，让白5飞下来，这是古棋常见的下法。要是在现在，刚学定式的时候，老师会教我们把黑4放在白5的位置。黑6弃子争先，再8位大跳，隐隐地就有了些模样。那么白9怎么办呢？现代棋手也许会选择在星位下一路反夹，看黑怎么补棋再决定下一手。古人可没有那样的耐心，直接就靠上去，开始了激烈的贴身肉搏，都说古棋好战，这局棋就很典型。

一直到黑54，肉搏的结果是白棋吃住中间的一些黑子，黑棋捞了两个角，局势不相上下。白55接，黑56也接，白57打吃，新一轮的战斗又开始了。以下两方着着紧凑，真是一步也不能松懈啊！值得一提的是，黑70顶绝妙，一子解两危，88、98又是妙手，最终让白棋无处可逃。

本局共112手。战斗从始至终，真是呕心沥血，惊心动魄。所以这盘棋还有一个名字叫《呕血谱》。

这盘棋成了有记载的男女棋手的第一次对局。当然，是谁"呕的血"，就不好说了。因为古书上并没有说明是谁先谁后，甚至白先、黑先走，也有不同的版本。不管怎么说，即使本局算刘仲甫的赢棋，骊山老姆能够与第一国

繁。梅花冰玉姿一童一鹤夜相逸

目杳水影萦人句正是沉吟入思時

● 元·钱选《西湖吟趣图卷》（局部）

手下成这样，也说明那个时候女子的围棋水平不可小视了。

梅妻鹤子

"梅妻鹤子"，这四个字用现代汉语翻译过来，是十分有趣的句子：把梅花当成妻子，把仙鹤当成儿子。究竟是谁这么孤高怪诞，超凡脱俗，要把梅花和仙鹤当成自己的人生至亲呢？

这个人名叫林逋，世间称他为"和靖先生"，是北宋时期闻名朝野的隐士。他学富五车，饱受世人称誉，却淡泊名利，坚决不从政做官。中年以后，林逋隐居在地处杭州西湖之畔的孤山，终身不娶。据说与他相伴的，唯有象征着孤高绝傲的仙鹤和梅花（"以梅为妻，以鹤为子"）。他曾写过一首

著名的咏梅诗，描摹景物独树一帜，流露出不凡的高洁品格，受到历代称颂。《山园小梅》全诗如下：

> 众芳摇落独暄妍，占尽风情向小园。
> 疏影横斜水清浅，暗香浮动月黄昏。
> 霜禽欲下先偷眼，粉蝶如知合断魂。
> 幸有微吟可相狎，不须檀板共金樽。

用现代的心理学语言讲，林逋"梅妻鹤子"的这种异乎常人的行为可能是自负、自恋到无以复加所致。然而，就是这么一位自认为无所不能的世外高人，却在围棋上大栽跟头。沈括的名著《梦溪笔谈》记载，林逋曾这样倾吐自己的怨气："逋世间事皆能之，唯不能担粪与着棋。"

需要多说一句的是，沈括是重文轻理的中国古代社会中难得的大科学家。他在《梦溪笔谈》中记录、分析了天文、地理、数学、物理、化学、生物等各个学科的现状与知识，被英国学者李约瑟称为"中国科学史的里程碑"！沈括在《梦溪笔谈》中还提到了围棋。经他计算，围棋的变化数目共有 3 的 361 次方，约为 10 的 172 次方，这真是为"千古无同局"奠定了数理基础啊！而且，沈括的这一算法并没有包含"打劫"等规则。事实上，围棋的变化数目要比沈括得出的这一结果多得多。

让我们回到林逋的这句"逋世间事皆能之，唯不能担粪与着棋"来。将下棋与古代士人君子所不屑的担粪并作一谈，倘若评选围棋史上的十大"吐槽"名言，这句话定能入选。自围棋与文人结缘以来，我们见到的大多是文人爱棋、下棋、歌颂围棋的故事。比林逋稍晚的大文学家欧阳修，晚年自号"六一居士"。这一雅号并非有着预言儿童节的前瞻能力，而是代表着一位老翁、一万卷书、一千卷金石文、一张琴、一壶酒、一局围棋。可见，北宋时代的文人墨客们，对于围棋是十分看重的。那么，林逋的这种对围棋近乎仇视的态度到底是因何而生的呢？

历代以来，对林逋这句名言的揣测就没有停过。有人认为，作为能写出"跌宕情怀每事同，十年曹社醉春风。弹弓园圃阴森下，棋子厅堂寂静中"的一代雅客，林逋不会担粪尚且可以理解，不会下棋绝不可能。据此认为这句话为伪托，也就是后人伪造，借林逋的名气来"黑"围棋的。有人认为，这是因为林逋棋艺水平不高，也真心不喜欢下棋，于是"矫情地贬低下棋这档子事"。也有人将其抬升到禅意的高度，认为林逋视万物皆空，佛陀与粪土，担粪与着棋，从本质上看都是一样的。下棋就是担粪，担粪就是下棋，并无分别。

不能说这些意见全无道理，但至少这些猜测者都不懂，或者不如林逋这样热爱围棋。为什么这么说呢？这就要各位读者朋友想想自己下棋时的亲身体验了。围棋是易学而难精，也是易入迷而难脱身的。一旦"堕入此道"，但凡有胜负心，而且执着求胜的人在一段时间内都会为提高技艺、争得一胜而专心致志，罔顾其他。但强弱总是相对的，没有人能连胜到底。甚至手气不好的时候，连战连败都是寻常事。在这些时候，对围棋由爱生恨的故事就屡见不鲜了。一盘棋输了，再来一盘！又输了，今天非要赢回来……但是一而再，再而三的心态失衡，又怎么能下好棋呢？大多数情况下，这样的状态一出，棋就要输得稀里哗啦了。

这种由爱生恨的心情不仅平凡的业余棋手会有，甚至连职业大高手王铭琬九段在 2000 年夺得日本本因坊战冠军后接受采访时都表示："其实有时我会十分讨厌围棋……但大多数时候还是十分喜爱围棋的。"

以这种痴心棋迷的心态来看待林逋的这句"吐槽"，就不用那么费劲猜疑了吧。林逋不是不会下棋，更非矫情贬低，而是目空四海的他在围棋上无法拥有与自己诗文一般的高超水平，由此带来一时的愤懑之气。史书记载林逋写诗随写随弃，曾放言："我身处林壑之间，幽暗之地，尚且不想凭借作诗的本事称名于此时，何况后世的名气！"可就是这样一位对功名利禄真正做到了"四大皆空"的超然之士，一生之中仍然有"求不得"的痛苦。让他痛苦到不惜刻薄用词的，是与诗文等评价体系不同，一定会分出个胜负的围棋。

东坡观棋

本节，让我们来说说北宋的大文豪苏轼苏东坡。

苏东坡这个人真是太有名啦。但凡对中国文化有一点点了解的人，都应该知道这位文学才能、旷达胸怀都是上上之选的文学名人。一位文学家能够在一种文体上达到顶尖的程度，就已经很不容易了。可是看看苏东坡，诗写得好："不识庐山真面目，只缘身在此山中。"用这么平白易懂的诗句，讲出令人回味无穷的哲理。"旁观者清，当局者迷"，下棋的道理也是一样嘛！

词写得好，苏东坡的好词真是太多了。"但愿人长久，千里共婵娟"，每到中秋之夜我们都会想起这句旷达之词；"大江东去，浪淘尽，千古风流人物"，三国的那些豪迈气魄，都被他写尽了；"十年生死两茫茫，不思量，自难忘"，丈夫思念亡妻那浓烈的情感，短短几句话便已跃然纸上。

文章写得也棒："白露横江，水波接天。纵一苇之所如，凌万顷之茫然。浩浩乎如凭虚御风，而不知其所止；飘飘乎如遗世独立，羽化而登仙。"一篇《赤壁赋》，不知道有多少人爱不释手，张口便背得出来呢。除此之外，他的书法、画作，在中国艺术史上都有着崇高的地位。

元·佚名《夏墅棋声图》

可惜的是，仿佛上天真的不愿意将好东西一股脑儿地全部放在一个人的身上。"文章憎命达"，苏轼这一辈子的命运也够坎坷的了。因为他生逢王安石变法的大时代之中，朝堂之上新旧党争激烈。政治见解不被两派所容的苏轼，一再经历了被贬谪的苦旅。杭州、密州、徐州、湖州、黄州、惠州、儋州……终其后半生，苏东坡都在被贬谪到各地的旅途中度过，并且越贬越南，直到当时人迹罕至，属于犯人流放的"天涯海角"之地——海南岛。

在仕途屡屡受挫，生活愈发艰难的锤炼之下，苏东坡渐渐勘破人生的真谛。荣华富贵能求到自然最好，如果求之不得，也不必长吁短叹，自怨自艾。人生的苦难袭来时，保持一份淡然、乐观的心态。苦难总会过去，它最多只是人生的一段经历。这种旷达的态度，在苏轼被贬黄州之后的一首词《定风波》里有着十分精练的表达：

> 莫听穿林打叶声，何妨吟啸且徐行。竹杖芒鞋轻胜马，谁怕？一蓑烟雨任平生。
>
> 料峭春风吹酒醒，微冷，山头斜照却相迎。回首向来萧瑟处，归去，也无风雨也无晴。

而这种人生态度展现在围棋上，就

是苏东坡自己所说的："胜固欣然，败亦可喜。"这句话出自苏轼所写的四言诗《观棋》。诗前有一序，述观棋因由：

> 予素不解棋，尝独游庐山白鹤观，观中人皆阖户昼寝，独闻棋声于古松流水之间，意欣然，喜之。自尔欲学，然终不解也。儿子过，乃粗能者，儋守张中日从之戏，予亦隅坐，竟日不以为厌也。

你看，不解棋还能整日观棋，不以为厌，那棋里一定有生命的奥妙了。诗云：

> 五老峰前，白鹤遗址。长松荫庭，风日清美。
> 我时独游，不逢一士。谁欤棋者，户外屦二。
> 不闻人声，但闻落子。纹枰坐对，谁究此味。
> 空钩意钓，岂在鲂鲤？小儿近道，剥啄信指。
> 胜固欣然，败亦可喜。优哉游哉，聊复尔耳。

话说十四年前，苏东坡独自游览庐山五老峰前的白鹤观。只见古松翁郁，遮蔽庭院。长风白日，天朗气清。白鹤观中空无一人，寂静悠远，只听得户外古松流水之间，传来阵阵落子之声。其中意境，令人久久难忘。如今，苏东坡已身在海南岛上，远离中原，久别故土。然而，当儋州长官张中来拜访苏轼，与苏轼之子终日下棋之时，那段深远悠长的回忆再次浮现于脑海。用空钩子垂钓的人，其意又岂在水中的鱼呢？现在用手指拈起棋子，在棋盘上发出剥啄之音的心境，大概接近了这份"空钩垂钓不在鱼"的道理。赢了棋当然高兴，输了也未必不能欣喜。人生就要悠闲自在嘛，姑且这样子了。

本诗作于苏东坡被贬谪于海南岛，正处在人生最艰难的时刻。有人拿"胜固欣然，败亦可喜"的表面含义，来猜测苏轼棋力很低，屡战不胜，便拿这句话来开解自己，聊以自慰，这实在是太过低估苏东坡的胸怀了。把这句话放在苏轼一辈子的人生长卷中看，这得是经过了多少风雨波折、浮沉起落后才能感悟到的人生况味啊！

苏东坡自称："平生有三不如人：着棋、喝酒、唱曲。"然而正是于这不如

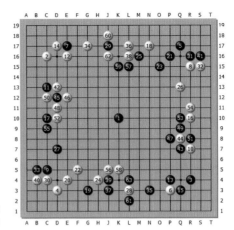

● 1929 年吴清源、木谷实
"模仿棋"棋谱（63 手）

人处，他却有过人之悟。以酒来说，其一，苏东坡好酒，几乎每日必饮，并亲自酿酒，还写了《东坡酒经》，介绍酿酒方法，但他本人酒量并不大。在东坡看来，人生不过以酒寄情、借酒尽兴而已。其二，东坡不善饮，"然喜人饮酒，见客举杯徐引，则余胸中为之浩浩焉，落落焉，醋适之味，乃过于客"。在劝酒、看人饮酒中，自有无穷的乐趣，正所谓善饮不如善观也。下棋也是，所谓善弈不如善观，下棋者容易执着、沉迷于胜负中，观棋者反而可以保持旁观的姿态，"胜固欣然，败亦可喜"。所谓"平常心是道"，下棋如此，人生亦然。

在苏东坡生活的那个年代，围棋是文人士大夫们必会的技能之一。北宋号称"皇帝与士大夫共治天下"，那么在朝为官者，至少都会下上两手围棋。改革派领袖王安石写过《棋》诗一首："莫将戏事扰真情，且可随缘道我赢。战罢两奁分白黑，一枰何处有亏成。"守旧派元老文彦博也有"君问归期未有期，西风又是鲙鲈时。何当会集香山伴，同赴松窗烛下棋"（《偶书答岐守吴卿》）的诗句。

至于与苏轼并称为北宋四大书法家的黄庭坚与米芾，也都有围棋诗传世。米芾写过一首《新主簿沈机惠棋局》："纵横世路久无猜，布劫争先岂系怀？与我一枰撩万绪，操戈信是逐生来。"黄庭坚有《弈棋二首呈任公渐》，历来为人称道。其一如下：

偶无公事负朝暄，三百枯棋共一樽。

坐隐不知岩穴乐，手谈胜与俗人言。

簿书堆积尘生案，车马淹留客在门。

战胜将骄疑必败，果然终取敌兵翻。

通过这些诗句可以发现，围棋已经融入了北宋上层社会名流显贵的生活中，已经成为中国文学不可分割的一部分。

最后，我们再来看一则与苏东坡有关的围棋小故事。相传苏东坡由于棋力不高，屡战屡败，因此琢磨出了一个可保稳胜的"傻瓜式赢棋法"。即每次对局，都抢到先手先走，第一步落在四四方方的棋盘的最中央一点——天元。此后无论对手走哪里，自己就模仿着在棋盘相对的方位落子。如此平稳进行，由于围棋棋盘是对称的，只有天元这个位置独一无二。抢到天元，岂不就可以多赢一子了？这个故事十分有名，以至于后世在说到"模仿棋"的时候，还称之为"东坡棋"。

事实上，和很多流传甚广的苏东坡民间故事一样，"东坡棋"的真实性也相当值得怀疑。其实，只要看这个故事的人的围棋水平达到了一定实力，就可以辨明真伪。当模仿对方达到几十手，在棋盘边或者中腹处出现棋子纠缠，出现杀气等问题时，就很难再模仿下去了。您如果有兴趣，不妨亲手试验一下！

不过，到了近现代，"东坡棋"的战法却被顶尖棋手重新发掘出来，并形成了"模仿棋"的一套战术。第一次将模仿棋引入职业棋坛的是20世纪最伟大的棋手吴清源，他在1929年与毕生的挚友兼劲敌木谷实第一次对弈时，就采取了"模仿棋"的战术——吴清源执黑第一手下在天元，并模仿到63手。据记载，首次见到这种"怪招"的木谷实十分头疼，甚至有了"这棋没法下了"的牢骚。后来，日本棋界名将藤泽朋斋继续探索模仿棋，并常常在执白时使用。到了今天，职业棋战中偶尔还能见到"模仿棋"的身影呢！

第三节　宋元棋谱

宋元两朝，虽然围棋发展状况不一，但都出现了总结性的围棋著作。中国古代围棋的发展情况，也通过宋朝的《忘忧清乐集》与元朝的《玄玄棋经》记录下来，为我们后人所知。这两本在围棋史上占有重要地位的著作既包含了围棋理论总结、局部套路、死活题等技术性的内容，也体现了中国传统文化追求美、追求天人合一的境界和富于历史厚重感的特点。

忘忧清乐

浙江作家徐兴业所著的《金瓯缺》，是一部以两宋之交波澜壮阔的历史为背景的长篇小说。在小说的开篇，有一段宋徽宗赵佶以白玉、玛瑙制成的围棋子取悦名伎李师师，试图借机接近的情节。故事说到当赵佶微服出游，走上李师师所居住的醉杏楼时，道君皇帝像平时一样洒脱地吟了一句自己的诗"忘忧清乐在枰棋"。

《金瓯缺》这本书之所以广受读者追捧，深获业界好评，正是因为它深入描摹了两宋之交的社会风貌，在优雅的文字下重现历史，给读者身临其境之感。这一段关于赵佶的描写，虽然可能出自文学创作而未必是史实，但它可以说是严格根据历史线索而做的合理设计。这句"忘忧清乐在枰棋"的引用，就足见作者的功力。宋徽宗真有这么一首诗：

> 忘忧清乐在枰棋，仙子精工岁未笄。
>
> 窗下每将图局按，恐防宣诏较高低。

宋徽宗人称风流皇帝，琴棋书画无所不能，写得一手好"瘦金体"书法，艺术造诣与文学界大家相比都毫不逊色。相传正是在他的提议下，供职朝廷的棋待诏们将当世的围棋理论和棋谱汇编起来，全书共三册，由"前御书院棋待诏赐绯李逸民重编"。书名则用了宋徽宗的那句诗，称为《忘忧清乐集》。

《忘忧清乐集》可是一本大大有名的棋书。说它有名，首先是因为它是我国现存最早的一部棋书，成书于南宋初期，距现在已经八百多年了。难道唐代及以前就没有棋书吗？有啊，还有不少呢，可惜它们寿命不长，现在都已经化作尘灰，无踪无影了。

书都是纸印出来的，很脆弱，火一烧，人一撕，甚至风一吹，就可能没了。所以《忘忧清乐集》能够历经八百多年的时光，存活下来，真的很不容易。这中间也经历了许多的磨难，因为它成书不久，就散失了。五百年后的清代初期，一个叫钱遵王的人曾见到它的残缺踪影，但马上又下落不明了。又是一百多年过去了，1802 年，一个叫黄丕烈的幸运儿再次发现了这本书。到清代末期，南陵人徐乃昌照它原样刻印出版。1982 年，中华书局也影印出版了一个线装本，并把它列入《古逸丛书》中。

这故事听起来就像在说一本武功秘籍。武侠小说里经常写某本传说中的武功秘籍，突然重现江湖，江湖中人为得到它，练得绝世武功，争得天下第一，杀个腥风血雨，不亦乐乎。《忘忧清乐集》也是有许多棋的秘诀的。首先，它收了不少棋艺理论方面的著名文章，如张靖的《棋经十三篇》《论棋诀要杂说》、刘仲甫的《棋诀》。光是这《棋经十三篇》，就是天下第一棋文啊！它模拟《孙子兵法》，也分为十三篇，一方面讲下棋的意义，下棋的人所应具备的棋艺修养和棋德，比如对局的时候要"多算"，要专心致志、深谋远虑，少下随手棋。同时要有良好的棋德棋风，胜不骄，败不馁，坚决反对动手、动口，以种种盘外招影响对手以及悔棋、偷子的作风。其次，《棋经十三篇》最重要的部分就是对围棋实战经验的总结，它论述了一系列下棋中的战略战术和基本要领，如"棋者，以正合其势，以权制其敌""宁输数子，勿失一先""击左则视右，攻后则瞻前。两生勿断，皆活勿连。阔不可太疏，密不可太促。与其恋子以求生，不若弃之而取势。与其无事而强行，不若因之而自补。彼众我寡，先谋其生。我众彼寡，务张其势"，这些理论都非常精辟。这就像习武，先要修习一些基本要领，打好基础，才可能练成绝世武功。《棋

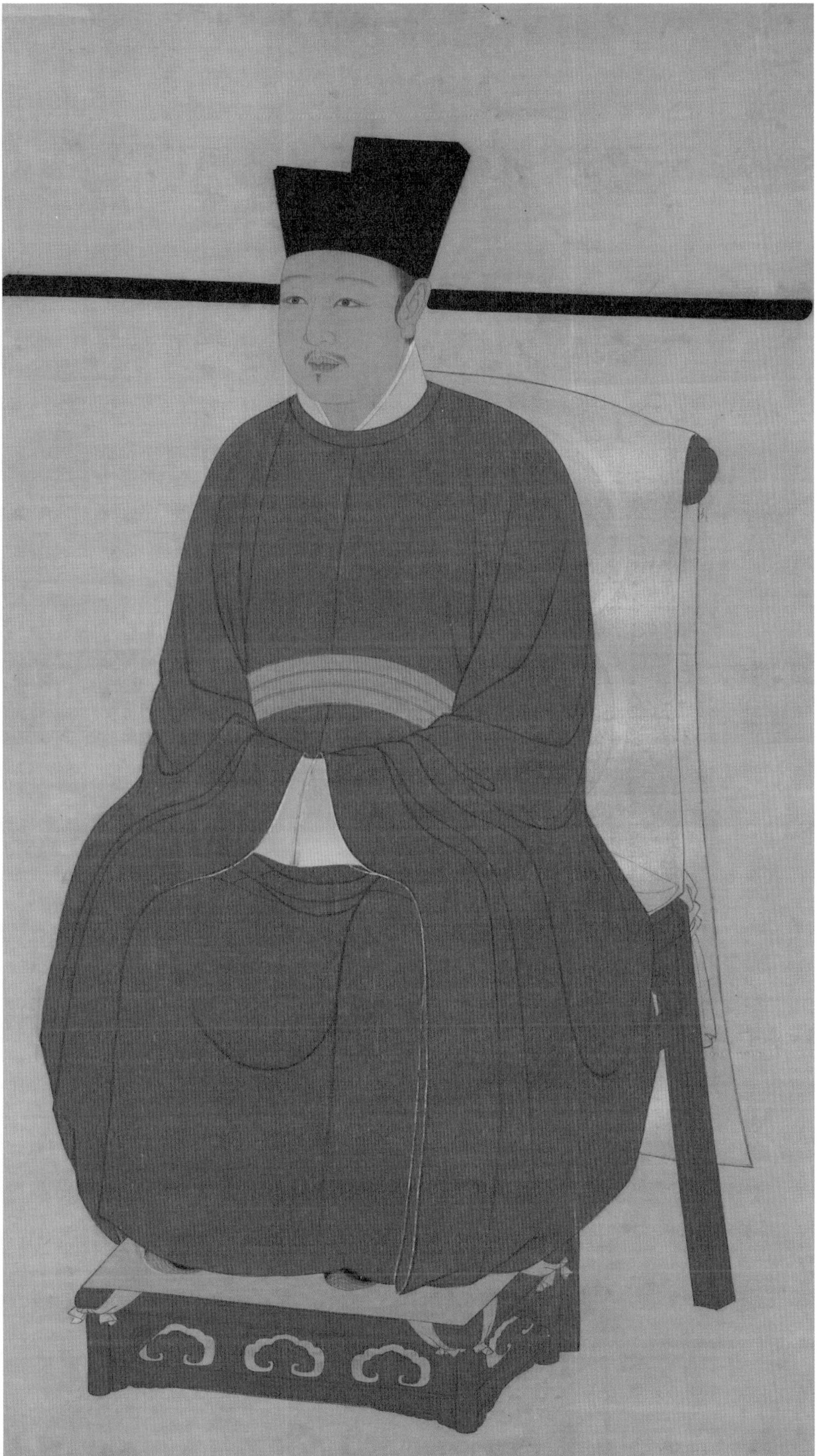

宋·佚名《宋徽宗坐像》

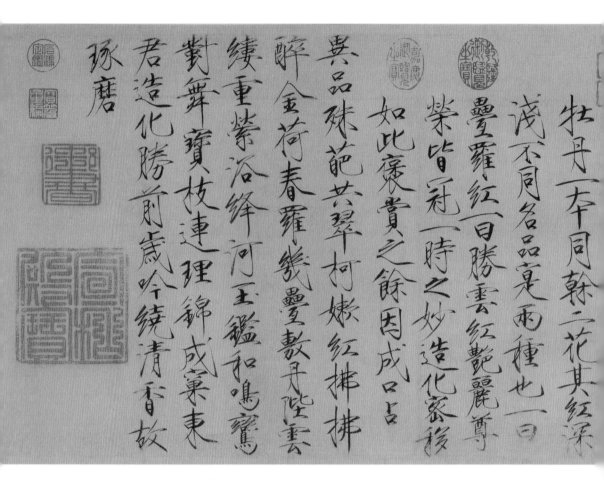

牡丹一本同榦二花其红深
浅不同名品寔两種也一曰
疊羅紅一曰勝雲紅艷麗尊
榮皆冠一時之妙造化密移
如此襃賞之餘因成口占

異品殊芳英翠柯嫩紅排拂
醉金荷春羅幾疊疊丹陛雲
綺重紫浴绛河玉鑑和鳴鸞
對舞寶枝連理錦成薫東
君造化勝前嵗吟繞清香故

琢磨

● 北宋·赵佶《牡丹诗帖》

经》中阐述的棋理、棋诀，也需要下棋者牢牢记住。

《忘忧清乐集》还收了不少围棋古谱。这里，既有宋以前的古谱，如三国时的《孙策诏吕范弈棋局面》、晋代的《晋武帝诏王武子弈棋局》、传说中的王质观神仙弈棋谱《烂柯图》，唐代的《明皇诏郑观音弈棋局面》《金花碗图》等。还有一部分就是宋代的对局谱，如《贾玄图》《兴国图》《万寿图》《长生图》《上清图》，最早的联棋记录《四仙子图》等等。打一打这些古谱，对古人的"武功"也就有了较全面的了解。古人"打架"，都很威猛哦。

《忘忧清乐集》中还有各种棋势棋图，相当于现在的定式。当然，古人下棋有他一些特定的招法，比如其中一个角图，白1挂，黑2一间夹，白3跳，这是现在还通用的定式，但黑4有了变化，不在角上单关或小飞应，而是在外面跳一手，白5当然飞下去，以下黑棋或飞断，或尖断，或尖一手再挖，便有了各种各样的变化。所谓"莲花角图""大角图""立仁角图""背绰角图""穿心角图"等棋势，都是这样演变出来的，其中最多的一种竟有三十五变之多。这些棋势现在大家基本上不用了，但也不妨去尝试一下，说不定可以起到出其不意的效果。还有一些棋势，如倒垂莲势第一变，现在在一些特定的场合，还有人在用。

《忘忧清乐集》还有一些死活棋图，共三十七个，这其中就包括宋太宗的杰作"对面千里势"和"独飞天鹅势"（见本章第一节"宋太宗自制棋势"）。不少死活图招法精彩，引人入胜。下面列举的两个死活题，如"三将破关势""鹊打兔势"，棋迷朋友们不妨去做一做，很有趣的。

看来，《忘忧清乐集》真的像一本武功大全啊！读这本书，一方面长点围棋功夫；另一方面，也受点文化的熏陶。就像"忘忧清乐"这四个字，你看书名多雅致啊。中国古人把围棋称为"忘忧"，它可以给人带来许多的

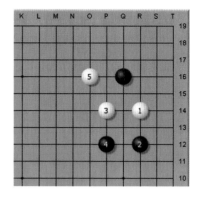

● "忘忧清乐集"角图

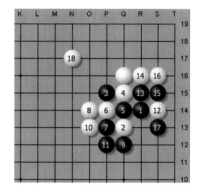

● "倒垂莲角图"第一变

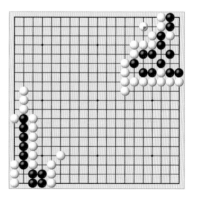

● 左下："三将破关势"；右上："鹊打兔势"（白先）

快乐；并且这种快乐不是吃喝之类的"俗乐"，而是一种"清乐"，说明围棋是一种高雅的活动，所以中国古人才把围棋当作"艺术"。会下棋的人，特别是那些高手，也就是"艺术家"了！

不过，即便是九五之尊的宋徽宗也难以做到万事万物都遂心如意，"忘忧清乐"。让我们回到本篇开头讲的那个《金瓯缺》的故事，皇帝带着围棋登上李师师的闺楼，二人开始对弈。宋徽宗故意做了个"金柜角"，引诱李师师点入，凑他"朕营此金屋，专待阿娇进来居住"的话。这个意图却被不愿做笼中之雀的李师师识破，她竟刚烈地将一枚棋子敲碎，暗喻"宁为玉碎，不为瓦全"，宋徽宗只好悻悻而去。围棋的多重功用，在笔下生花的作者那里得到了精彩的展现。

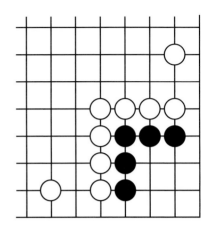

● "金柜角"图示

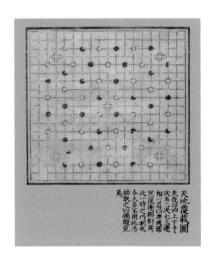

● 天地覆载图（元代严德甫、晏天章编《玄玄棋经》）

《玄玄棋经》

两宋繁华，弛武修文。在文艺、经济等领域得到了迅猛发展的同时，宋朝的军事实力却不敌北方的少数民族政权。北宋一朝，北抗辽国，西御西夏，已是左支右绌。北宋末年，女真族自东北兴起，建立金朝，南灭辽国，铁骑长驱中原大地，掳掠宋徽宗、宋钦宗父子。北宋灭亡之后，遗民南渡建立南宋王朝，与金朝隔长江而治。命运无情，悲剧重演，蒙

中
国
围
棋
史

古族再次崛起于金国之北。蒙古骑兵纵横亚欧大陆，最终南下灭金、灭宋，实现全国一统。

由蒙古族建立的元朝轻视文人，与文人相关的文艺活动自然也一概遭到排斥。围棋在元朝又一次陷入低迷，百年间没有留下一位国手的名字。但正如北朝打压棋戏，仍然有北周《棋经》在敦煌出土一样，元朝亦留下了一部传诸后世的《玄玄棋经》。

《玄玄棋经》约成书于元至正七年（1347），由严德甫、晏天章编撰，书名取自老子之言"玄之又玄，众妙之门"。在传统中国人看来，"道"代表世界的本源，是一种玄妙的"无"的方式的存在，但人们又可以通过自然万物去体悟"道"。将围棋称为玄妙之道，体现了中国古人对围棋的一种基本认识。将"玄、妙、神"这些深邃高级的词与棋相提并论，那可真是玄之又玄、妙不可言啊！

更为玄妙的是，《玄玄棋经》还将棋盘上的坐标与"天象"联系在一起，设计了一幅"天地覆载图"。只见棋盘上黑白各三十二子，共六十四子，这难免令人想起《易经》的六十四卦。编者布成此图后称，现在的人大多不下这种有六十四个座

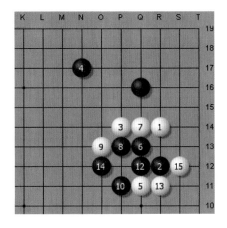

● "打边势"第一变

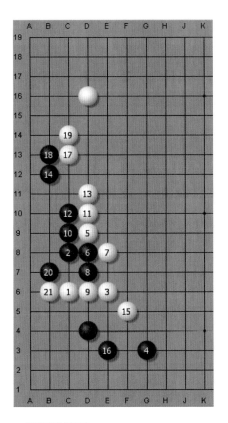

● "打边势"第四变

子的棋了吧。言下之意，难道是说元朝之前还有人用过这种规则下围棋？您要是有兴趣，也不妨在此"天地覆载图"中对弈一局试试看吧。

《玄玄棋经》全书分为六卷，按照儒家"六艺"命名，即礼、乐、射、御、书、数。从书名的道家色彩，到卷名的儒家经典，中国传统文化的内涵可见一斑啊！"礼卷"收录历朝历代棋艺理论文字，有《棋经十三篇》、皮日休《原弈》、班固《弈旨》、柳宗元《序棋》、马融《围棋赋》、吕公《悟棋歌》、徐宗彦《四仙子图序》、刘仲甫《棋诀》等。

"乐卷""射卷"载有棋局的各种"起手法"，即开局的走法，包括边、角的各种定式、侵分手段（打入和分投）。它涵盖了现代围棋理论中的布局、定式、中盘战术三大块。通过《玄玄棋经》记载的"起手式"，我们可以看到现代的一些定式是如何发展而来的，如"打边势"。

在白1挂角，黑2一间夹，白3跳起，黑4守角后，白5肩冲压迫黑2一子。对此，古人

中国围棋史

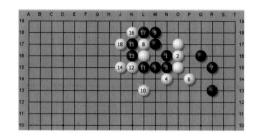

● "打边势"第五变

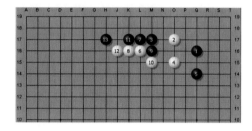

● "现代一间夹"定式

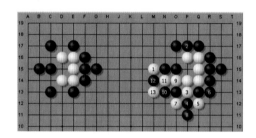

● 龟势

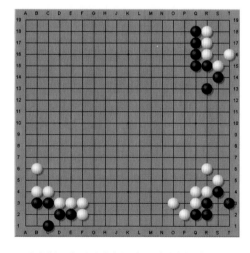

● 猪嘴（左下）；大猪嘴（右上）；小猪嘴（右下）

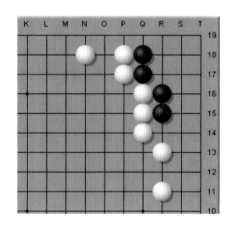

● 四皓翁势

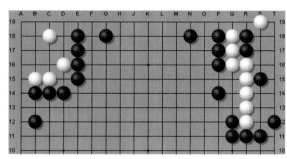

● 四灵八瑞（左）；九老优游（右）

最先探索出的应对办法是黑 6 尖刺（"打边势"第一变），直接追究另一方的缺陷。但无论是第一变中的贴了靠，还是第五变中的单弯，黑棋要么被滚包成愚形，要么被困于一隅，都不能满意。因此，执黑的一方又尝试了第四变中的直接贴起后再弯。

也许正是因为古人这一次次执着地摸索，后来者总结其经验与教训，才有了"现代一间夹"的定式。这种"站在巨人的肩膀上"的发展进步绝不仅仅只有围棋界才有，任何一项科技发明、艺术成就，都是承前继往，经过一代代的磨合研究，才呈现出我们今天看到的面貌。抚今追昔，真是让人感慨万千啊！

说过了"礼、乐、射"三卷，《玄玄棋经》中剩下的"御、书、数"才是后人屡屡着意的精华所在。三卷的内容都是死活题，后世翻印、校订、出版最多的就是这一部分。这些死活题除了内容精妙、令人入迷外，它们的取名也值得我们反复玩味。如著名的死活题"龟势"，一看此型，便会产生龟的联想。而此题的解答也颇为有趣，白 1 绝妙的一顶，仿佛在龟尾上刺了一针，蛰伏的龟开始起来，一步一步地，龟势逐渐充满了动感。

而像图中的"猪嘴""大猪嘴""小猪嘴"，也因其形象性的特征被沿用至今。读者朋友们，经典的"大猪嘴""小猪嘴"死活题，您能立即说出正解是什么吗？这可是下棋的基本功啊！

除此之外，《玄玄棋经》中的一些死活棋势还因为它们的形状与中国历史文化故事相关而得名，如第二章第三节我们讲过的"刘阮入桃源"。当然，更多的只是棋子数字上的一点联系，如"四皓翁势"。不过，此图中商山四皓的白衣白发都被染"黑"了，变成了四颗黑子。并且他们的最终命运都是被灭掉，实在与历史传说中进退自如的四皓不太相称。

而"四灵八瑞"一题中四子被杀，"灵瑞"不知从何而来？"九老优游"（应与香山九老有关）中的"九老"（九颗白子）被杀，又何来"优游"？当然，死活题重要的是考验做题人的计算力，题目的设计更为紧要。这些命名上的小缺陷，只是白璧微瑕罢了。

《玄玄棋经》在日本也有很大的影响。公元 1597 年，一世本因坊算砂撰写的《本因坊定式读物》（后改名为《围棋定式读物》），有五十九道死活题出自《玄玄棋经》。自 1630 年日本出版《玄玄棋经》以来，三百多年间被再版十余次。近代最著名的有 1935 年桥本宇太郎编的《玄玄棋经》新定本，与 1940 年吴清源的《玄玄棋经》删节本。一本中国围棋古谱，在古今中外不断被翻印，在很大程度上与书中所载的死活题有关。因为这些死活"棋势"，直到现在仍然被认为有很大的实用价值。

明代棋说

第一节　君臣对弈

～～～～～

俗话说"伴君如伴虎"，这句话用在与明太祖朱元璋下棋，全程绞尽脑汁，最终化险为夷赢下一座胜棋楼的徐达身上，真是十分恰当。在封建专制集权的时代，无论臣子与皇帝有怎样的私人交情，"捋虎须"都很难有好的下场。到了明朝末年，堪称顶起明朝天空的最后一根"大木"的郑成功，倒是在战场上从容对弈，将围棋传播到台湾，埋下了今天围棋世界一极的火种。

胜棋楼

公元 1368 年，四十岁的朱元璋在应天称帝，国号大明，年号洪武，改应天为南京。八个月后，三十六岁的徐达率兵攻克大都，元顺帝仓皇北逃，大都从此更名为北京。经过风风雨雨数百年，两个城市的名字在今天仍在使用。

元亡明兴，朱元璋建立的大明王朝是中国历史上倒数第二个封建王朝，也是最后一个由汉人做皇帝的封建王朝。洪武三年，徐达领兵还朝，朱元璋亲自前往龙江迎接他这位小时候的好玩伴。朱元璋幼年家境贫寒，沦为给地主家放牛的牧童，一度要靠出家为僧化缘为生，徐达的家境与朱元璋类似。贫贱之交，最为可贵。更何况自朱元璋起兵抗元以来，徐达始终是朱元璋打天下的左膀右臂，这一回，又立下了奠定版图的盖世功勋。朱元璋立刻封他为中书右丞相，那地位几乎就是"一人之下，万人之上"了。

朱元璋虽然出身寒微，童年在挨饿受冻中长大，后来又经历了长期的军旅生涯，没有机会受到系统的文化教育。但朱元璋天资聪颖，不仅处理朝政、军情大事干净利落，连在中国古代一向是上层文人专属的围棋中，他都能走上几子。看来人家能在元末乱世笑到最后，也是有道理的啊！

虽然徐达与朱元璋的关系非同一般，但朱元璋当了皇帝之后，君臣有别，他也不能像过去那样随便了。身为皇帝的朱元璋常常拉着臣子们下棋，臣子们为了能让皇帝高兴，总是故意让皇帝赢棋，徐达也只能这样，虽然他心里很憋屈。

相传有一天，朱元璋带徐达等一行人去南京城外的莫愁湖游玩。莫愁湖是自汉魏六朝起便闻名于世的风景名胜，因一位名叫莫愁的不幸女子投此湖而得名。朱元璋见莫愁湖风景宜人，诱发了棋兴，于是在湖边摆下棋局，要徐达和他下棋，并下了个彩头："你要是赢了棋，朕就把这莫愁湖赏给你。"

徐达犹豫了。以他的棋力，赢朱元璋并不难。然而他知道朱元璋是一个猜忌心非常重的人，要是以往，他肯定就故意让皇帝赢了。但是那天，他在莫愁湖边徜徉许久，只见波光潋滟，绿柳绕堤，花香鸟语，他的心动了一下。再加上自朱元璋当皇帝之后，他从来都是故意输棋，心里也很窝火，于是就答应了。

棋局开始，徐达落子非常慢。敢向帝王争一着，固然是"英雄"，但逞一时之英雄，多数却落得个悲剧。这可如何是好呢？不过，作为开国名将的徐达在心里飞快地想出了一个两全其美的对策：既要自己赢棋，又要皇帝高兴。他仔细地观察棋盘，算计皇帝可能落子的地方，一步一步地实施自己的计划。

起初朱元璋看徐达的棋好像一盘散沙，于是自己便飞快地落子，大举进攻。谁料后来，那些看起来分散在四面八方的棋子互相联通了起来，将他的棋分割成小块来进行围攻。他顾此失彼，最终只有几小块棋活了下来。

朱元璋输了棋，脸上顿时多云转阴。徐达连忙跪下，说："臣并不是要赢棋，陛下请仔细看看棋盘。"朱元璋气得正要起身，再一看棋盘，原来徐达的棋子在棋盘上形成了"萬歲（万岁）"两个字，脸上便露出了喜色。按照约定，朱元璋将莫愁湖赐给了徐达，并传旨在湖畔修了一座楼，取名"胜棋楼"。后来，有文人为胜棋楼撰写对联曰："世事如棋，一局争来千秋业；柔情似水，几时流尽六朝春。"

徐达胜了一盘棋，赢了一座楼，心思机巧，令人叹服。但民间流传的故事没有就此结束，有的故事说他事后在胜棋楼中大摆筵席，宴请同僚。有人规劝徐达"做人要低调"，为胜棋楼写了一副对联："湖本无愁，笑南朝迭起群雄，不及佳人独步；棋何能胜，为北道误投一子，至教此局全输！"

果然，在另一个故事里，回到宫中的朱元璋越想越不对劲，本来他就因为徐达足智多谋而不放心，徐达今天可以这样赢了他的棋，不知道哪天就可以赢了他的江山呢！没过多久，徐达患了背疽病。据说，患这种病的人千万不能吃鹅肉，不然会有生命危险。朱元璋听了，故意让御膳房做了蒸鹅，赏赐给徐达。徐达知道皇帝的意思，只能当着太监的面，流着眼泪将鹅肉吃下，一代名将就此抱恨而终。

这些故事究竟是不是历史事实，向来争议很大。至少，以我们现有的围棋知识判断，想要在区区十九路的围棋盘上摆出繁体的"万岁"两字，难度都相当大，更不用说在实战中下出来了。但在真实的历史上，晚年的朱元璋的确对开国功臣们进行了一系列的血洗，每次株连者几乎都达万人以上。仅以大案为例，洪武十三年（1380），朱元璋诛杀丞相胡惟庸，并借此废掉了实行千年之久的丞相制度；洪武十八年（1385），也就是正史记载中徐达因背疽病逝的那一年，朱元璋又起"郭桓案"；洪武二十三年（1390），朱元璋借胡惟庸旧案牵连至"开国第一功臣"李善长；洪武二十六年（1393），朱元璋再起"蓝玉案"。功臣剪除殆尽，这也是明朝开国的一大特征。

朱元璋为何如此嗜杀，对与他一同起兵的"老兄弟"如此手下无情呢？传说，太子朱标曾问过父亲朱元璋这个问题。朱元璋铁青着脸一言不发，将一根荆棘扔在朱标面前，让他亲手拾起。因为荆棘上长满了刺，朱标面露难色。朱元璋方才回答："我帮你把刺削去，你不就容易拿起来了吗？"

无论朱元璋的本意是否如此，历史的发展终究没有遂他的心意。朱标福薄，未等登基便已早死。朱元璋驾崩之后，继承皇位的是朱标的儿子朱允炆。不过到了那个时候，荆棘上的刺已经不是开国功臣，而是朱允炆的诸位叔辈藩王，也即朱元璋的众多儿子了。朱允炆为巩固皇权大力削藩，招致燕王朱棣自北京南下起兵反叛。由于开国功臣、举世名将们基本被朱元璋诛杀干净，朱允炆几乎无人可用，最终导致南京城破。朱元璋辛辛苦苦修建起来的宫殿被朱允炆一把火毁坏，朱棣后来迁都至他的藩国首府，中国政治的中心也由南京北移到了北京。

残阳如血，历史无情。古老的南京城在后来的数百年间又经历了无数次的战火纷飞，"城头变幻大王旗"。耀武扬威的皇帝，功高盖主的大将，终究都是历史的过眼烟云。静静地看着这一切来而复去的，便是那莫愁湖畔的胜棋楼和曾在胜棋楼里留下的落子声声吧。

1929年胜棋楼重修，时任国民政府内政部长的赵戴文撰写了一副长达226字的对联，书写这莫愁湖胜棋楼千年以来见证的兴兴衰衰。这副对联，也成为中国楹联史上最著名的长联之一：

千年王气西来，酿成戎马干戈，纷如弈局；任虎踞襟严，龙蟠带险，燕矶舟泊，牛首烽传；尽教天阙崔嵬，神符铄懿，徒资霸主以野心耳！城上石头，撼不动铜驼迷梦；问赌棋谢傅，悬蠹周郎，累代英雄，而今安在？只赢得危楼一角，凭吊斜阳！世运转鸿钧，旷观函复方州，庆郅治光昌，抚槛高歌革命曲。

万里长江东去，淘尽豪华绮靡，空付吟笺；况金莲舞歇，玉树声残，桃叶迎归，柳枝唱罢；漫道风怀猗旎，隽语缠绵，岂非亡国之末俗耶！波间凉月，照无端锦瑟闲愁；想争博齐姬，应图卫后，六朝佳丽，毕竟难存！仅留他清水半奁，曾窥艳影？南都兴雅化，净洗零膏剩粉，祝女权炳耀，满湖开遍自由花。

郑成功弈棋

明末民族英雄郑成功的英名世人皆知。不过，你知道郑成功收复了台湾，但不一定知道郑成功还喜欢下棋吧！

台湾是祖国的宝岛。在远古时代，台湾与大陆还是连在一起的，后来因地壳运动，相连接的部分沉入海中，形成海峡，才出现了台湾岛。

公元230年，台湾开始了有文字记载的历史，当时三国吴王孙权派一万官兵到达夷洲（即台湾）。唐代，台湾又被称为"流求"。到了宋元时期，汉族人民开拓澎湖以后开始向台湾发展，带去了当时先进的生产技术，围棋也在台湾得到了一定推广，逐渐在民间流传。明朝时，台湾被荷兰侵略者占领，郑成功率领部队收复台湾，也推动了围棋的发展。

郑成功（1624—1662），原名森，字大木，福建泉州南安人。清兵进入福

建的时候，他起兵抗清。1661年，又率军登陆台湾，赶走荷兰殖民者。为了纪念郑成功收复祖国领土，海峡两岸都立了碑予以纪念。郑成功喜欢下棋，清代黄梓画了一幅《郑成功弈棋图》，描绘了郑成功在峭壁旁、松树下与人下棋的画面，真是难得的清闲时光。只是一匹马等在那里，仿佛是随时准备启程，下棋不过是忙里偷闲罢了！而位于金门岛中央的太武山上，至今还存有"明延平郡王郑成功观兵弈棋处"遗迹。

● 台湾《棋道》月刊

1894年，由于清政府的腐败，号称亚洲第一舰队的北洋舰队全军覆没，清政府宣告在中日甲午战争中战败。战败导致的代价就是割地赔款，祖国的宝岛台湾也因此沦为了日本殖民地。一直到1945年抗战胜利，台湾才重新回归祖国版图。在这五十年的时间里，日本人没干别的好事，倒是因为围棋在日本比较流行，在台湾地区也得到了推广。光复后，台湾地区的围棋与日本围棋的往来也没有断绝。林海峰、王立诚、王铭琬、张栩、谢依旻等数十位棋手相继去日本学棋，并且在日本取得很大的成就。他们相继获得日本各大棋战的冠军，林海峰、王立诚、张栩三大高手还曾代表日本棋院，得过围棋世界冠军。

从20世纪70年代起，台湾地区本土围棋也取得了较快的发展，职业围棋三

中国围棋史

大赛事——名人赛、棋王赛和国手赛相继创办。台湾地区保留了中国古代的棋品制，把棋手分为九品，一品最高，九品最低。1983年起，台湾地区的围棋开始实行品位制，段位和级位只用于业余棋手，品位则成为职业棋手的标志。2007年，台湾地区棋手周俊勋战胜大陆棋手胡耀宇，夺得第11届LG杯世界围棋棋王战冠军。这可是台湾棋界破天荒第一次拿到世界冠军，标志着台湾地区的围棋进入了一个新的阶段。在周俊勋夺冠的鼓舞下，台湾地区的围棋更加红火了。

台湾地区现在学棋的孩子有很多，台北市和其他各市县都办有许多围棋培训机构。台湾的围棋组织基本上属于民办性质，有应昌期围棋教育基金会、台湾围棋协会、台湾棋院文化基金会等。他们有各自的段位、品位体系，拥有各自的职业棋士。应昌期围棋教育基金会成立于1982年，创办人为已故的应昌期先生，董事长为其子应明皓。台湾围棋协会成立于1988年，秦世敏任秘书长，出版《棋道》月刊。台湾棋院文化基金会（简称台湾棋院）成立于2000年，由中环集团董事长翁明显先生捐赠基金并担任董事长。

应昌期（1916—1997）是一位著名的实业家、围棋活动家，他是浙江慈溪人。1982年，应昌期出资1亿台币设立"应昌期围棋教育基金会"，又从1988年起开始举办"应氏杯世界职业围棋锦标赛"，简称"应氏杯"。应氏杯冠军奖金高达四十万美元，每四年举行一届，被人称为"围棋奥林匹克"。应昌期觉得围棋规则不够完善，还特别创立了"应氏规则"。应氏规则中黑贴8点的超前视野，被21世纪的中、日、韩三国棋界不同程度地付诸实践。应昌期先生不仅推动了台湾地区围棋的发展，对世界围棋的贡献也是不可估量的。

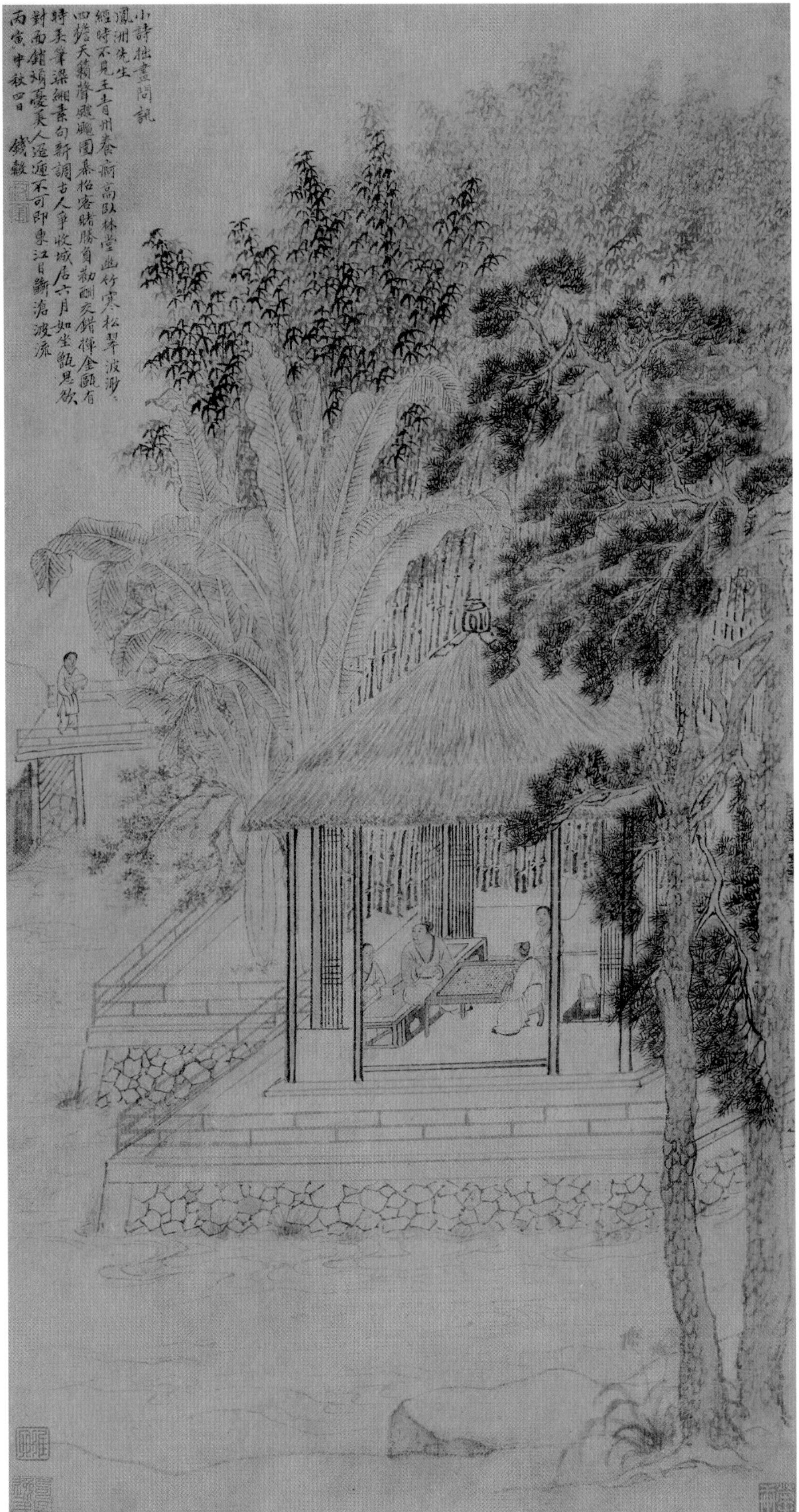

明·钱榖《竹亭对棋图》

第二节　雅俗之间

进入明朝，围棋的发展状况又有一变。从两宋时期文人为弈棋的主流，变成围棋逐步走向民间。在这个趋势中，围棋之"雅"与现实生活之"俗"相互交融，生出了一番别样的韵味。文人墨客如唐伯虎们，仍然喜爱围棋，时常聚会下棋。而民间广为流传的短篇小说集"三言二拍"，以及"四大奇书"之首的长篇世情小说《金瓶梅》中，也出现了以围棋为主线的故事，捕捉到了许多现实生活中围棋的影踪。

唐伯虎与围棋

唐伯虎（1470—1523），姓唐，名寅，字伯虎，出身商人家庭。他小时候很聪明，读了很多书，与文徵明、祝枝山、徐祯卿结交，被称为"吴中四才子"。二十九岁那年在乡试中得了第一名——解元，一下子就火了。本来想趁此机会，再去参加更高级别的考试，考个进士甚至状元。不料天有不测风云，因为科场舞弊案受到牵连，功名是没指望了。唐伯虎只好回到家乡，过起了普通人的日子。

但过日子总要有生活来源啊！唐伯虎便靠替人家写点文章和卖画，挣点生活费。他曾写了一首诗"不炼金丹不坐禅，不为商贾不耕田。闲来写幅丹青卖，不使人间造孽钱"来表明自己的一种心愿。但他的妻子受不了这种清贫的日子，跟他大吵大闹，终于离他而去。唐伯虎从此彻底自由了，为了安慰自己，他给自己封了一个名号——江南第一风流才子。这样看来，这个"风流才子"的名号来得是多么地苦涩啊！他画了许多山水画和仕女画，那些美女，大概就是唐伯虎为自己画的饼吧。

真之枝叶之茂 方年當□年二十□

曰眹則東園子固自有之固自
樂之亐曰非眹也是樂也人皆
有之東園之固而不自有焉
故獨樂不若與人與少不若與
衆東園子天下之賢公子也所
與游皆天下之賢士大夫也故
其燕賞者酬酢者餞者游詠
者大夫士之賢必時集焉群走
忞辛輿馬之衆必萬
人同心庶性同樂眹則東園
子之有不益廣兮此所以為東
園子與彼以珠履相尚而稱賢
公子者烏兮賢斯義也秦漢
之間有東園公諸君子者必
武知之安得作而吃諸
賜進士出身朝議大夫南京國
子監祭酒前翰林侍讀兼修
國史
經筵講官湛若水記

東園圖

東園記

東園子錦衣徐子申之中山王
魏國之秀天下之賢公子也其
德欲日崇其禮欲日卑其業欲
日新而且升其樂欲日得而日
遂別墅東園因自號東園凡東
園之所有皆東園子固有也而
歸東園者何志有東園之有也
故凡園之中有崇者有卑者有
植者有潛者有飛者有動者皆
東園子固有之也飛者而與焉
是故崇而為山則隱然而丘隆
然而陵巍然而巔峭然而峰其
東園子之崇德而益高者乎卑
而為池則溪而瀲觴而浴息
淵而潛蛟其東園子之執禮益
卑受善而有容者乎杭而為竹
木花卉則籜者日新萌者日欣
生生者曰毅其東園子之福德
日升而漸長者乎潛而為魚飛

在清贫自在的日子里，唐伯虎也迷上了下棋。他有一首《自题柳阴弈棋图》诗：

> 万仞芝山接太虚，一泓萍水绕吾庐。
> 日长全赖棋消遣，计取输赢赌买鱼。

你看，漫长的日子，很难过，只好靠棋来打发了。如果有幸赢了一盘棋，赚了点银子，买条鱼，那就既消磨了时间，又有口福了。唐伯虎还有一幅围棋画，题目叫《楸枰一局图》，画的右上角也题了一首诗：

> 树合泉头围绿荫，屋横涧上结黄茅。
> 日长来此消闲兴，一局楸枰对手敲。

有山有水，有绿树还有棋。尽管是木屋，黄色茅草的屋顶，那也让人其乐融融，足以消闲了。唐寅的画与诗，典型地体现了那个时代文人士大夫的情趣。与唐寅同为"吴中四才子"的文徵明绘有一幅《东园图》，"东园"是明代开国元勋中山王徐达的府第，园内建筑华丽，风景优美。徐达的后人常常在园中聚集当时的名流，一起游玩、吟诗、作画、下棋。《东园图》再现了东园主人与文人雅士们在园中游乐的情景。

唐寅一生喜欢桃花，用卖画的钱建了桃花坞别墅，取名"桃花庵"，自号"桃花庵主"。虽然只是几间茅屋，但他常与朋友祝枝山、文徵明等饮酒、作诗、绘画、弈棋，在清苦的生活中也算是一种安慰。他死后葬在桃花坞北，后迁葬到横塘镇王家村。尽管生前困苦，但死后关于他的故事越传越多。不然，岂不是辜负了这"江南第一风流才子"的美名？

小道人棋定终身

说到小说，想必无论是耄耋老者，还是少年儿童，都会有心中喜欢的那一本。虽然每个人的欣赏品味不一，但小说一定是浩如烟海的文学门类中最接近俗世生活，最能"雅俗共赏"的一项。

中国的小说从唐传奇开始走向成熟，如我们第四章提到的《虬髯客传》。到了宋朝，由于"城"与"市"的合并，即居民居住的地方和买卖货物的市场不再存在界限，市民阶层兴起。为了迎合他们的需要，宋代话本小说开始流行。我们今天耳熟能详的《三国演义》《西游记》《水浒传》等故事，从那时起，就在街头巷尾的说书人口里开始流传。

到了明朝，小说得到了更为迅速的发展。冯梦龙、凌濛初将当时广为流传的白话小说编订成册，先后推出了《喻世明言》《警世通言》《醒世恒言》与《初刻拍案惊奇》《二刻拍案惊奇》，即十分有名的"三言二拍"。这些故事虽然在时代背景上假托前朝，但反映的基本上都是明朝时期的风土人情。其中如"杜十娘怒沉百宝箱""卖油郎独占花魁"等章节，是我们今天仍然常提常新的经典故事。

"三言二拍"中的一些故事也反映了围棋在明清时期广泛进入民间的历史事实，其中不能不提的一篇，就是《二刻拍案惊奇》中的《小道人一着饶天下 女棋童两局注终身》。这是一个写棋中姻缘的故事，大约是中国古代白话小说中唯一一篇完整的以围棋为题材的作品了。

围棋，在古代中国原本是风雅之事，是文人墨客独享的一门艺术。而话本小说本来就是俗文学，这篇小说讲述的也是一个骨子里浸透了"俗"的故事。雅与俗的交融，恰恰是文学走向民间的一个结果。当围棋成了喜获娇妻的媒介，这其中会生出怎样有趣的情节呢？这篇故事的"定场诗"这样说：

> 世上输赢一局棋，谁知局内有夫妻？
> 坡翁当日曾遗语，胜固欣然败亦宜。

故事开头说宋朝时有一村童，姓周名国能，学得一身好棋技，与人下彩棋，时常能赢些银两。手头宽裕之后，"仓廪实而知礼节"，生活品质提高了，性格也渐渐高傲起来。男大当婚，周国能到了该婚配的年纪，农家女已经入不了他的法眼，便寻思着凭借自己围棋上的"绝艺"，外出找个好姻缘。于是，周国能打扮成小道人的模样云游四方，目的不在寻师访道，而是寻找美貌女子。在汴京、太原等地周游一圈，一无所获之后，周国能来到辽国地面，得知辽国围棋第一国手是一位美丽女子，名叫妙观。

周国能一见妙观心花怒放，想着"只在这几个黑白子上，定要赚她到手"。在亲眼观察之后，发现妙观棋力不如自己，就趁她给学生讲课之际当众指出她的错误。又在妙观开的棋馆对门租了个房间，挂上一块招牌，上面写道："汝南小道人手谈，奉饶天下最高手一先。"

这"最高手"，说的不就是辽国最厉害的妙观吗？招牌一挂，立即有好事者凑了赌金，撺掇小道人周国能与妙观决一雌雄。妙观先派自己的徒弟张生试探，结果被周国能打到让三子。妙观实在不敢应战，便悄悄招小道人的房东老妈说情。周国能开出了条件："日里人面前对局，我便让让她。晚上要她来被窝里对局，她须让让我。"这分明是轻薄的调戏之词，妙观十分气恼，将计就计。当众对局时下了三盘，第二局周国能发挥实力中盘大胜，一、三局却着意想让，竟然两盘都只输了半个子。但夜里妙观并未如约前来，只是将事先说好的赌金奉上，让周国能生生哑巴吃了个黄连。

几日后，不甘心的周国能被王府招去下棋，因深受辽国大王喜爱，他便要求与妙观下棋。对局时小道人拿出五两金子做注，妙观未带银两，被迫以身作押，就这样在"羞惭窘迫"中将自己输了出去。妙观事后反悔："难道奴家终身之事，只在两局棋上结果了不成？"小道人向幽州府总管告状，在堂上，妙观辩道："一时赌赛输赢，实非情愿。"总管道："既已输了，说不得情愿不情愿。"妙观"无可推辞，只得凭总管断合"，就这样成就了一段书中所说的"好姻缘"。

严格地说，这篇写棋中姻缘的小说，还不是真正的围棋小说，而是一部关于婚姻的小说。婚姻是目的，围棋不过是媒介。但在故事的进行过程中，作者加入了许多与围棋相关的传说。讲周国能的一手好棋从何而来时，化用了王积薪赴蜀途中遇仙的传说，说有两个仙家道士在他田边捡枣子的时候教他围棋；讲辽国围棋概况时，又套用了唐朝顾师言（故事中称为宋朝棋待诏顾思让）与日本王子（此处为辽国王子）一子解双征，本朝第一假称第三的传说；而小道人为挑战妙观所写下的招牌，也是借用宋代刘仲甫"奉饶天下棋先"的故事。这种化用与借用，的确是中国古代小说的特点之一。

在明朝重男轻女的时代观念下，这个情节曲折、结局圆满的故事受到欢迎，是很正常的事。但从今天的视角来看，无疑过分不尊重女性的价值和意愿了。到了21世纪，著名剧作家，同样也是围棋迷的邹静之先生重写这段故事（电视剧《爱情宝典之小棋士》），就将其改编成了一个更具现代色彩的版本。

新版本说周国能倾慕妙观，有意让棋却惨遭欺骗之后，十分悲伤，整日借酒消愁，精神颓废。另一边，欺骗周国能的主意是由妙观身边的婢女所出，妙观则有所歉疚，在观察周国能每天的所作所为之后，也对他暗生情愫。同时，新版本还加入了风尘花魁红拂的角色，红拂也因棋爱上周国能，故事最终发展成两位女子为争周国能而对弈决胜，这与原小说中男方选择，甚至有胁迫的意味对待女性形成了鲜明的对照。结局也是相当"围棋式"的，象征着"一冷一热"的妙观与红拂，竟然在盘上握手言和，下出了一盘和棋。周国能最后如"唐伯虎点秋香"一样，幸运"点"中了妙观，故事圆满落幕。

新版本的故事背景仍然放在了宋代，有趣的是，也充满了"雅与俗"之争。原小说里，雅是指围棋，俗是指婚姻。而新版本将围棋与爱情都归为"雅"，而"俗"则成了赌棋与钱财。周国能依靠下彩棋赢遍天下，博取大名，却也烦恼于凡尘俗世，最终在妙观的幽静棋馆里找到了归宿。

"小道人一着饶天下　女棋童两局注终身"讲述了一个既雅又俗的故事。其实，围棋本就是雅俗共赏之事，而小说作为一种俗文学，通过描写围棋而使自己沾点雅气，反过来它又以对世俗生活的描写，使人们认识到围棋"俗"的一面。"旧时王谢堂前燕，飞入寻常百姓家"，围棋如同一位洗尽铅华的闺中少女，就这样走进小说，也走近芸芸众生。

《金瓶梅》棋话

读者朋友，说起中国古典"四大名著"，您一定如数家珍：不就是"分久必合，合久必分"的《三国演义》、师徒四人西天取经的《西游记》、一百单八将梁山泊聚义的《水浒传》和讲宝玉黛玉爱情悲剧的《红楼梦》吗？

不过，要是说起"四大奇书"是什么，一般人还不一定知道。

所谓"四大奇书"，是指明末著名文人李渔评定的一个小说"TOP 4"榜单。在李渔生活的时代，《红楼梦》尚未诞生。能够被李渔看中，列入"奇书"榜的，是明朝中后期成书的《金瓶梅》。

《金瓶梅》是中国第一部以家庭日常生活为题材的小说，作者署名"兰陵笑笑生"。故事脱胎自《水浒传》中武家兄弟、潘金莲、西门庆的一段纠葛，但那仅仅是个引子。《水浒传》是关于英雄的轰轰烈烈的传奇，《金瓶梅》则是关于世俗人生的故事。它以西门庆及其一家妻妾为主线，表现暴发户、市井闲人西门庆的荒淫以及"金"（潘金莲）、"瓶"（李瓶儿）、"梅"（庞春梅）及其他各类女性的命运。别看《金瓶梅》被称为禁书，但它对明朝社会（虽然其描写的时代背景为宋朝）细致入微的描写，对人物性格的刻画，为中国小说真正走向成熟起到了至关重要的作用。中国古典小说巅峰之作《红楼梦》，就是受了《金瓶梅》的影响呢。

既然是描写世情的世俗小说，《金瓶梅》中自然少不了对围棋的描写。小说共有一百回，其中第十一、二十二、二十五、五十四、七十二、八十二、八十六等回多次描写下棋的场面，涉及下棋的有官吏、文人、富商、帮闲、婢女、佣人等各色人。通过这些段落，我们可以对明朝围棋在市井生活中扮演的角色与发展状况有更深入的了解。

这些人是为了什么而下棋呢？首先，下棋为消闲。儒家正统强调的往往是围棋的伦理教化意义，但在实际生活中，围棋的功用首先还是娱乐。那些富裕人家无须为生计而奔波，往往有较多的闲暇时光，围棋便成了一种绝好的消闲工具。《金瓶梅》第十一回写潘金莲与孟玉楼在一处做针线、下棋，正好被从外回来的西门庆撞见。金莲解释道："俺两个闷得慌，在这里下了两盘棋子。"

其次，下棋多赌彩。明清两朝成书的《金瓶梅》《儒林外史》《红楼梦》等小说，多次写到下棋

中国围棋史

● 清·孙温绘《红楼梦·酒散暇游观鱼下棋》（第六十二回）

赌彩的场面。 由此可以看出，在宋朝以后，随着围棋在社会各阶层中的普及，赌棋在现实生活中已经相当普遍。《金瓶梅》第二十二回就有这么一段描写：

话说一日腊尽春回，新正佳节。 西门庆贺节不在家，吴月娘往吴大妗子家去了。 午间，孟玉楼、潘金莲都在李瓶儿房里下棋。 玉楼道："咱们今日赌甚么好？"金莲道："咱们赌五钱银子东道，三钱银子买金华酒儿，那二钱买个猪头来。 教来旺媳妇子烧猪头咱们吃。 说他会烧的好猪头，只用一根柴火儿，烧得稀烂。"玉楼道："大姐姐不在家，却怎的计较？"金莲道："存下一分儿，送在他屋里，也是一般。"说毕，三人下棋，下了三盘。 李瓶儿输了五钱。

清·佚名《金瓶梅插图之玉箫跪受三章约》

所谓仁者见仁，智者见智。从这一小段生活化的描述中，研究围棋的人看到了赌棋之风。研究饮食文化的人，则看出了西门庆家并非福荫数代，大富大贵之家。因为只有一夜暴富的"土豪"，家中侍妾才在过节打牙祭，吃烧猪头呢！

最后，下棋也是一种交际方式。这里的交际既包括日常交际，诸如以棋会友之类，有时也是巴结权贵、结交官宦的手段。《金瓶梅》中的男一号西门庆，他本来是一个市井之徒，因为善于结交权贵，才成了清河县里有钱有势的一霸。下棋陪客，也成了他惯用的一招。如第三十六回，京里来的蔡状元与安进士到西门家，西门庆陪他们下棋直到夜阑，第二天又奉上丰厚礼物。第四十九回，蔡御史到西门家，"摆下棋子，与董娇儿（西门庆特邀陪客之妓）两个着棋，西门庆陪侍"。西门庆正是仗着这份八面玲珑的交际功夫，才得以左右逢源。

您看，小说的作用大吧！它还是正史的补充，是让后人了解当时社会风貌的重要工具呢！

第三节　棋谱棋艺

有明一代，围棋事业发展迅速，围棋流派争奇斗艳，围棋著作不断涌现，围棋国手也层出不穷。明代中期，"永嘉派""新安派""京师派"三大派棋手龙争虎斗，记录围棋技艺，整理《仙机武库》《适情录》《弈薮》等围棋著作，泽被后世。而在棋盘内外展示出高强实力与高尚品德的明末高手过百龄，更成为人们传颂至今的围棋名人。

明代棋战、棋谱大观

上节说过，进入明朝，围棋逐渐走入民间，兼具艺术和娱乐的功能，变得"雅俗共赏"起来。造成这一现象的原因或许是与明太祖朱元璋对围棋的态度有关。出身农民的朱元璋称帝之后，很不喜欢社会上出现游手好闲的人。为了遏止娱乐风气，将社会扭转到他所向往的"农村式"社会，曾一度禁止"博弈"，即将围棋与赌博并列，加入黑名单。传说，朱元璋曾修建过一座"逍遥楼"，将赌博、下棋等所谓"游手好闲"之人关入楼中，给他们棋具、赌具，不给饭食，让他们"逍遥至死"。

不过，就像本章第一节讲过的朱元璋与徐达弈棋赌"胜棋楼"的故事那样，朱元璋本人还是个棋迷。后来的明朝皇帝，如明成祖朱棣、明武宗朱厚照等，都对围棋有一定的热情。朱元璋开国之初订立的种种严苛的法令，也慢慢随着时间的流逝而被他的子孙睁一只眼闭一只眼地废掉。但森严的紫禁城终究不像前朝那样向棋手敞开了，明代棋待诏一职几乎形同虚设，棋手们没有了朝廷的供养，只好走向民间"讨生活"。

正巧，明代工商业的发展，城市的繁荣，市民阶层的壮大与对娱乐生活

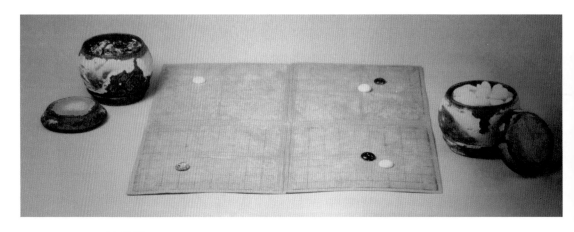

● 明出土围棋

中国围棋史

的渴望，为这些棋手的生存提供了社会条件。到了明朝中期嘉靖、万历年间，民间棋界形成了"永嘉派""新安派""京师派"三大流派鼎足而立、相互竞争的局面。"永嘉派"又称"浙派"，主要棋手为永嘉（今浙江温州）一带人，代表人物有鲍一中、李冲、周源、徐希圣；"新安派"又称"徽派"，主要棋手如汪曙、程汝亮、方子谦等都是安徽人；"京师派"代表人物有颜伦、李釜。

三大派中最先崛起的为永嘉派的鲍一中。永嘉派的崛起，与内阁重臣杨一清的支持密不可分。当时鲍一中纵横江淮，棋力高出新安派的汪曙一子，与京师派的颜伦一南一北遥相辉映。鲍一中之后，李冲扛起永嘉派大旗，但声势已渐渐衰微。"北颜南鲍"未曾交手，无疑是棋坛一大憾事。万历十四年（1586），京师派新一代领袖李釜南下浙江余姚，与新安派和永嘉派展开大战。这一战的结果是永嘉派大败，李冲先后不敌李釜与永嘉派方子谦之弟方汤夫。李釜则和当时的新安派第一人程汝亮多次交手，难分高下。

以地域为划分展开棋坛大战，无疑是明朝棋界的一个新现象。伴随着三大派的相互征战，围棋事业得到了迅猛的发展，围棋著作也广泛出现。流传至今的明代围棋著作有十多部，包括《适情录》《秋仙遗谱》《石室仙机》《石室秘传》《石室启秘》《会弈通玄谱》《弈正》《弈薮》《坐隐先生订棋谱》《弈隅通会》《仙机武库》《万汇仙机棋谱》《秋仙汇选》《弈时初编》《弈志》等。棋谱、棋书的大量刊行，也说明了这个时代围棋的流行。

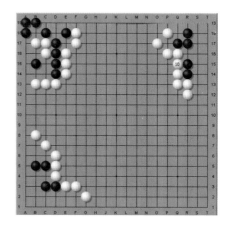

● 疏豁角图

　　在这些记录围棋棋谱的著作中，流传最广的是《仙机武库》。它由明末陆玄宇父子辑录，全书按照中国传统的"八音分类法"，分为金、石、丝、竹、匏、土、革、木八集，内容大部分为定式和死活题。它的一个创新之处在于将角与边分开，革集为角上死活，木集为边上死活。角与边又分别分出不同的"型"，每一型下面又有许多种变化。如"疏豁角"有四十八式，每一式都有一个个性化的名字。在上图中，右上角的棋式叫作"星移入汉"，左上叫"三人成虎"，左下叫"金丸弹雀"。

　　在《仙机武库》中，"革"部共有 21 型 261 式，"木"部有 19 型 244 式，共 505 式，比《玄玄棋经》的 387 式死活题，还要多了 100 余式呢！这可以算得上是收集死活题最多的围棋著作之一了。

　　由林应龙编撰的《适情录》是明代棋谱中问世较早，也是卷数最多的一部。全书共有二十卷，前九卷为正篇，十到十八卷为外篇和补遗，末两卷为图说。《适情录》最大的特点，是用《易经》和军事的观点来解释围棋。

　　林应龙深受《易经》观点影响，将棋的走法比拟成易学中的象数，如称白为"主"，称黑为"客"，把每步棋叫作"举"，棋的好坏优劣则叫作"吉"或者是"凶"。不仅如此，他还把棋盘上的九个星位对应为 1—9 九个数字，构成"九宫"。这样，围棋也就和所谓的"卦象"相连。

　　于是，就经常看到整篇《适情录》"以下各五局，主先举，安贞吉，第一

局六三临六宫，七十三举""以下各十局，主先举，利，有攸往，亨"之类的表述。如果说元朝人称围棋还只是"玄之又玄"的话，到了明朝林应龙这里，围棋只能说是"神乎其神"了。

《适情录》前十八卷以军事名词作为标题，分为正兵、奇兵、野战、鏖战、挑战、守城、降城、封关、斩关、伏兵、游击、开疆、受降、解围、得隽、会盟、舞剑、演武、要遮、背击共二十部。乍看上去，的确有些新意。毕竟关于围棋起源的说法众多，其中一种就是为了推演军事战争而出现的工具。但如同编者将围棋图设计成了《易经》图，已经失去了围棋本身的意义一样，这些军事名词的使用与围棋内容的划分也没有多少关系。纵观全书，围棋的全局谱、让子谱、起手式、侵分、死活题等门类被散乱地分在各卷之中，军事名词似乎只是"为了使用而使用"。编者勇于创新的精神可嘉，但最后呈现出来的结果，却很难称得上成功。

● 明·杜琼《友松图》

《弈薮》的围棋观

　　明代还有部重要的围棋著作《弈薮》。与《适情录》相比，《弈薮》对于围棋技术知识的分类就要高明、完整许多。这或许与两本著作的编者有关，《弈薮》的编者为苏之轼，是安徽休宁人。《弈薮》的资料来自《弈微》《弈玄》《弈选》《媲杜集》《弈榖》《玉局藏机》等众多明代棋谱，收罗丰富。更重要的是，在明朝人判定棋手实力的"排行榜"上，苏之轼高居"国手"，《适情录》的作者林应龙仅为五品。看来，"术业有专攻"这句话，真是一句至理名言啊！

　　《弈薮》分为六卷，包括满局、起手、侵分、残局、受子局五大部分。这个分类本身并没有什么新意，但编者对每一类概念都给出了明确的定义，每一大类下面又分出若干次类，有的次类中还有小类，从而形成了一个较为严密的知识体系。这在不重视系统性、逻辑性的中国传统文化，特别是中国古谱中

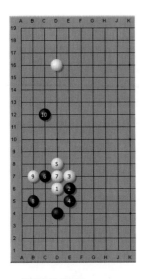

● "平角图"第四变

中
国
围
棋
史

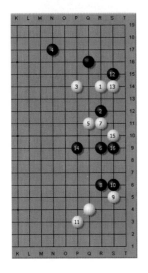

● "卷廉边"第三变

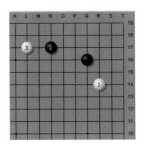

● 守城

是相当难得的。

我们今天下围棋，都知道一盘棋分为"布局、中盘、官子"三部分，但古代人并没有这个观念。中国古代一般把一局棋分为"起手、残局"两个阶段，至多"侵分"这一部分有些类似于现代的"中盘战术"。前辈们留下的《忘忧清乐集》《玄玄棋经》，都是只给死活题命名，直到苏之轼编撰的《弈薮》，才对"起手""残局"作出了独具特色的分类。

在"起手"这一部分，《弈薮》把"起手"分成七大类，分类标准是看第一手挂角的棋盘坐标位置，以此分出"六三类""六四类""七三类""七四类""九三类""十三类""十四类"。每一类下面再列出各种棋势，如"六三类"（起手于"六·三"的位置挂角，即最常见的小飞挂星位）包括镇神头、卷廉边、倒垂莲、转换边、倚盖势、大压梁、守城、起好手。每一"名"之下再列出各类变化或者各种图势，如"起好手"下面包括的是宋元时流行的各类旧的棋势，如大角图、小角图、背绰角、立仁角、金井栏、钓竿势、空花角。这样构成了一个相对完整的四级分类体系。其他"类"亦然，如"六四"类（即一间高挂星位）包括平角图、飞关角、破象眼等。平角图又有四变，如第四变：白1一间高挂，黑2外靠，体现了中国古人对外势的重视。而黑6点后，黑8护角，则相当实惠。

通过《弈薮》中记载的诸多"起手式"，我们也可以看到围棋下法在百年间发生的变化。宋、元时期流行的棋势，已经归纳在了"起好手"中。而像镇神头、倒垂莲、大压梁、倚盖势等，在宋元时期虽然出现，但未流行开来，在明朝就十分流行了。这个变化过程包含了对旧下法的推陈出新，如"卷廉边"（即《玄玄棋经》中的"打边势"）第三变中黑6并不在局部纠缠，而是选择了灵活弃子转身的策略。

"守城"中的白1挂，黑2大飞，白3紧逼的下法，经常出现在明代的实战对局中。

而"转换边"中白1挂，黑2四间夹兼分投，比紧夹从容许多。编者说这一下法"势极新巧"，代表了一种新潮的时尚。果然，一两百年后的清代中后期，这种下法成了最流行的开局套路。

除了"六三类"的小飞挂角，"六四类""七三类""七四类"等选择高挂、大飞挂、二间高挂的下法，大大丰富了星位的变化，体现了古人不愿被压、盖、镇、封的围棋观念。如在"六四类"第三变中，白1高挂，黑2单关守角，白3、5托退时，现代棋手下黑6都会选择二路立，但谱中是在中央跳兼镇，宁愿忍受角里被对方先手扳一下。这只能说明在古人的围棋观中，中央比角更重要。

而像"七四类"的"拆二"，白1、3双双二间高挂，这种变相"双飞燕"，既代表了重视高位与外势的古风，又颇有点后世棋坛不拘一格下法的影子。

如果说古代围棋的对角星座子制，决定了"起手"式中星定式永远是主角，那么让子棋中空角的存在便给了棋手选择的余地。随着星位高挂、三三、小目、目外等下法的出现，围棋的世界越来越开阔了。正如《弈薮》中受二子的第七局：白1高挂，黑2占小目，白3不三路托退，而是贯彻把棋走在外面的初衷，在外面靠了上去，以下演变

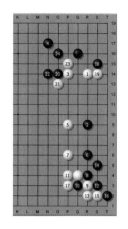

● 转换边

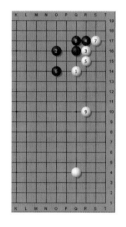

● "平角图"第三变

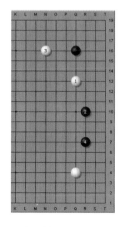

● 七四类拆二

清·佚名 《仕女琴棋图卷》

出星位棋势的一个新型。而黑12拆边，白13拦，黑14再占一小目，白15小飞挂，又一个新的棋型出现了。在一般人的心目中，总以为小目是日本棋界的创造，其实它在中国明代就已经有了。只不过由于座子制大行其道，只有在让子棋中才能出现的小目、目外之类的棋型，未能引起足够的重视而已。

有意思的是，在让子棋中，尽管有空角，但占角并不一定是对局者的首选，反而是先挂星位角的更普遍。或者，索性先占边。如《弈薮》中受二子的第八局：白1占九三位，黑2大飞守角兼逼，白3不拆边，往中腹一跳，黑4占一空花角（现代称之为"超目外"，《忘忧清乐集》中也有此型），白5高挂，白7在空花角上一镇，白9再一大飞，主动放弃角地，让黑舒舒服服地守角。这种空中舞蹈，先边、次腹、后角的行棋思路，只能说代表了古人的一种围棋价值观。

再看"残局"。中国古人所理解的"残局"，主要还是棋的死活。说到死活题，我们在第五章第三节说《玄玄棋经》的时候，提到了《玄玄棋经》中死活题的命名以形象性，追求与历史故事的联系为主，但也存在着只有表面联系，甚至题目与内容相谬千里的情况。到了明朝，汪廷讷编撰的《坐隐先生订棋谱》第一次以归类的方法取代了简单的命名，将残局棋势分成十三类。在苏之轼的《弈薮》这里，则分为十五类，依次为：边得而失类、边失而得类、角得而失类、角失而得类、长生类、没入类、点聚类、吓眼类、夭眼类、交颈

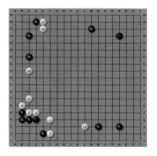

● 受二子第七局

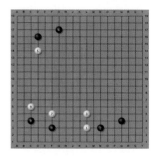

● 受二子第八局

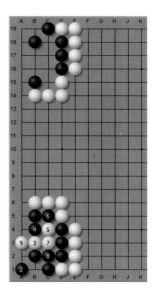

● "没入类"第二变（上为问题图，下为解答图）

中
国
围
棋
史

类、打劫类、跌法类、过渡类、脱骨类、征掳类。

让我们来看看这其中的"没入类"。所谓"没入",其实是我们今天所说的"金鸡独立"。如没入类第二变:白1于B1位扑一手绝妙,黑2只能在图中白7,即C3位"三·三"做劫。如果像图中黑2提的话,则凑成白3、5的好手,利用"没入"杀死黑棋。

除此之外,"点聚"就是先"聚"后"点","聚"成方四、刀把五、花六之类的死型再点杀。而"脱骨"是我们现在所说的"倒脱靴","跌法"就是"倒扑","夭眼"是卡眼,都非常形象。至于"长生类",其中既有普通的"公活",也有被称为"妙持"的三劫循环。书中还列举了同一盘棋中,同时出现盘角曲四与公活棋型的情况,那一般所谓的"盘角曲四,劫尽棋亡"就不一定适用了。因为有"公活",终局时,劫就补不尽了。这时,"盘角曲四"也可能成为"公活"。谱中把这种情况称为"双持",即两块棋相"持"成"公活"。

这种根据解题方法不同来分类,而不是简单命名的革命性改变,不仅使围棋著作本身有了整体感和逻辑性,对于读者做题学习也大有益处。我们今天的很多死活题书,也是按照这种分类方法进行编排的。

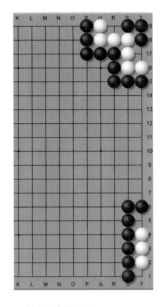

● "长生类"第三变

● 中国围棋博物馆过百龄塑像

● 清 · 佚名 《仕女琴棋图卷》

过百龄倚盖开新篇

　　说到明代的围棋国手，我们首先想到的或许就是本节的主人公：过百龄。过百龄是明朝末期的一位著名棋手，称霸棋坛几十年，一直到清朝初期的时候，还相当有名呢。

　　过百龄有名，一方面是因为他的人品。陈毅元帅说得好：棋虽小道，品德最尊。也就是说，一个棋手，人品和棋品过硬，是最重要的。过百龄出生在无锡，他的家族在当地很有声望。据说他从小就非常聪明，爱读诗书，也喜欢看别人下棋。到八岁的时候，就无师自通地学会了围棋。他和当地的一些棋手下棋，还经常能赢，一时间，大家都交口称赞他是神童。有一次，京城的一位东阁大学士叶向高路过无锡，犯了棋瘾，想找人下棋。无锡的地方

官就派人请来了过百龄。叶向高一看，这就是一个十岁左右的小孩，所以非常吃惊，根本不相信他会下棋。

过百龄虽然年龄小，却一点儿也不怕这位大官。他拿出浑身的本领，一下子就连赢了两盘。无锡地方官看着东阁大学士连连输棋，便悄悄地在过百龄耳边说："叶大学士是京城的高官，你应该输几局才是呀，不要总赢棋。"过百龄听了，严肃地说："这怎么行呢？对弈虽然是小技艺，但是故意让棋讨好对方却是可耻的，这种事我不干。大人若是好官，肯定不会怪罪一个小孩子的。"

叶向高听了这话，顿时对这个小孩子另眼相看。他见过百龄棋艺高超，品德端正，是一个可塑之材，便提出带他去北京"深造"。过百龄认为自己年纪还小，还要读书，便婉言拒绝了。

这件事传开来，过百龄在当地更加有名气了，本地的棋手且不说，连外地的棋手都慕名来和他对弈。过百龄一点儿也不骄傲，相反，他更加用心地研究围棋。几年之后，向他挑战的棋手中几乎没有人能够赢他了。

京城的王公贵族们此时也知道了过百龄，便邀请他去京城。他到京城后，打败了当时棋坛的第一国手林符卿，成了棋坛新的霸主。而后，他与天下名棋手交战，无往不胜。

过百龄虽然已经是棋坛霸主，但他依然保持着端正的品德。一次，他寄居在京城的一个锦衣卫家中，不料锦衣卫因为犯了事而被逮捕入狱。在大家都纷纷逃离的时候，过百龄却坚决不走。有人问："你就不怕把你也牵扯进去吗？"过百龄说："我又没有做任何的坏事，为什么要逃呢？"

后来，京城里动乱不断，过百龄不愿意再待下去了，便回到了无锡。他在无锡老家，很少与陌生人下棋，经常宴请一些老友，以下棋为乐，还经常帮助那些生活遇到困难的人，以至于从京城带回来的钱财很快就花光了。面对人们的不理解，他说："那些钱很多是下棋赢回来的，本来就不是我的，现在又转给别人，这很公平，有什么好可惜的呢？人一辈子不应该为这些小利而斤斤计较。"

清代裴毓麟的《清代轶闻》里有一篇《过百龄传》，传中反问道：过百龄难道仅仅是个棋手吗？也就是说，过百龄不仅是个棋手，还以他高尚的人品赢得了人们对他的敬重。

过百龄的有名，另一方面还因为他在与林符卿及其他国手交手的过程中，创造了好多新的定式，还把一些前人有过的下法推向一个新的境界。比如宋代围棋流行的开局下法（如图"宋代实战起手式"），《忘忧清乐集》中的定式基本型（如图"宋代定式起手式"）。

不同的应法，便演变出不同的定式，如大角图、小角图、立仁角图、穿心角图之类。过百龄与林符卿却主动尝试新变化，竞相使用"镇神头"，演变出许多有趣的变化。镇神头的下法在《忘忧清乐集》中虽然也出现过，但并没有形成大规模使用的潮流。

还有，过百龄创造了一种新的定式——"倚盖"。这个定式直到今天，还能在很多对局中看到呢。

过百龄与同时代国手如林符卿、汪汉年等，经常大斗倚盖定式。

中
国
围
棋
史

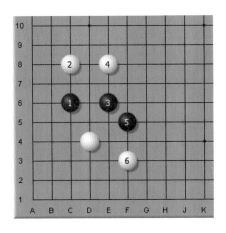

● 宋代实战起手式

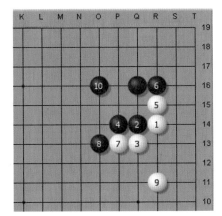

● 倚盖起手式

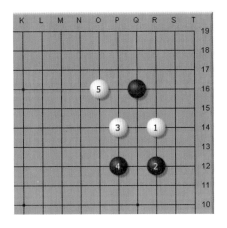

● 宋代定式起手式

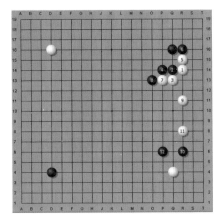

● 过百龄（黑）对汪汉年之一

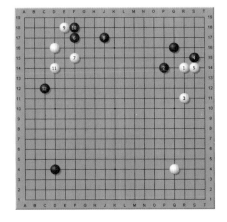

● 过百龄（黑）对林符卿

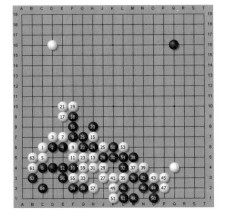

● 过百龄（黑）对汪汉年之二

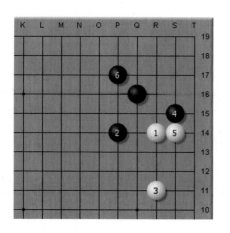

● 镇神头起手式

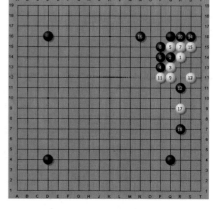

● 大压梁起手式

中国围棋史

一个倚盖起手定式，双方扭在一起，结果下满了四分之一个棋盘，与现在的大雪崩、大斜、妖刀之类相比，都是有过之而无不及啊！还有大压梁定式，也是过百龄首创。无论是镇神头，还是倚盖、大压梁，都是重视中腹的下法，体现了古棋的特点。

由此可见，过百龄作为一位棋手，不仅仅执着于胜负，还勇于创新，给后人留下了宝贵的财富。过百龄晚年把自己的棋艺心得写成书，有《官子谱》《三子谱》《四子谱》等。其中，《官子谱》是我国围棋历史上第一部关于官子的作品（古人的官子以死活题为主），具有很高的价值。《四子谱》则是一部定式书，包括五种定式：镇神头、倚盖、大压梁、"六·四"、"七·三"起手式，它们的变化分别列了 66、111、178、30、54 种。变化这么多，这比现在的定式书还要详细啊。对过百龄这种苦心钻研棋艺的精神，我们想不敬佩都不行啊！

第七章

清朝盛衰

清朝盛衰

第一节　国手争霸

〜〜〜〜〜

　　清代棋界继承了明代围棋民间主导、国手辈出的传统，并且出现了多位名垂青史的围棋高手。从大会西湖的周懒予（一作"览予"），到共谱"血泪篇"的黄龙士与徐星友，再到堪称中国古代围棋巅峰的"当湖十局"，范西屏与施襄夏有如棋界的李白和杜甫，亮起了夜空中最耀眼的两颗星。到了晚清，也有陈子仙晴川会弈等传奇的余韵。清代围棋国手的争霸故事精彩激烈，扣人心弦。

大会西湖

　　明朝末年最著名的棋手就是过百龄。过百龄之后，清初棋界又进入一个群雄纷争的局面。清初围棋中心仍在江南一带。老棋手有过百龄、周元服、汪幼清等，新锐棋手有周懒予、汪汉年、周东侯、盛大有、季心雪、姚吁孺、李元兆等。这些棋手在江南成名后，往往挟技北上，游走于京师公卿之门，相互争雄竞霸，使棋名更加显著。这些棋手中，尤以两周（周懒予、周东侯）造诣最深。

　　周懒予其实本名周嘉锡，字览予，被讹传为"懒予"并流传开来，以至于他的真名很少有人知道。

　　周懒予是浙江嘉兴人。因为他的祖父酷爱围棋，周懒予很小的时候，就经常看祖父下棋。时间长了，他渐渐悟出了围棋的基本招式，对围棋也越来越入迷。周懒予的父母希望送他去读书，将来做官，无奈周懒予酷爱下棋，不愿意进学堂，只好作罢。

　　因为家境不好，周懒予长大一点后，父母又想让他去经商。但这时的周

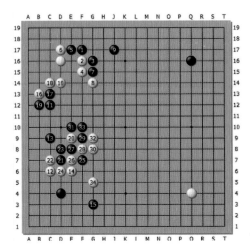

● 周懒予（黑）对过百龄

懒予棋力已经很高，根本不肯放弃围棋。好在经常有人设棋局，他总能赢回一些钱财来，也够家用。父母见他这样，就不再阻拦他下棋了。

周懒予虽然没有进学堂读过经典诗书，却非常喜欢看小说，以至于他后来下棋的时候，总是带着一本小说。当对方思考的时候，他就在看小说。与他下棋的人苦苦思索或是紧张不已的时候，他依然镇定自若地看着小说。甚至有时棋只要下过一半，他就会说出对方最后将会输掉多少棋。一般下完后一数，都与他说的相差无几，大家非常佩服他。

周懒予的名气越来越大，这时的第一国手仍然是过百龄。当时的棋手们非常想知道这一老一少谁更厉害，于是热心地安排棋局，让他们两个对决。此时的过百龄虽然年纪大，但毕竟是第一国手。周懒予年纪虽轻，却正处在下棋的黄金时期。两人各有千秋。几天的比赛里两人共下了十局棋，周懒予凭借高超的棋艺战胜了过百龄。从周懒予击败过百龄的一局棋来看，周懒予正是在过百龄创造的倚盖定式中击败了过百龄。真是青出于蓝而胜于蓝，一代更比一代强啊！

这十局棋，后人将它编成书，名为《过周十局谱》。高手过招，分外精彩，其中体现出来的精细紧致的棋风，以及强劲有力的进攻手法，被后来的棋手连连称赞，成为中国古代棋坛的经典。

战胜过百龄之后，周懒予名声大噪。当时山阴的棋手唐九经颇不服气，便约了十几位名手，以车轮战的方式，向周懒予挑战。在风景秀丽的杭州西湖，周懒予和这些棋手一一过招，唐九经本想车轮战能让周懒予精神疲惫然后输棋，没想到十几天下来，周懒予精神丝毫不减，盘盘几近完胜。自此之后，周懒予在棋坛的地位更高了。

周懒予棋艺高超，为人却非常谦虚。在他棋力鼎盛的时候，有人问他："天下的棋手已经没有能战胜您的了，您的棋力应该达到顶峰了吧？"周懒予却说："哪能呢？虽然我赢了这么多高手，但是每每复盘的时候，都能发现自己的失误和漏洞。棋力达到顶峰的话，这些都应该不会出现。况且，晚辈中人才辈出，将来肯定有比我更高明的人，我的棋力，距离顶峰还很远呢。"

虽然出身贫寒，周懒予却不看重金钱，得来的钱财都被他送给了需要帮助的人。他与过百龄一样，尽管凭借棋艺获得的钱财并不少，但最终都是所剩无几。也许，周懒予的谦虚努力、不重金钱也是他成为一代名手的原因吧。

"血泪篇"

说起棋坛"血泪篇"，你可能首先会想到宋代刘仲甫与骊山仙女下的一盘棋——"呕血谱"。不过，那是传说。刘仲甫究竟是跟谁下的，也说不清楚呢。现实生活中，可真有下得呕心沥血的棋呢！这棋的主人公，一位是黄龙士，一位是徐星友，他们都是清代初期的著名国手。

说起徐星友，首先要说的是他为了学棋，三年不下楼的故事。徐星友生在浙江杭州的一户书香门第之家，据说开始学棋的时候已经快四十岁了。但他学棋非常刻苦，有毅力。相传他开始学棋的时候，每天都在楼上的书房里专心研究棋局，阅览群书。这样不分昼夜地一天天学习，达到了狂热痴迷的程度，竟然三年没有下过楼。要有这样的功夫，这棋技想不进步都难啊！

当然，徐星友棋力大进，还因为他有一个好老师，他就是当时棋界的第一高手黄龙士。说起黄龙士，可是大名鼎鼎，被当时的人称为"棋圣"。

黄龙士是江苏泰县人。据说他在很小的时候就学会了围棋，到十岁时，十里八乡已经没有对手了。有一次，黄龙士遇到了一位驻守关外因公回来的将军。那位将军酷爱围棋，见到小小的黄龙士棋下得好，靠下棋挣钱养家，就邀

● 中国围棋博物馆黄龙士与徐星友对弈塑像

请黄龙士父子到关外，供给他们丰厚的衣食钱财，让黄龙士能够专心研究围棋。

后来，因为想家，黄龙士父子还是回到了家乡。这个时候，称霸南方棋坛的是国手盛大有。那时的盛大有已经七十岁了，闻名棋坛也已经有几十年。黄龙士终于得到了与盛大有下棋的机会。对于这次对局，棋坛的期望非常高。结果，黄龙士以七局棋全胜的成绩战胜盛大有。

这之后，黄龙士在棋坛名声大噪，慕名来与他下棋或切磋的名手络绎不绝。黄龙士凭借他凌厉精妙的棋技，让那些名手一个个失败而归。到最后，能与他对决的，就只有当时最负盛名的棋手周东侯了。黄龙士与周东侯大战三十盘棋，仍是胜多负少，更是让人刮目相看。就这样，黄龙士顺理成章地成为围棋第一国手。

黄龙士不仅自己棋下得好，也乐于教人下棋。他教出的弟子中，最著名的就是徐星友。黄龙士尽自己所能教徐星友下棋。据说徐星友比黄龙士还大七岁，然而，他并没有因为自己年龄比老师大而感到不好意思。相反，他非常虚心好学。他与自己的老师黄龙士下棋，就是从被让四子、三子、二子到平下，一路升上来的。历史上最著名的，当然是黄龙士让他三子的十局棋。外界舆论可能觉得以徐星友当时的水平，黄龙士只能让二子了，黄龙士却仍然

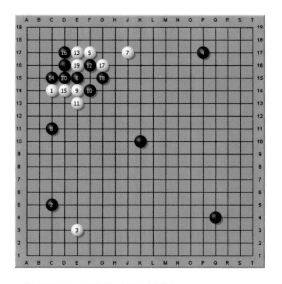

● "血泪篇"第一局徐星友（黑）对黄龙士

坚持三子的棋份。谁高谁低，那就在棋盘上见个真章吧！于是，每一盘棋师徒两人都是竭尽全力，绞尽脑汁，后人将这十局棋称为"血泪篇"，由此可见他们倾注的心血。杭州的中国围棋博物馆，还有他们对弈的塑像呢。

我们来看看"血泪篇"中第一局的开局：白1挂角，黑2占目外。中国古人下棋，对子棋都是先在对角星位各放两个座子，所以下的都是对角星布局，没有办法尝试其他的下法。下让三子的棋，有两个空角，反而给了人各种选择的余地。白3挂目外的角也很有意思，占另一边的目外，把三三的守角留给对手，可见古人并不认为角地是第一位的。以下黑4再占一个空角，白5双飞燕，激烈的战斗由此开始。

黄龙士的棋，注重大局，灵活自然，有大气勇猛的进攻，更有细致入微的计算，因此，他经常能在棋局生死攸关的时刻连出妙招，出其不意地赢得棋局。当时的棋手都对他出神入化的棋艺赞叹不已，甚至有日本的棋手认为他的中盘实力有"十一段"。大家都知道围棋最高段只有九段，能被人称为"十一段"，足见黄龙士的棋艺有多高。

而徐星友的棋，因为学棋较晚，又主要是靠打谱学棋，所以书房棋的味道比较重。但在与黄龙士反复争斗的过程中，他的战斗力也逐渐得到提高。我们经常说，往往只有高手相遇，才能激发出棋手的潜力。与黄龙士下完这十盘棋，徐星友的棋力也大有长进。后来，他告别老师，到到京城。在京城里，他得以与各大名手下棋，名声越来越大。最终，他遇到了与黄龙士齐名的周东侯，并战而胜之，就此成了继黄龙士之后的一代国手。

当湖对弈

如果要在中国古代文人中挑两位身处同一个时代，既拥有崇高的文坛地位，又有着不同的创作风格，彼此之间还惺惺相惜的"双子星"，那必定非李白和杜甫莫属了。

近代的大诗人闻一多曾这样热情洋溢地歌颂李白和杜甫："写到这里，我们该当品三通画角，发三通播鼓，然后提起笔来蘸饱了金墨，大书而特书。因为我们四千年的历史里，除了孔子见老子（假如他们是见过面的），没有比这两人的会面，更重大，更神圣，更可纪念的。我们再逼紧我们的想象，譬如说，青天里太阳和月亮走碰了头，那么，尘世上不知要焚起多少香案，不知有多少人要望天遥拜，说是皇天的祥瑞。如今李白和杜甫——诗中的两曜，劈面走来了。"

如果要在中国古代棋手中挑两个人，仿佛李白与杜甫那样，答案肯定只有一种：范西屏和施定庵。他们两个人下的棋，是不是也是"皇天的祥瑞"啊！

清代中期，被认为是中国围棋的一个高峰，出现了四大国手：梁魏今、程兰如、范西屏、施襄夏，他们被称为"清代围棋四大家"。

四大家中，梁、程成名较早。梁魏今（1670？—?），山阳（今江苏淮安）人，是我国古代罕见的回族国手。他棋风细腻、多变，曾指导过青年时代的范、施。梁魏今与程兰如对局最多。程兰如出自围棋之乡新安（今安徽歙县），自幼喜好围棋，拜当地高手为师，后游历四方，三十岁时与当时第一名手徐星友对弈十局，战而胜之。程兰如棋路清晰，善以柔克刚，与黄龙士有类似之处。四十岁前后，他曾接受施定庵的挑战，相当一段时间，曾是范、施的最强劲对手。

四大家中，又以范西屏和施定庵成就最高。

范西屏（1709—?），名世勋，字西屏。施定庵（1710—1770），名绍闇，字襄夏，号定庵。范、施二人有许多共同之处：他们同是浙江海宁人，拜了同样的老师，只不过范西屏年长一岁，先施定庵入师门，成了师兄。范西屏成名后，只有施定庵能与他抗衡，他们棋艺旗鼓相当，共同享有"棋圣"的美誉。

大凡到了"圣人"这个级别的，小时候就往往表现出过人的地方。就说范西屏吧，据说他三岁时，还在父母的怀抱中，看到父亲跟人下棋，就伸出小手指指点点，口里咿咿呀呀地叫，这就是"天分"啊！

父亲看到儿子是个下棋的料，便送他到当地的围棋名手张良臣那里学棋。小西屏进步神速，没多久，张良臣就教不了他了。为了不耽误孩子的前程，张良臣把范西屏送到绍兴的俞长侯那里去。俞长侯被称为"江南围棋第一高手"，范西屏得到高手的指点，棋艺又上了一个台阶。十五岁时，与老师受先下了十盘棋，范西屏连战连胜。

● 中国围棋博物馆范西屏、施襄夏对弈塑像

十六岁时，范西屏几乎打败了江南所有的名家。为了进一步增长见识，提高棋艺，范西屏离开老师，开始了他寻师访友、棋行天下的生涯。第一站当然是京城，他先是战胜了一位姓黄的国手，接着又击败了前辈国手梁魏今。从此，除了施定庵还能跟他抗衡，海内便再无对手了。

再说那施定庵，他出生在一个书香之家，小时候体弱多病，好静不好动。他的父亲琴、棋、书、画样样精通，但认为琴崇尚淡雅，可以陶冶人的性情，而棋却需要精于算计，劳心劳力，于是教他弹琴，不让学棋。但施定庵在学琴之余，看父亲下棋，却无师自通，且表现出浓厚的兴趣和过人的才华。父亲没办法，只好任由他的天性发展了。

施定庵入师门比范西屏晚，起初下不过范西屏。他虽然身体偏弱，却有一股永不服输的狠劲，苦心钻研棋艺，一年后即可与范西屏争先了。可是有一段时间，无论施定庵怎么努力，总觉得自己难以达到棋艺的最高境界，为此他非常苦恼。据说在他二十一岁的时候，有一次与前辈国手梁魏今在湖州聚会。他们一起游览山景，看到一湾泉水蜿蜒曲折地流下来，梁魏今对施定庵说，你看到那流水了吗？它们顺着山势流下来，自自然然，行于当行，止于当止，下棋也是同样的道理啊！你的棋算路精深，但有时候想得过了头，反而可能捡了芝麻丢了西瓜，这叫过犹不及。施定庵听了这话，恍然大悟，从此棋艺大进，终于成了超一流高手。

范西屏和施定庵虽然棋艺相当，但风格完全不一样。范西屏的父亲因为好棋而不管家事，小西屏没人约束，从小就自由得很，长大了性格也是无拘无束，潇洒自在。棋如其人，他的棋灵活多变，不拘常套，被人称为"棋中李白"。那李白人称"诗仙"，奇思妙想，滚滚无穷，范西屏的棋也是如神龙见首不见尾，让人摸不着头脑。而施定庵呢，出生在士大夫家庭，从小家教很严，长大后也是为人谨慎，心思细腻。他的棋则是步步为营，算路深远，被人称为"棋中杜甫"。范西屏思路敏捷，下棋很快，施定庵却是步步长考。传说两人下棋的时候，有时下到半夜三更，施定庵还在那里使劲地想棋，范西屏早打呼噜了。等施定庵落子，范西屏醒来，应一手，继续呼呼大睡。

俗话说，文无第一，棋无第二。既然范、施棋艺不相上下，那究竟谁更高一点点呢？这自然引起大家的浓厚兴趣。于是，终于有人出面，把他们请到浙江平湖（又名当湖），展开双龙大战。

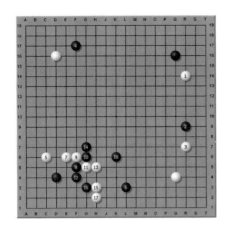

● 当湖十局第一局第一谱

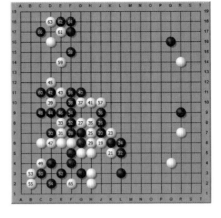

● 当湖十局第一局第二谱

这可是一场巅峰对决啊！这时范西屏三十一岁，施定庵三十岁，两人均正当盛年，精力充沛，且技艺亦正处于炉火纯青之时。双方殚精竭虑，各展所长，着法紧凑、精湛，扣人心弦。我们就来欣赏一下其中的第一局。

这局棋施定庵执白先行。白1挂角，黑2既像夹攻，又兼分投，从攻击的角度说可能不够紧凑，但有左右开拆的余地，又比较从容。中国古棋到了范、施这里，出现了相对"宽松"的开局布阵，这也算是中国围棋真正的"布局"的先声吧！以下白5挂另一角，白7不拆边，而是往空中一跳，这又是典型的古风，因为古人最看重的还是中腹的势力。而当白9压时；黑棋本来退一手也可以，五路边完全可以满足了。黑10却想追求更高的效率，偏要扳起来。白11不服，"咔嚓"一断，激烈的战斗由此开始。而黑18飞罩又是很具有刺激性的一手，白棋当然要想办法突围，结果几块棋缠绕在一起，以下双方招招紧凑，妙手迭出，真是精彩啊！

范西屏与施定庵在当湖据说一共下了十三局，留下来十一局，人们习惯称之为"当湖十局"。这十局棋中范西屏执白先行六局，双方胜负各半，黑白胜负也正好均等。结果还是没能分出高下啊！

我们经常说，真正的对手既是敌人，又是契友。武侠小说中，真正的英雄，有时虽为"仇家"，却可以惺惺相惜。下棋也是这样。有人把施定庵比作大海，把范西屏比作高山，高山流水觅知音，也是一种幸福啊！一个人要是独孤求败，那岂不要寂寞死了？

范西屏与施定庵，晚年不想再在棋盘上斗来斗去了，他们潜心于著书立说，一个写了《桃花泉弈谱》，一个写了《弈理指归》，两本书都写得很精彩，好像他们继续在以另一种方式展开竞赛。这两个人，真是一生的好对手啊！

十八国手

清王朝的国力在康熙、乾隆年间达到鼎盛，其后便开始走向衰落。清代围棋也大致经历了相似的发展轨迹。范、施之后，虽还有一些棋手活动于棋坛，但水平已呈下降趋势。人们一般把活动于嘉庆、道光、咸丰、同治年间的十八位著名棋手称为"十八国手"，他们是：任渭南（一名惠南、位南）、僧秋航、董六泉、钱贡南、黄晓江、程德堂、周星垣、李湛源、楚桐隐、潘星鉴、申立功、金秋林、施省三、沈介之、林越山、赖秀山、李昆瑜、徐耀文。

这些国手除林越山、赖秀山为福建籍，施省三为上海籍，徐耀文为湖北籍，楚桐隐为北京籍外，其余十三人均为江苏籍，说明江南仍是当时中国围棋的中心。他们或靠王公贵族的延请，或于酒楼茶肆、风景名胜之地设局以维持生计。黄俊《弈人传》引《画舫余谈》云：

> 游画舫者或厌日长酷暑，则舍之登陆，诣陈公祠，围棋局为消遣地，待阳光稍退，再打桨而去。祠在文德桥尾，小阁临流，烟茗毕具，主人多设楸枰，供人角艺。城中国手，如姜楚老、陆东山、杨岐昌等，排日在局，以待来者。主人但计局中之胜负，以为抽丰。流风余韵，渭南犹承袭之，寿至八十余，弈艺亦为同辈诸人首屈一指。

弈棋都为稻粱谋，且时时处于朝不保夕的状态，也就难以保证他们能一心一意钻研棋艺了。他们的棋艺水平已较盛清国手有明显差距。当时的文士赵绍祖（1752—1833）撰有一篇《赠弈者任位南序》：

> 任君位（惠）南善于弈者也，而与余对弈，余固知其勿及也。盖任

君之弈可高余三品，虽然任君之弈未为绝技也。余先伯祖侍御星阁公好弈，弈之品与余同，尝自言与徐星友、程兰如、施襄夏、范西屏前后弈皆受六、七子。然则以先伯祖之言准之余，以余准之任君之弈，而任君尚当下于徐、程、施、范三品。特以时未有徐、程、施、范者出，而以弈名者皆任君之流而任君亦遂以善弈名。

任位南的生活状态与棋艺水平，在晚清国手中较有代表性。十八国手之后，在道光至光绪年间，棋坛出现了一对双峰并峙的国手：周小松和陈子仙。他们两人被并称晚清"两大国手"。

晴川会弈

话说清同治年间，一位名叫周景濂的画师专门为一场棋赛绘就了一幅图画。在流传至今的围棋画作之中，可是连黄龙士、徐星友、范西屏、施襄夏这些顶级高手间的对决都没有这样的待遇啊！再看图中两人对弈的旁边，可谓观者如堵。这究竟是怎样一场棋赛呢？

故事要从"最小的国手"陈子仙讲起。

陈子仙是晚清时期的著名国手。他本名陈毓性，出生于浙江海宁。据说陈子仙的父亲爱棋成痴，因为总是与人下赌棋，以致散尽了家产，陈家本来富裕的家族因此落魄了。

受到父亲的影响，陈子仙也很喜欢围棋。他还很小的时候，父亲与人对弈时，他总喜欢在一旁观看。他八岁那年，有一次看父亲与人下棋。只见对方让了父亲四子，但父亲仍被对方凶狠的进攻逼得难以招架。对方在险要处落下一子后，父亲皱紧眉头，怎么也想不出破解的办法，想着棋就要输了，不住地叹气。

看着父亲焦急又沮丧的样子，小小的陈子仙在边上说："爹，这步棋虽然狠，却是个骗招，其实有很多破绽。"父亲不相信，只认为是小孩子乱说话，板起脸训了陈子仙几句，让他在别人下棋的时候不要乱吵。陈子仙噘起嘴，用手往棋局中一指，说："爹，你看，下在这里不就行了吗？这样他的棋就被你切成两截，刚才那一个子就一点儿用处也没有了，这样你的棋就有胜的希望了。"

父亲正欲责备陈子仙，与他对弈的那个人却惊讶不已，他连忙阻止了陈子仙的父亲，说："想不到你儿子小小年纪，居然这样厉害，能看得出我棋里面的破绽。"父亲将信将疑，他想了想，叫陈子仙到自己的座位上，让他接着下那盘棋，自己却坐在一旁观看。

父亲本来是想让孩子知道下棋的复杂，好让他以后不敢再胡言乱语。谁知一步步下来，儿子竟然反败为胜，赢了那局棋，他吃惊得合不上嘴，与他父亲下棋的那个棋友也十分惊讶。后来，那个棋友与陈子仙再下了几次棋，觉得陈子仙围棋天分极高，就资助陈子仙的父亲，让他去寻找名手教陈子仙下棋。

在父亲的带领下，陈子仙拜了前辈国手董六泉为师。经过名师的精心培养，陈子仙的棋力迅速增长。过了两三年，他已经能够战胜当地的一些高手了。到后来，许多来挑战的高手都输给了这个小孩子，这让原本名不见经传的陈子仙在棋坛越来越有名气。陈子仙被称为国手的时候只有十几岁，是我国古代围棋史上记载的最年轻的国手。

成年后的陈子仙游历南方，与各地高手交流对弈。同治四年（1865），陈子仙来到湖北沔阳（今湖北仙桃），与当地棋手徐耀文切磋棋艺。听说陈子仙国手到访，湖北当地的棋手纷纷前来，邀请二人到汉阳晴川阁下两盘棋。两局棋均为陈子仙让先，第一盘陈子仙大胜八子半，第二局"地头蛇"发力，赢了两子半。这是当时湖北棋坛的一大盛事，于是请来画家周景濂作画，观战者兴奋地说："自当湖十局以来，再也没有比这更盛大的棋坛战况了！"这两局棋，也被记录下来，刊为《晴川会弈偶存》存世。

最后的国手

前面说到陈子仙少年成名，被誉为国手，他的棋攻势凌厉，别具心裁，往往出人意料，独创一格，引得许多棋手竞相模仿。与他同时代的棋手中，只有一位可以与他对抗的对手，此人名叫周小松（名鼎，字小松）。二人曾在扬州进行过一次棋坛牛耳争霸战。这盘棋开始时双方不相上下，到中盘时周小松略占优势，但陈子仙出手往往出人意料，他的几个妙着让周小松捉摸不透。到最后，周小松以半子之差输给了陈子仙。

与棋界的前辈劲敌们一样，这两位国手既是棋盘上的对手，也是感情深厚的好友。扬州大战过后，二人都清楚地知道了对方的实力，便有了惺惺相惜的意思，他们公开交手多达一百多次。可惜的是，这一段精彩的棋缘因为一次意外而不幸中断了。

同治九年（1870），琉球使臣杨光裕来到安徽，他是一位围棋高手，宣称要与中国最高手一决高下，陈子仙便前往应战。哪知杨光裕一听陈子仙的名头，就害怕了，借故离开了安徽。陈子仙白跑一趟，在回去的路上，不幸中暑并感染痢疾，一病不起。才四十多岁的他，英年早逝，真是棋坛的一大损失！

陈子仙的早逝令周小松伤心不已，因为他不只失去了一位挚友，更失去了一位强劲的对手。他用"独弦哀张，抚局陨涕"这样至为悲恸的句子来哀悼陈子仙，颇有些俞伯牙哭钟子期，高山流水知音难得的凄凉感。

周小松是扬州江都人，生于清嘉庆年间。他喜好围棋，也颇具天分，少年的时候与人下棋，乡间的棋手没有人能够战胜他。十八岁的时候，周小松有机会跟着清代"十八国手"之一的秋航和尚学棋。秋航和尚总是让他两子，在这位前辈国手的精心指导下，周小松的围棋功底越见深厚，棋力迅速增长。

周小松二十岁的时候，又得到向"十八国手"之一的李湛源求教的机会。周小松请李湛源让他两子，两人开始对局，棋还没有下到中盘，李湛源的棋已经有要败的趋势，他便推开棋枰，对周小松说，你的棋已经大成了，我和你下棋只能分先对局，却不能再饶子了。李湛源的这句话无疑肯定了周小松的棋艺已经达到了国手水平。

在陈子仙去世之后，周小松成为清代棋坛的最后一位霸主。他成名于道光年间，之后经历了咸丰、同治、光绪三朝，称霸棋坛有半个世纪之久。然而，他自称棋力赶不上范西屏与施襄夏两位前辈国手。他这话虽是谦虚，却也是实情。清代围棋到范西屏与施定庵的时代已是极盛，有人请周小松为范西屏与施定庵的对局写棋评，周小松连称"不敢，不敢"。

周小松棋艺高超，棋品也好。他为人刚直不阿，每逢对弈总是竭尽全力，并不会因为达官贵人的面子而故意输棋。有一次，当时担任两江总督的曾国藩请周小松下棋。周小松早听说曾国藩棋力不过尔尔，但下棋时常常做出一些很没风度的事情，令和他下棋的棋手苦恼不已。他让了曾国藩九个子，最后却将曾的棋巧妙地分成了九块，每一块都只能勉强做活。曾国藩觉得颜面尽失，恼羞成怒，不但分文犒赏没给，还将周小松赶出了总督府。

清末政局的动荡以及生活的不安定，在很大程度上限制了周小松，以及他身后整个中国棋坛的发展。周小松收了很多弟子，但没有人能称得上"国手"二字，这留给世人很多遗憾。19世纪90年代初，周小松去世，这标志着长达二百七十年的清代棋坛至此到了尾声，中国围棋历史上的一个时代结束了。周小松也因此被称为"最后的国手"。

棋运国运

周小松、陈子仙棋艺已不如范、施，而1891年周小松谢世后，到民国前后约二三十年的时间，虽然还活跃着一些知名棋手，如汪序诗、刘云峰、张乐山、王彦青、范楚卿、陈子俊、林诒书、何星叔、汪云峰、李子干、常仲卿、金芝亭等人，但他们中稍前一辈的均被周小松让两三子。中国围棋进入了一个"世无英雄"的时代。

中国围棋的没落，原因是多方面的。首先恐怕在于国运的衰落。所谓国运兴，棋运兴，反之亦然。一代国手周小松对此便有切身体会："弈虽小道，恒视国运为盛衰。"

乾隆后期清王朝已显由盛转衰的征兆。清史家萧一山在《清代通史》中将乾隆、嘉庆年间中衰的原因归纳为：和珅之擅权、官吏之贪黩、军事之废弛、财用之虚耗、弘历（乾隆帝）之逸侈、民乱之渐起。不过，这些似乎已不仅是原因，也是衰落之表现。特别是鸦片战争以后，西方列强用大炮轰开了中国的大门，在封建主义和殖民主义的双重压迫下，不仅民不聊生，连国家也要面临国将不国的窘境了。国势的衰落使围棋之类的"游戏艺术"也失去了它生存、发展的社会根基。近现代文学家王蕴章先生在《天香石砚室弈选》序言中说：

余尝窃论夫弈之盛衰矣！弈莫盛于有清一代，而其衰也，亦于有清一代为最。极盛于施、范，中衰于陈、周。非施、范能盛之，陈、周能衰之也。施、范生于国家全盛之秋，民丰物阜，心无外骛，一枰黑白，若将终生，其以弈名世也固宜。降至陈、周，世变稍稍歪矣。士或怀才不得逞，则奔走为衣食计，手谈坐隐，余事蓄之。有能与陈、周敦槃玉帛，狎主齐盟者，已视为登峰造极而不可复进。若更责以施、范之绝诣，则骇且走耳。

这段话极好地说明了晚清棋道衰落的原因。清末民初，有人转录张璨的《七事》绝句云："书画琴棋诗酒花，当年件件不离他。而今七事都更变，柴米油盐酱醋茶。"世道的变更，真令人唏嘘感慨。过去文人士子们的风雅之事，而今都要让位于为生计的奔波了。棋手在为衣食奔走、操劳之余，自然也难得静下心来，一心一意钻研棋艺。周小松在《餐菊斋棋评》中有一段关于前辈国手董六泉情况的记载：

同时对手，（董）六泉先生齿最长。道光丙午（1846）由扬（州）客甘肃，余（周小松）与分手，后遂不复相见。闻其投谒定制军，几至不遇。幸晋见后，定公念旧甚笃，资送颇丰。然归不数年，清贫如故，易箦之日。四壁萧然……

董六泉与周小松分手的时间是1846年，距鸦片战争仅六年，分手的地点是清初以来棋风极盛的扬州。扬州也已今非昔比，如果不是为了生计，是不必千里迢迢去投奔陕甘总督的。得一笔不菲的资费后，归不数年，又清贫如故。当时"国手"的生存状况，由此可见一斑。"国手"的生活，大多只能依附于王公贵人的供养。为一己生计，难免委曲求全，只有少数孤傲之士能保持自己的独立品格。《清朝野史大观》有一段关于国手李湛源的记载：

湛源性疏放而桀骜，咸、同时弈风犹盛，王公大人每邀致高手以为娱乐，而高手与此等贵官弈，亦辄优假之，盖利其贿，不得不尔也。湛源独不肯与王公大人弈，科头跣足如平时，贵官或屡负，使人阴贿之，求其让一二局以全名誉。湛源阳诺之，及对局取胜如故，更使人诘之，大声曰："我故不贪尔贿也！"故所如不合。世称弈手，其不藉弈为稻粱谋者，惟湛源一人云。

不肯为"稻粱谋"，恐怕就只能安于困顿了。无论如何，这都必然影响到棋手对棋艺的钻研。

其次，晚清棋道的衰落，也与棋道中人的故步自封、一味因袭前贤、缺少创新精神有关。

中国文化，本来就有尊祖敬宗的传统。这种祖先崇拜，导致人们习惯于遵循旧制，而少变革精神。在政治上，唯祖制是从；在思想上，多因袭，少创新。孔孟思想自从成了统治思想，后世儒士唯一可做的似乎就是注六经，选拔官吏的科举考试成了"代圣人立言"。"非汤武，薄周孔"，乃狂士之异端，常成空谷足音。

体现在棋道上，围棋技艺虽在不断发展，但对棋艺的探索，到范西屏、施襄夏，便基本上止步不前了。相传周小松成名后，安徽巡抚曾聘请他去评解范、施的《当湖十局》。小松独居一楼，"覃精研思，历月余，不著一字"，然后下楼向英翰辞谢，自认技艺浅薄，未能窥范、施棋艺奥秘，不敢妄加评论。周小松谦逊的美德固然值得称道，但对前人名局竟钦佩到"不能赞一词"的程度，这除了棋艺上的原因外，说明他也受到当时"尊贤虚己"风气的束缚，在思想方法和气魄上比提倡"戛戛独造，不袭前贤"的范西屏等国手已输一筹。晚清第一国手尚且如此，遑论他人？翻阅周小松、陈子仙对局谱，开局竟有许多的雷同，即都是因袭范、施的某一常见着法，白先挂角，黑于白星位子与挂角子之间分投。座子制围棋，开局变化本来就受到限制，再这样一成不变地"背谱"，谈何创新？围棋丰富多变的趣味又何在？

可怕的是，中国围棋就像中国社会与文化，在封建社会后期，很长时间处在闭关自守的状态，夜郎自大，故步自封，自认老子天下第一，却不知"山中才七日，世上已千年"。当日本职业棋手横扫中国棋坛，还有人停留在过去的思维定式中。民国裘毓麟《清代轶闻》有一篇《记十八国手》，且看是如何比较中日围棋的：

东洋诸国，朝鲜、日本、琉球皆知弈，盖皆传自中国者也。朝鲜、琉球皆视为游戏之事，不甚措意。日本则嗜此者颇多，其国品评弈手之高下，有九段之说：仅解常法者为初段，渐进则渐增，至九段止。每岁新出棋谱甚多，并有围棋杂志，工此者可以授徒而征其束脩，故研究者颇热心也。其着法多与清初诸国手相仿佛，盖尚未得乾嘉时诸国手着法也。而日人盛自夸大，谓中国弈手最高者为黄月天，尚仅与彼国五段相当云，可谓颜之厚矣。使日人弈品而在中国诸国手上，则乾嘉时诸国弈，应不敌清初诸公，而进化之理，为诬罔矣，何以证之事实绝不尔尔邪！

中国对手弈者，先于局上四角四四路，各置子二，谓之"势子"，日本则无之。彼因诋中国弈家为失自然之局面，不知中国旧亦无之，后乃增置之也。所以增置之者，盖无势子则起手即可于角上四三路置子，以为固守之计，而变化少矣。有之，则彼此皆不能借角以自固，非力战不足以自存也。譬之群雄逐鹿，真英雄必思奠定中原，决不肯先割据偏隅以自固也。故势子亦为弈家一进化，日本人特尚滞留于旧境耳。

以日本近代棋手着法与"清初诸国手相仿佛"这一不切实际之论为证据，而后以"进化之理"批驳"日人弈品在中国诸国手上"之论，前提已错，结论自然差之千里了。而一定要证明座子制之先进，"日本人特尚滞留于旧境"，便只能用"阿Q精神"来解释了。

第二节　清代棋谱

国手辈出的清代棋界并没有浪费围棋天才们的才华，有清一代，围棋书籍层出不穷，黄龙士、徐星友、范西屏、施襄夏、周小松等历代国手都有著作传世。除了棋谱、死活题的收集，中国围棋的布局、官子理论，甚至棋评模式都出现了成熟的模式。可惜的是，盛极而衰，清代围棋自范、施之后渐渐衰落的历史悲剧，在这些一手资料中也能发现星星点点的端倪。

清代棋谱大观

在上一章我们说到明代的围棋著作出版情况时，列举了十多种流传至今的书籍，有《仙机武库》《适情录》《弈薮》等。这一象征着围棋界整体发展情况的"指标"，到了清朝更高了。据不完全统计，在清朝二百余年间刊刻出版的围棋书籍有将近八十部。即便是康、雍、乾三朝"盛世"之后，也有五十五部面世。

这其中，既包括一代国手的心血结晶，如黄龙士的《弈括》、徐星友的《兼山堂弈谱》、范西屏的《桃花泉弈谱》、施襄夏的《弈理指归》；也有一些官宦人士出于对围棋的热爱，搜集整理的围棋类著作，如陶式玉编撰的《官子谱》、鲍鼎辑录的《国弈初刊》《国弈二刊》《国弈三刊》等。

之所以说是"不完全统计"，是因为这里存在着一个当代围棋研究的缺憾。目前我们能看到的各个古谱版本，都散存在全国各大图书馆、棋院，以及私人的手里，要想整理出一个完整的记录，是一件十分艰难的事。

这些浩如烟海、代表着一时之盛的围棋著作，集中体现了中国古人在围棋上的智慧。这其中有许多代表性的棋谱集，如李以理搜集、季心雪评注的《弈墨》，就搜集了明末清初的棋谱六百多局。而多达八卷的《寄青霞馆弈选》，更收录了清代国手对局八百四十多盘、国手自拟谱七十多盘，以及日本、琉球古谱三十多盘，这可是清朝搜集棋谱数最多的一部古谱了。还有一部邓元锡（1848—1925）穷毕生之力编撰的《弈潜斋集谱》，它主要包括的是黄龙士、梁魏今、程兰如、范西屏、施襄夏这些顶尖高手的棋谱。我们今天看到的《范施十局》《梁程十四局》《施梁三局》，都是依靠这些前辈的无私奉献、耐心整理才流传下来的。我们说棋手下棋，创造精彩的棋局令人赞叹、敬佩，而将这些棋局记录、汇总起来，使其流传到今天的人，同样值得我们景仰！

除了棋谱集，清代围棋著作还有类似于今天"专题讲座"的书籍。比如过百龄的《四子谱》《受三子谱》，分别讲的是在让

● 徐星友《兼山堂弈谱》书影

● 周小松《餐菊斋棋评》书影

四子、让三子情况下的起手式研究。其中《受三子谱》除了由过百龄主持编写，参与著作的还有林符卿、周懒予、汪汉年、周东侯、汪幼清、盛大有，后期校阅者前后有二百多人。这可都是当时鼎鼎大名的棋坛大腕啊！这样高级别的"集体智慧"，写出来的内容一定十分精良。

清代围棋著作的一大特点，是出现了顶级高手的棋评著作。清代有著名的"三大棋评"，即清朝前期、中期、晚期的三大国手徐星友、施襄夏、周小松撰写的《兼山堂弈谱》、"手批十八局"和《餐菊斋棋评》。我们今天看高手们的围棋比赛，如果只有一张棋谱，没有文字解说的话，总是觉得缺了些什么。毕竟即便知道胜负结果，没有棋局过程中那些精彩的变化讲解，完全不过瘾啊！徐、施、周这三大高手在棋评中各抒己见，将自己对几代国手的看法书写下来，真是精彩得很啊！

而施襄夏的三卷《弈理指归》，更是体现了清朝围棋著作重视实战，将中盘变化细细道来的特征，其中用了整整一卷的篇幅来讲解"双飞燕"的变化。到了晚年，施襄夏为传授弟子棋艺，还写了一部通俗版本的《弈理指归续编》。这本书将许多深奥的围棋理论简化成朗朗上口的口诀，很多口诀我们今天还在用："入腹争正面""七子沿边活也输"……

《弈理指归》对围棋理念的一大突破，在于施襄夏首次将"起手式"和"布局"分开，即"起手式"是开局第一步的选择和第二步的应手。在此基础上，施襄夏将明代以来的种种"起手式"做了一个技术性的优劣判断。他认为，"三七起手式"（即大飞挂星位角）距离对方的角太远，毫无威胁性。被黑2拆兼夹一步，即使大飞逼到（白3），对方仍然有黑4碰入生根的手段。他总结道：只有在让四个子以上的局面，避免被对方靠压，才能这么下。

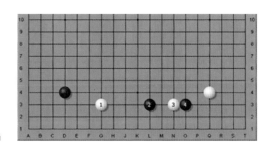

● "三七起手式"缺陷

至于"四六起手式"（即一间高挂星位角），也是同理。对方黑4一托，在对手守住大角的同时，己方显得十分局促。这步棋被施襄夏认为只有在让六个子以上的情况下才能下。经过对比分析，他留下了"起手三六最佳"，即小飞挂星位角最好的定论。的确，这一定论经过了百年时光的检验，直到今天仍然是真理。

从另一角度，施襄夏还分别从大飞挂星位角（见图"《弈理指归》点角变化"右上）、一间高挂星位角（左下）、小飞挂星位角（右下）后点角的变化分析了三者的优劣。他认为在点角二路扳粘之后，只有在小飞挂时可以二路夹一手，挂角一子还有活力。而无论是大飞挂，还是一间高挂，白棋二路扳粘之后，被黑棋一虎，白棋挂角一子都基本等于废掉了。

这种不同角度的优劣分析，体现出的是极为可贵的对古代围棋观念的怀疑与创新精神。用施襄夏的话来讲，就是"勿以古谱为必当"。不拘泥于前辈的成见，对于过去的一些下法提出自己的意见，去粗取精。我们前面也讲到，中国古代围棋到了范、施这一代，开始有了"宽松"的布局，为此范、施二人甚至放弃了"双飞燕"这种在他们看来"起手双飞无不太紧"的下法。好坏尚且不论，或许正是因为这种疑古精神，清代围棋在范西屏、施襄夏手中，才发展到了极盛的状态。

可惜的是，所谓盛极而衰。范、施

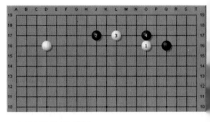

● "四六起手式"缺陷

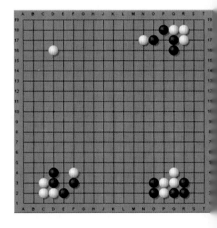

● 《弈理指归》点角变化

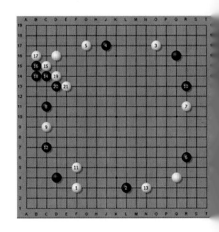

● 陈子仙执白对周小松

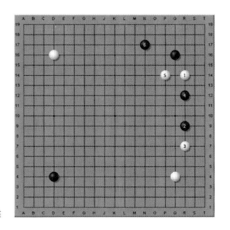

● 汪汉年执白对周东侯

之后，这种可贵的疑古精神渐渐消失了。由于范西屏、施襄夏达到的成就较高，后人难以企及，晚清的中国棋手们，都在范、施，以及范、施之前的黄龙士、徐星友们规定下来的程式中下棋，不敢越雷池一步，于是围棋理念日趋保守。比如，范施不喜欢下"双飞燕"，陈子仙、周小松们在本可以选择"双飞燕"的局部也墨守成规（如图"陈子仙执白对周小松"的"白11"）。前辈的高峰固然云雾缭绕，高山仰止，但从此便逡巡山下，不敢多迈一步，去看看更远处的风景，就很难有所进步了。

　　更令人遗憾的是，由于时代及个人的局限，任何一位"专业人士"都无法做到永恒的正确。在晚清棋手们至为推崇的前辈国手中，也存在着一些偏颇的个人见解。如徐星友的《兼山堂弈谱》中，对于招法优劣，即"正"与"不正"的评判，很多都是作者的个人意见。比如点评图"汪汉年执白对周东侯"一局，称黑4夹攻"非局面之正"。用现代的眼光来看，《兼山堂弈谱》的许多观点都值得商榷，但在晚清事必"崇古"的棋界观念里，质疑与多元的观点很难看到了。整个棋界呈现出一种"同质化"，即所谓"千人一面"。中国围棋在晚清走向衰落，这恐怕也是原因之一吧！

《官子谱》

在清代浩如烟海的围棋著作中，陶式玉的《官子谱》是值得着重介绍的一部。提到官子，懂围棋的朋友都知道，说的是一盘棋中盘战斗结束，双方基本没有了大块棋的死活问题，进入了多则十几目、少则几目的细微争夺的阶段。您可别小看官子，从20世纪90年代中期一直称霸到21世纪初的李昌镐，就是凭借官子阶段的神技成为世界棋坛霸主，从而让现代围棋重新认识了官子这一对最后的胜负结果有着重大影响的领域。

不过，"官子"一词在中国古代所包含的意思并不像现代这样单一，它还容纳了死活及部分的中盘战斗，其十分精确的定义是很难做出的。在中国古代，开局（起手式）、中盘（侵分）一直都是专著介绍的重点。相对来说，对残局的关注则不够。据说过百龄写过《官子谱》，可惜已失传。现存最早的官子类的围棋著作，是陶式玉的《官子谱》，刊刻于清康熙三十三年（1694），是一部集大成的著作，收集历代对局、棋势中关于后盘的内容，加以修订，分为三卷，多达1479张图。

《官子谱》内容的一大创新之处，在于选择了部分实战对局的棋

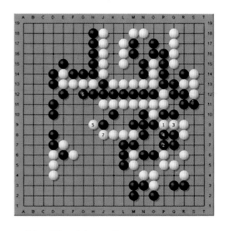

● 《官子谱》下卷之354型

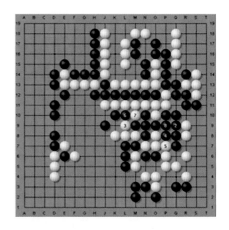

● 《官子谱》下卷之354型第一变

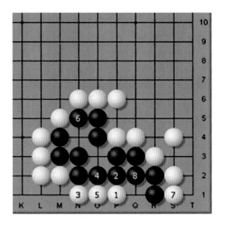

● 《官子谱》上卷第61图

中国围棋史

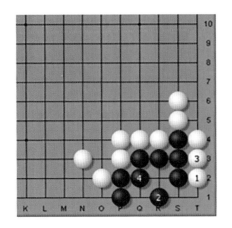

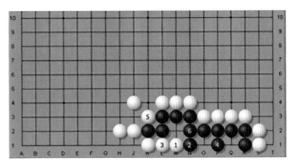

●《官子谱》上卷之 405 型

●《官子谱》上卷之 413 型

势，与《忘忧清乐集》《玄玄棋经》中充满美学趣味的"死活图"完全不一样。这就是清代棋谱及其理论的一大特点：注重实战、实用。具有现代色彩的是，与历代古谱中的棋评一评到底，基本没有不同的变化图，《官子谱》对实战对局的讲解设置了多个变化图。如"《官子谱》下卷第 354 型"，本型取自周东侯、黄龙士之间的对局，"354 型第一变"即"白失败"的一个变化图。类似这样的变化图，书中一共给出了四个。由此可见，我们现今的棋评模式，在清代早期就有了雏形。

中盘战斗、死活题绝不仅仅是《官子谱》的全部内容，书中专门有一类是为了获得官子便宜，而非置整块棋于死地的题。这些招法，接近于我们现在所称的"官子手筋"。在《官子谱》中，被称为"侵官法"。

更有破天荒意义的是，在《官子谱》的一些棋势中，作者还具体标出了"便宜××子"的字样。如《官子谱》上卷"巧渡类"404 到 425 型中的 15 型都有标示，"第 405 型"标示"便宜一子半"，"第 413 型"则称："1 透点好，便宜三子。"将官子手筋的价值标示得如此清楚，而不是简单地描述为"好、巧、妙"，这在中国古谱中还是第一次。这是中国围棋理论从模糊思维走向精确的数学思维，从感觉走向理性的开端。

在《官子谱》问世之后，清朝陆续出现了一大批"官子"类的围棋著作。如卞立言的《弈萃官子》，钱长泽的《残局类选》等。这些著作各自有各自的优点，对于围棋技术、理念的整理、分析也有独特的贡献。但可惜的是，直到清朝结束，也没有一部真正带有现代意识的围棋官子理论著作出现。"白先六目""黑先五目""双先八目"这样精确的官子目数判断，只能靠后世从日本围棋理论中学习借鉴了。

邓元锡与《弈潜斋集谱》

经过了康乾时期的围棋盛世，难觅国手的晚清棋界不禁开始怀念起那个弈道繁荣的高峰时代。通过将清代大国手们的棋谱收集、汇总，把他们的精妙手段、围棋思想传承下去，自然是怀念的方式之一。因此，晚清成了中国围棋史上为数不多的编纂大型围棋书谱之风盛行的时代。

这些热心于围棋棋谱收集整理的文人，大多是"有钱有闲"一族——都在官场担任个一官半职，这才使他们有精力、财力去完成这项规模宏大、耗时日久的伟大事业。到清光绪年间，共有邓元锡的《弈潜斋集谱》、王存善的《寄青霞馆弈选》，以及黄绍箕、聂光典的《海昌二妙集》和鲍鼎的《蜗簃弈录》问世，它们也被称为"晚清围棋四大丛谱"。

这些棋谱编撰家身居各地，邓元锡在四川做官，王存善在广东从政，聂光典则在湖北讲学，但他们多有书信来往，互通有无，鲍鼎还曾帮助过校对《弈理指归续编》，为王存善提供大量资料，联系《海昌二妙集》的出版等事宜。可以说，这些先贤在对个人热爱的追求过程中结下了深厚的友谊。晚年的邓元锡写诗这样怀念几位已逝的老友：

● 《弈潜斋集谱》封面

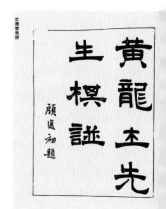

● 《弈潜斋集谱》之黄龙士先生棋谱

● 《弈潜斋集谱》之弈评

海昌二妙集成劳，端赖前清黄仲弢。

余亦殷勤促剞劂，校勘鲍叔析秋毫。

　　"仲弢"，是黄绍箕的字；而"鲍叔"，则是用了春秋时代鲍叔牙的典故来称颂鲍鼎的功劳。

　　在这"晚清围棋四大丛谱"中，《弈潜斋集谱》耗时最长，并且使用雕版印刷术，极为精美。这部书谱的编撰人邓元镱，也是围棋史中不可不提的一位名家。

　　邓元镱，生于1848年（清道光二十八年），1925年去世，江苏无锡人。十九岁才接触围棋，但一发而不可收，达到了痴迷的程度。1887年，邓元镱出任四川清州长宁知县，用了十年的时间读遍二十四史，其目的竟然是将其中的围棋资料整理下来，编成一部《历代弈事辑略》。从二十几岁起，他就遍访武汉、南京、上海各地，搜寻围棋棋谱。1881年，邓元镱刻印了《范施十局》，这是中国第一部范西屏、施襄夏的棋谱专集。同年，他刻印了梁魏今、程兰如的专集《梁程棋谱十四局》。1887年，《黄龙士先生棋谱》又在邓元镱的手中问世。

　　1884年，邓元镱还出版了他个人的围棋评论著作《弈评》。邓元镱是那个时代的传统士子，诗文俱佳，这部《弈评》点评、赞颂清代围棋国手，其中的很多名句流传至今，既有文才，又有见地。比如他说范西屏与施襄夏："施定庵如大海巨浸，含蓄深远；范西屏如崇山峻岭，抱负高奇。"这评价多到位啊！

　　1881年，邓元镱将他出版的多部棋谱集汇总起来，是为《弈潜斋集谱初编》。1898年，又将陆续整理出版的《棋经十三篇》《桃花泉弈谱》《弈理指归》等汇总为《弈潜斋集谱二编》。要是没有邓元镱近三十年的搜寻、整理、校对、刊刻，我们今天的中国围棋史研究要走多少弯路。又或者，经过百年的战火、动荡，连路在哪里都找不到！

　　1912年，清王朝覆灭，民国肇兴。受到晚清以来国门洞开的影响，社会的风气、理念都发生了巨大的变化。在新时代里，年过七旬的邓元穗尤为难得地拥有与时俱进的理念。1922年，在邓元镱的主持下，成都新兴的"围棋俱乐部"创办了一本名为《弈学月刊》的围棋杂志，这也创下了一个"围棋史之最"。关于杂志这一破天荒的事物，我们将在下一章讲述民国围棋史的时候为您详细道来。

第三节　群芳雅娱

进入中国封建社会的末期，清朝社会的上下之分愈发清晰，仕宦阶层渐渐形成了自己的一套生活方式，这其中就包括大户人家女子的习弈之风，这在流传至今的众多画作中都能清楚地看到。同时，被誉为"中国末期封建社会的百科全书"的《红楼梦》中，也有为数众多的女子下棋的描写。晚清最重要的统治者慈禧太后，也留下了下围棋的证据呢。

美人下棋

中国古代著名的棋手，大多是男的。而女孩子呢，从小就要学各种各样的手艺，比如织布啊，做针线活啊，做饭炒菜啊，长大了嫁到人家家里去做贤惠的媳妇。而下棋，当然是不务正业了。就像南北朝时期的娄逞，想下棋，只好女扮男装，出去闯天下，可最后还是被认出来，把她赶回家去。梁代任昉的《述异记》还记载了一个"懒妇鱼"的故事。说在南朝的时候，有一条鱼，被人叫作"懒妇鱼"，为什么呢？据说这条鱼是人变的，她原来是杨氏人家的一名妇女，被人迫害死了，就化成了一条鱼。鱼油还被炼出来点灯烛。这真是冤死啊！这鱼不甘心啊，所以用她照弹琴下棋之类的活动时，就光灿灿的；用它来照纺织活动时，却暗淡无光。只爱下棋，不爱纺织，这在古代中国人的观念里，可不是"懒妇"吗？

所以，在古代，普通人家的女孩子，是没有什么下棋的机会

中国围棋史

的。只有那些仙女，天天不干活，才有可能下下棋，赏赏花，吟吟诗，过悠闲自在的日子。就像我们前面提到过的天台的"桃源双女"，唐代王积薪碰到的"蜀山妇姑"，还有跟宋代刘仲甫下棋的"骊山老媪"，都成了著名的人与神仙下棋的传说。而在现实生活中，只有出生于大户人家的女孩子，或者嫁到了有钱有势的人家，又或者进入皇宫，才有机会学一学琴棋书画。汉代的戚夫人作为汉高祖的妃子，陪高帝下围棋，成了中国最早的有文字记载的会下棋的女子。而唐朝的杨贵妃与唐明皇下棋的故事，更是广为人知。

中国古代与女子下棋有关的画，最早是在唐代新疆墓葬中出土的《弈棋仕女图》（见第四章第二节"丝路棋迹"）。到了明代，有仇英的《汉宫春晓图》（见第一章第三节"戚夫人与围棋"）、姜隐的《芭蕉美人图》。到清代，就更多了，如焦秉贞《桐荫对弈图》、费丹旭《闲敲棋子图》、冷枚《汉宫仕女弈棋图》、佚名《仕女候弈图》、喻兰《仕女清娱图·自弈》、胡锡珪《桐窗弈棋图》等，还有各类工艺品中的"仕女弈棋图"。

明清时期，以女孩子下棋为题材的画为什么一下子多起来了呢？这可能是会下棋的女子越来越多的原因造成的。一般比较富裕的家庭的女孩子，也有了下棋的机会。像《金瓶梅》《红楼梦》等小说，就描写了闺房里的许多女子

● 元 · 钱选《明皇弈棋图》   ● 清 · 冷枚《汉宫仕女弈棋图》

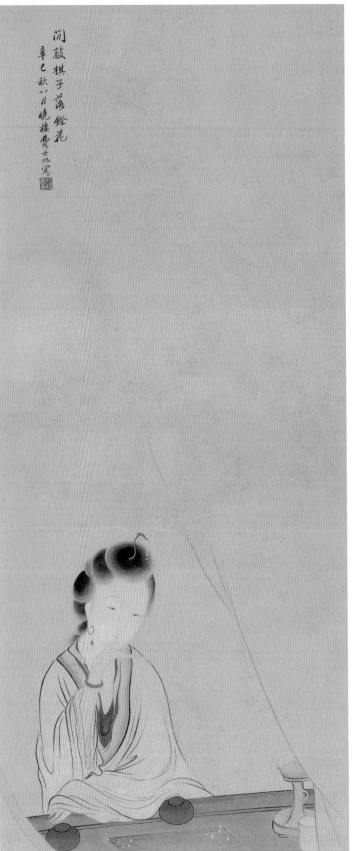

闲敲棋子落镫花
辛巳秋八月晓楼费丹旭写

清·费丹旭《闲敲棋子图》

清·喻兰《仕女清娱图·自弈》

下棋的场面。

　　另外，以女性下围棋入画，与男的下棋相比别有一番情趣。围棋被当作"木野狐"，所谓"百岁之狐为妖妇，千岁之狐为美女"，也就是说，围棋就如同美女啊，围棋与女性，本身就有很多的相通之处。古典诗词中，也有不少充满情趣的女子下棋的场面。如宋代刘铉有一首《少年游·戏友人与女子对弈》：

　　　石榴花下薄罗衣，睡起却寻棋。未省高低，被伊春笋，拈了白玻璃。

　　　钗脱钗斜浑不省，意重子声迟。对面痴心，只愁收局，肠断欲输时。

中国围棋史

　　一个女孩子，一早起来，还没梳妆打扮，就开始找棋盘棋子，可见棋瘾多大啊！可她下棋的水平实在不怎么样，只好撒撒娇了。而在围棋画里面，如清代冷枚的《汉宫仕女弈棋图》所示，一群女子在桐树荫下下棋，有下棋的，看棋的，还有在边上走动的，形成了一幅安逸闲适的下棋场面。而费丹旭的《闲敲棋子图》，一个女子，自己跟自己下棋，或者在打谱，研究棋局，看她那么入神的样子，真是让人深深地感觉到围棋的魅力啊！

　　可以说，与男子下棋相比，女子下棋，有着更多的生活情趣。像清代的粉彩瓷《仕女弈棋图》，两个女孩子，一手在下棋，另一只手相抵着，好像在比手劲，看谁的力气大，真是有趣极了。而清代喻兰的《仕女清娱图·自弈》，一个女子在桌前自己与自己下棋，边上一个孩童趴在暖笼上安静地睡觉，充满了浓浓的生活气息。有人说，教会了一个女子下棋，一家就多了好几个会下棋的人，因为她肯定要带动家里的人都来下棋啊！

　　围棋对于女孩子来说，不光可以用来在棋盘上下，还能有其他的用途。像南宋的《七夕乞巧图》所示，一群女子在用棋盘来作祈祷，祈求上天让她们更加聪明，心灵手巧。围棋还有这种功能啊！会下棋的女孩子，努力提高水平，不会下的，赶紧来学哦！

● 南宋·佚名《七夕乞巧图》

红楼棋影

《红楼梦》，原名《石头记》，是我国古典四大名著之一。作者曹雪芹（约 1715—1763），出生在清朝江宁府（今江苏南京）。曹雪芹的曾祖父、祖父、父辈都在江宁做官。康熙皇帝六下江南，其中四次由曹雪芹的祖父曹寅负责接驾，并且就住在曹家。皇帝都住在你家，那多风光啊！

可惜"好花不常开，好景不长在"，到了雍正年间，由于统治阶级内部的斗争，曹家受到牵连，曹雪芹的父亲曹頫被革职入狱，家产被抄没了，一家迁到北京，家道也从此衰落。

人都是这样，过好日子容易，这一穷了，日子就难过了。这一变故，也使曹雪芹深深地感受到了人情的冷暖、世态的炎凉。没办法，只好用笔来倾诉一肚子的苦水，所谓"满纸荒唐言，一把辛酸泪"啊。

《红楼梦》写的是贾家、王家、史家、薛家四大家族如何由盛而衰的故事。这些大家族的生活自然离不开各种娱乐活动，当然更离不开好玩的围棋了。在《红楼梦》里，下围棋的人还真不少，男的有詹光、贾政、贾宝玉，女的有宝钗、宝琴、香菱、莺儿、湘云、探春、惜春、妙玉。连贾府中元春、迎春、探春、惜春的丫鬟，都以琴棋书画起名，分别叫抱琴、司棋、侍书、入画。

四个丫头中，抱琴只在元妃省亲时出现过一次，侍书和入画的"戏份"也很少，只有司棋被隆重推出。她大闹厨房，跟潘又安幽会，在抄检大观园时，被查出违禁的爱情信物，她也毫不畏惧。司棋虽不会下棋，但那敢爱敢恨的个性，真有点下棋人不屈不挠、勇往直前的精神！

《红楼梦》中男人下棋的场面不多。只在相传由高鹗续写的第九十二回里，写到贾政与门客詹光下棋，客人冯紫英观战。这里有几点值得注意，首先是小说把围棋称作"大棋"。这说明在各种棋类中，围棋就像江湖老大，地位最高。其次，贾政与詹光下的是"下采"的棋，也即彩棋，这和我们前面讲过的《金瓶梅》里有赌棋的描写如出一辙。

《红楼梦》中，大部分还是写大观园里的那些小姐、丫头下棋，因为她们毕竟最闲，棋便成了最好的消愁解闷、打发时间的工具。还有就是，在各种娱乐消遣活动中，下棋毕竟是比较高雅的，也最符合小姐们的身份。1913年，画家李菊侪以《红楼梦》为题材创作的《金玉缘画册》，在《黄钟日报》上陆续刊出，其中就有四幅画与围棋有关。

第一幅是《宝钗出场》。《红楼梦》第四回写薛宝钗与她哥哥薛蟠、母亲薛姨娘一起住进了贾府的梨香院，宝钗每天与黛玉、迎春姊妹一起"或看书下棋，或做针黹，倒也十分乐业"。画家在每幅画里都有题字，以文配图，叫《石头记新评》。题字中写到宝钗"十分畅快"，有书读，有棋下，日子当然美啦。

第二幅是《二春围棋》。《红楼梦》第四回写周瑞家的送花进来，"只见迎春、探春二人正在窗下围棋"，而司棋、侍书两丫鬟呢，一个捧茶，一个掀帘。好一幅闺阁围棋的画面啊。女孩子下棋，别有一番情趣哦！

第三幅《花下人来》。《红楼梦》第六十二回写探春和宝琴下棋，宝钗、岫烟观棋，林黛玉和宝玉在一簇花下唧唧哝哝说话。关于棋局本身，小说有一段描写：

> 探春因一块棋受敌，算来算去，终得了两个眼，便折了官着，两眼只瞅着棋盘，一只手却伸在盒内，只管抓弄棋子作想，林之孝家的站了半天，因回头要茶时才看见。

为了做两个眼，可能要损官子。探春在那里冥思苦想，就是想找一个两

● 清·孙温绘《红楼梦·感秋深抚琴悲往事》（第八十七回）

全其美的办法，既做活又不损官子。从这一段描写中，完全可以看出作者曹雪芹一定会下棋，而且有相当的水平，不然怎么会那么了解棋迷的心理呢？

第四幅《观弈轩闲棋》。故事见《红楼梦》第八十七回，宝玉去见住在蓼风轩的惜春，刚到窗下，发觉静悄悄一无人声。正想走，却突然听到屋里传出响声：

> 宝玉站住再听，半日又"拍"的一响。宝玉还未听出，只见一个人道："你在这里下了一个子儿，那里你不应么？"宝玉方知是下大棋，但只急切听不出这个人的语音是谁。底下方听见惜春道："怕什么，你这么一吃我，我这么一应，你又这么吃，我又这么应。还缓着一着儿呢，终久连得上。"那一个又道："我要这么一吃呢？"惜春道："阿嗄，还有一着反扑在里头呢！我倒没防备。"

后面写宝玉进屋，才知与惜春下棋的是"槛外人"妙玉。宝玉还看到妙玉弄出一个"倒脱靴"的妙手来，惜春只好乖乖认输。妙玉是出家人，每天没事，当然可以把很多时间花在棋上。要是《红楼梦》中的女孩子们来一场围棋比赛，那妙玉一定可以得第一！

这一段描写，妙在一个"听"字。"听"棋与看棋比，别有一番意趣。可惜，在画中，这"听"表现不出，只好重新还原为看了。也许这就是小说与绘画的差别吧！至于宝玉在看棋过程中，与妙玉之间微妙的心理活动，那种似有若无的情愫，更是"画"所难以表达的了。

《红楼梦》还有一段有趣的描写，那就是写大观园的小姐丫头们玩"赶围棋"的游戏。第二十回写道：

> 贾环也过来玩，正遇见宝钗、香菱、莺儿三个赶围棋作耍，贾环见了也要玩。宝钗素昔看他同宝玉一样，并没他意。今儿听他要玩，让他上来坐了一处玩。一磊十个钱，头一回自己赢了，心中十分欢喜。谁知后来接连输了几盘，便有些着急。赶着这盘正该自己掷骰子，若掷个七点便赢，若掷个六点，亦该赢莺儿，掷三点就输了，因拿起骰子来，狠命一掷，一个坐定了二，那一个乱转。莺儿拍着手，只叫"幺"。贾环便瞪着眼，"六、七、八"混叫。那骰子偏生转出幺来。

在《红楼梦》之前，没有见过关于"赶围棋"的文献记载。有的把它跟西方跳棋联系起来，杨宪益、戴乃迭翻译的《红楼梦》英译本干脆直接将其翻译成"跳棋"（draughts）。"赶围棋"在围棋盘上，以掷骰子来行棋，并且可以多人同时参与，可以说，为传统的围棋增加了一些趣味。只可惜，我们现在不知道这围棋究竟是怎么"赶"的了。

慈禧弈棋

本篇的主题图是清代人所绘的《孝钦后弈棋图》。可能有人要问了，"孝钦后"是谁啊？如果您对这个称呼不太熟悉的话，那再说她另一个称号慈禧，您就一定知道她是谁了。

慈禧，姓叶赫那拉氏，十七岁入宫，封为兰贵人，为咸丰皇帝生下他唯

● 清·佚名《孝钦后弈棋图》

一的儿子载淳后，晋封为懿贵妃。1860 年，清政府在第二次鸦片战争中战败，英法联军攻占北京，懿贵妃与咸丰帝逃到承德避暑山庄。次年，咸丰驾崩，懿贵妃以新皇帝（同治帝载淳）生母的身份成为"圣母皇太后"，咸丰帝正宫皇后钮祜禄氏则被封为"母后皇太后"。在借助咸丰帝之弟恭亲王奕䜣发动"辛酉政变"后，诛杀辅政八大臣，两宫垂帘听政。同治元年（1862），同治帝为两宫皇太后上"徽号"，一为慈安，一为慈禧。因两宫居住宫殿不同，慈安与慈禧也被民间称为"东太后"和"西太后"。

至于"孝钦后"这一称呼，则是中国古代在有一定地位之人去世之后，对其一生事迹进行综合品评，所给出的"谥号"。如我们前面说过的汉高帝刘邦的"高"，梁武帝萧衍的"武"，唐明皇的"明"，都是谥号。慈禧太后 1908 年去世后，清廷给她上的谥号是"孝钦慈禧端佑康颐昭豫庄诚寿恭钦献崇熙配天兴圣显皇后"。好家伙，足足有二十五个字！这个谥号的长度，在清朝入关以来的所有皇帝中都算长的，更超过了中国历史上历朝历代的皇后谥号。无论它包含了多少夸饰的水分，都说明慈禧在清朝历史，乃至中国历史上的独特地位。

1874 年，同治帝驾崩，不满四十的慈禧痛失独子。在同治的同辈兄弟中，慈禧选择了在血缘上既是她的侄子，又是她的外甥的载湉即位，改元光绪。七年后，慈安太后去世，慈禧由此大权独揽。光绪年间，政局腐败的清政府在列强环伺之下屡战屡败，一再签订不平等条约，彻底沦为半殖民地半封建社会。1894 年，清政府在中日甲午战争中战败，翌年签订《马关条约》。1900 年，又发生八国联军侵华战争，翌年签订《辛丑条约》。虽然落后于世界大势的清朝国力衰微，积弱已久，但作为晚清五十年里国家最高权力的执掌者，慈禧对近代中国的落后挨打惨状依然有着不可推卸的责任。

不过，能够在后宫"三千佳丽"中得到皇帝的宠爱，进而在政治斗争里手腕狠辣，掌权后操纵大局，国家没有发生大的政治动荡，不得不说慈禧确实是有一定能力的。在个人修养上，慈禧也算得上是多才多艺之人，诗文书画及棋艺都有一定的造诣，对戏曲的热爱更广为人知，现存有许多署名慈禧的绘画作品。至于围棋，《孝钦后弈棋图轴》已经是一个证明。另外，还有同治年制慈禧、荣禄对弈瓷盘存世呢。

虽然与慈禧有着双重的亲戚关系，光绪皇帝却并不怎么受慈禧太后待见。

他一手推行的戊戌变法被慈禧扼杀，人生的最后十年被慈禧软禁在瀛台，他最喜爱的妃子珍妃，也是在八国联军入京，帝、后逃往西安前被慈禧下令推入井中溺死。最新的科学探测研究表明，甚至连光绪帝的英年早逝，都与慈禧的毒手有着莫大的关联。

在流传至今的清宫图画中，还有一幅《光绪珍妃弈棋图》。虽然光绪帝、慈禧太后均有下棋的图画存世，但都没有留下什么帝后与围棋的轶闻。慈禧倒是有一则下象棋的传说，说她与人下棋，对方吃了慈禧一个"马"后喜形于色。慈禧勃然大怒：你杀我一个马，我杀了你全家！但这只是为了表现慈禧的暴戾残忍，而非普遍意义上的棋故事。

或许，晚清弈道不彰，广阔的民间围棋气脉都衰落不已，就不用说身居皇宫内院的后宫了。慈禧与光绪留下来的弈棋图，已经不能代表围棋在"天子近前"有着怎样的地位，只是皇室为了展示自己还有一点点风雅悠闲气象的"摆拍"罢了。

第四节　民间棋话

～～～～～

　　清代中前期，有三部大名鼎鼎的小说（集）问世，分别是蒲松龄的《聊斋志异》、吴敬梓的《儒林外史》与纪昀的《阅微草堂笔记》。十分巧合，三部小说中都有对围棋的描写，《聊斋志异》《阅微草堂笔记》语涉鬼神，《儒林外史》则是彻头彻尾的民间故事。从弈鬼，到棋仙，再到市井小民的平凡经历，围棋的足迹遍布大千世界。

《聊斋志异》话弈鬼

　　中国话里面，人们经常会用"死"来表示某种事情的极端状态，比如"笑死人了""高兴死了""我想死你了"。死，可以用来形容一种极端固执或痴迷的状态。比如，痴迷于围棋。

　　然而，如果真的有人因为痴迷围棋而死，哪怕变成鬼依然不改其痴迷的本性，听起来是不是有些毛骨悚然？清代文学家蒲松龄的《聊斋志异》里就记载了一则"棋鬼"的故事。

　　故事里，扬州的督同将军姓梁，他觉得自己老了，便宣布不再带兵打仗了。于是，他就天天带着棋具和酒壶，到处游山玩水。他经常邀请棋手在山中树林里下棋，有时途中遇到了爱棋之人，也会与那人下两盘。

　　有一年九月九日，正值重阳佳节。清早，梁公带着一位下棋的客人和几个随从登到山顶。那一天，天高云淡，凉风习习，梁公便与客人在山顶摆下棋局。两个人下了不久，忽然有一个人出现在他们旁边。这人直盯着他们的棋盘，一会儿站在这边看，一会儿蹲在那边看，过了很久，始终没有要离开的意思。

梁公打量了一下，那人的衣服很破旧，脸看上去也脏兮兮的，然而，他的神情举止却显得温文尔雅，像是一个落魄的书生。梁公于是请他坐下，指着棋盘跟他说："先生想必也是一个爱下棋的人，何不与我的朋友下一盘呢？"

那书生先是推辞，接着又不住地感谢梁公，费了不少时间，才终于坐下来开始下棋。第一盘结束，书生输了，他显得很沮丧，懊恼不已，又请求再下一盘。第二盘完，他又输了，更加懊恼气愤。梁公让随从斟了酒给他，他也不喝，只是一直缠着客人与他下棋。

就这样，他们一直下到太阳都偏西了。其间，梁公与客人都吃过酒与点心，但书生始终不吃不喝，一整天连厕所也不去。这一盘棋，两人正杀得不可开交，突然，书生起身跑到梁公面前，浑身发抖，脸像纸一样白，向梁公跪下求救。

梁公大吃一惊，忙叫人扶他起来，说："这不过是游戏罢了，不至于这样吧？"书生说："请大人吩咐您的马夫不要拴我的脖子，求您了。"梁公见书生的话很奇怪，便问："你说的是哪个人？"书生答："马成。"

这书生所说的马成，是梁公的一个马夫。这马成常去阴司充任鬼吏，经常每隔十来天去一次，携带冥府文书做勾魂使。梁公急忙派人去看马成，那人回来汇报说，马成已经浑身僵硬，躺在床上三天了。梁公于是大声呵斥："马成，不得无礼！"忽然，那书生倒在地上，顿时就不见了。梁公这一惊吃得不小，四下里看，始终不见书生的影子，过了好久，才回过神来，不断感慨，原来这书生是一个鬼啊。

过了几天，马成苏醒了，梁公派人找他到府上问话。马成将事情的原委说了一遍，原来那书生本来是湖襄人，因为痴迷围棋上瘾，连家产都输光了。他父亲看儿子这个样子，又伤心又担忧，不得已将儿子关在屋子里。谁料书生偷偷翻墙逃了出去，仍旧到处下棋去了。父亲知道后，痛骂他一顿，他也不管，照旧下棋。就因为这个，老父亲被活活气死了。

梁公听到这里，不禁感叹一声。马成接着说："阎王认为书生气死了父亲，是不德，减了他的阳寿，将他抓入饿鬼狱，已经七年了。这日，东岳泰山上凤楼建成了，东岳帝下文到各地府找文人来作记，阎王将书生放了出来，让他应召作文，赎了他的罪，便可以还阳为人。谁料他途中与人下棋，耽误了期限。东岳帝等了半天没等到，非常生气，以为是阎王没派人来，便让直曹问阎王的罪。阎王大怒，命令我等捉拿。我听到大人您的命令，才没敢用绳绑他的脖子。"

梁公又叹了一口气，问道："他现在是什么情况？"马成答："还是交给狱吏了，这下他永远没有转生的机会了。"梁王不禁感慨道："不良的嗜好竟然会将一个人害到这种地步呀！"

故事讲到这里，作者蒲松龄也感叹道：看到棋就不管自己的死活，死了之后，看到棋又忘了自己还有转世的机会，这岂不是说明他认为嗜好比自己的生命还珍贵吗？然而，即使爱棋爱到这个份上，却始终没有多少高超的棋艺，只能在九泉之下做一个永世不得超生的棋鬼，真是可怜、可爱又可悲啊！

诚然，热爱任何东西都要有个限度。围棋作为一种爱好，能够丰富我们的生活。然而，一旦对它的热爱超出了限度，以至于对自身和别人，甚至是家庭和社会都造成了损害，正如古人所言"凡事过犹不及"。

《儒林外史》说市井

从传说中的尧时代起，流传下来了无数个与围棋有关的既传奇又精彩的故事。不过，本书带您历朝历代地浏览下来，与围棋有关的主人公不是皇亲国戚、文人学者，就是称霸一时的围棋国手。即便是描写明朝社会风情的《金瓶梅》，其讲述的故事也发生在富翁西门庆的宅院之中。那么，广阔的民间，那寻常巷陌，那些凡夫俗子，真正的平民们，有没有与围棋牵扯出什么趣事来呢？清代吴敬梓所写的著名讽刺小说《儒林外史》，就在第五十五回中为我们描绘了一个真正的市井之棋的场面。

小说这一回写到一个卖火纸筒子的，这人姓王，名太。他祖先是三牌楼卖菜的，到他父亲手里，穷了，把菜园都卖掉了。他自小儿最爱下围棋，有一天，正值妙意庵做会。王太走进来，看到一棵柳荫树下，三四个大老官簇拥着两个人在那里下棋，王太就挨着身子上前去偷看。小厮们看他衣着褴褛，便推推搡搡，不许他走近。底下坐的主人开口问他："你这样一个人，也晓得看棋？"王太道："我也略晓得些。"有人激他上场，王太也不推辞，摆起子来，把那姓马的"国手"杀败。众人大惊，就要拉着王太吃酒。王太大笑道："天下哪里还有个快活似杀矢棋的事！我杀过矢棋，心里快活极了，哪里还吃得下酒！"说毕，哈哈大笑，头也不回，就去了。

这里的"做会"应该指的是"庙会"，或者说"社会"，是民间集会的一种。在这种民间狂欢中，围棋自然成了其中的一项娱乐。文人士子之棋讲究环境的清雅，市井之棋却追求热闹，旁观者自然越多越好。观棋者无须做观棋不语的"君子"，不服者自己也可以上阵杀上一盘，过把赢棋瘾。小说对王太赢棋后的描写生动极了，看得出，作者吴敬梓肯定也是棋道中人，感同身受，才能有如此传神的描写啊！

《儒林外史》第五十五回还有一段写白来创与常时节下棋赌彩的场面，前面说过，《红楼梦》第九十二回也描写过贾政与詹光的赌棋。不过，总的来说，这里所谓的"赌棋"，大多不过为了增加下棋的趣味性，来点彩，以示对输赢的奖励或惩罚。《儒林外史》第五十三回还有一段写"南京的国手"让子棋的故事，这里的"国手"则有些"职业赌手"的风范了，故事大概是这样的：却说国公府的陈四老爷陈木南来烟花地找聘娘，见聘娘正与人下棋，那人叫邹泰来，是聘娘的师父，"南京的国手"。聘娘去准备酒菜，请他们两人下棋。邹泰来提出对下，聘娘知道底细，先帮陈四老爷摆上七个子。陈木南知道邹泰来不会"空下"，先取出一锭银子作注。第一局陈四老爷勉强获胜，再下时，从九子一直让到十三子，陈四老爷还是下不过，气得肚里生疼。幸亏聘娘"抱了乌云覆雪的猫"，把棋盘弄乱，才把他从窘境中解脱出来。

您看，欲擒故纵，先示弱再痛宰，这是后世茶馆中以赌为业的棋手们常用的一招，清朝的邹国手早就用得非常娴熟了。

小说者，街谈巷语之所为也。小说本来就是属于"俗"文学，摹写市井百态。而其中所写到的围棋，也就为我们了解围棋在当时社会中的状况，提供了宝贵的资料。

《阅微草堂笔记》请棋仙

《阅微草堂笔记》是清朝中期由大学士纪昀（字晓岚）编写的一部文言短篇笔记小说集，以纪晓岚的故居"阅微草堂"得名。纪晓岚这一人物，经过当代电视剧的演绎，成了家喻户晓的古代名臣之一。历史上，他是《四库全书》的总纂官，是当时文坛首屈一指的大家。《阅微草堂笔记》因作者文字精练，见闻广博，常常假托鬼狐的故事阐述作者的见解，每有隽思妙语，真知灼见，被鲁迅誉为"后来无人能夺其席"的经典作品。

在以描摹清代风土人情、社会风貌见长的《阅微草堂笔记》中，也有几则关于围棋的故事，读来十分有趣。一则讲的是一个民间痴爱围棋的道士，说他嗜好下棋，别人都叫他"棋道士"。棋道士虽然酷爱围棋，但水平甚差，又极为好胜，这可构成了无法解决的矛盾了。他就在他所居住的元帝庙中天天求人下棋，一下就是一天。有的对局者累了想回家，他竟然长跪不起，求对方留下来接着下。有一次，棋道士和一个少年下棋，少年偶然走错了一步，道士侥幸获胜。这个少年性情粗暴，大吵大闹想要重下，道士坚决不许。少年大怒，站起来想要打他，棋道士笑着躲开，说："就算你把我的腿打断，也不能说我今天没赢棋吧！"

另外两则故事都与道教的"扶乩"有关。一则说有人在扶乩的时候问仙人："您擅长下棋吗？"仙人说会下。又问："可以与凡人下一盘吗？"答曰："可以。"正巧有位国手名叫程思孝的旅居于此，便请来与仙人对弈。这位神仙用坐标下棋，说第一手下在"九·三"。刚开始下棋的时候，程思孝茫然不解，以为仙机莫测，深思熟虑后方敢落子。不过走着走着，程思孝觉得仙人的棋也没什么了不起的，就放手攻击，仙人竟然全局覆没，一块棋都没活。这下子，原本战战兢兢前来观战的一屋子人都大为惊讶。只见乩盘上忽然写起文字（即仙人说话）："我本来是幽州的鬼魂，暂时来这里游玩，托名张三丰，只是刚刚会下围棋而已。没想到您的棋力这么强，我现在走了。"作者在最后吐槽道："输了一盘棋就吐露实情，这也是长安道上的笨鬼啊。"

另一则故事相当有名，说一次扶乩下来，仙人署名曰刘仲甫。围观众人不知道刘仲甫是谁，人群中有一位国手，说刘仲甫是宋朝的大国手，写过《棋诀》，自己对他相当崇拜，请求与刘仲甫下上一盘棋。仙人说："下棋我必输。"清朝国手意志坚决，一直请求，仙人便同意了，对局的结果果然是仙人输半个子。围观者说："大仙太谦虚了，这是奖掖后进吧？"仙人说："非也。后世什么都比不上古代，只有推算天文历法和围棋除外。为什么说围棋古不如今呢？是因为世风日下，人心不古，后世人的机巧算计，用尽心机远远超越了古代。古代人不愿意做的事情，后世人往往能做；古代人不愿意冒的险，后世人往往敢冒；古代人不忍心提出的策略，后世人往往忍心提出。因此一切动心机的事情，后世人都在古代人之上。所以宋元时期的国手，比明朝已经差了一路，和今人相比，已经差了一路半了。"

纪晓岚写这段故事的本意，是对所谓"世风不古"，道德堕落的感慨。不过他借刘仲甫之口说的这几句话，用在围棋上面倒也别有意味。围棋要想进步，一代更比一代强，不正是要动前人没动过的心思，下前人没下过的棋，使用前人没用过的策略吗？

从上面几则故事对围棋细节的描述来看，纪晓岚是会下围棋的。历史事实也是如此，纪晓岚曾自号"观弈道人"，请人画了一幅《桐阴观弈图》，并题诗曰：

> 不断丁丁落子声，纹楸终日几输赢。
> 道人闲坐桐阴看，一笑凉风木末生。

七年之后，纪晓岚重看这幅《桐阴观弈图》，顿生时光易逝、岁月无情之感。联想到王安石（号半山）写过的那首"一枰何处有亏成"，又在这幅图上题了一首诗：

> 桐阴观弈偶传神，已怅流光近四旬。
> 今日鬖鬖头欲白，画中又是少年人。
> 一枰何处有成亏，世事如棋老渐知。
> 画里儿童会长大，可能早解半山诗。

现代转型

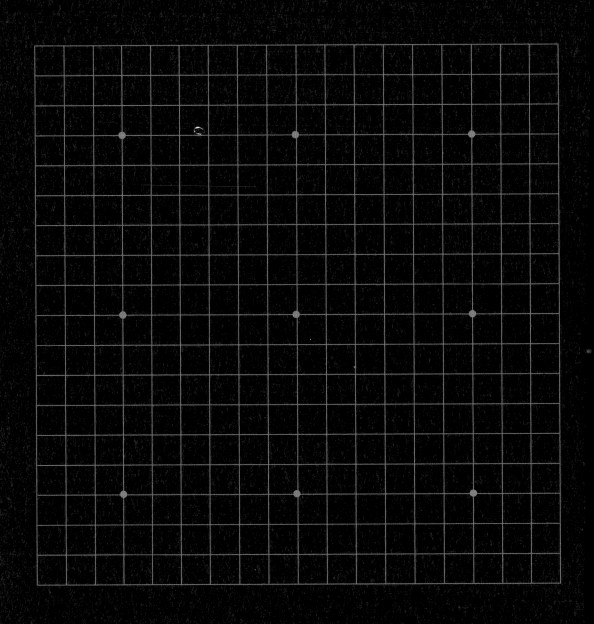

第一节　日本旋风

　　国运盛则棋运盛，国运衰则棋运衰。晚清时代，中国积贫积弱，落后挨打，中国围棋也陷入前所未有的低谷。面对日本四段高部道平，中国棋手竟无一人可成对手，这股从理论到实战的日本围棋旋风很快横扫中国棋界。遭遇强敌，痛定思痛，学人之长，改变自己，提升实力，才是唯一的正解。在民国时代，成就最高的中国棋手无疑是东渡日本的吴清源。他在日本棋坛称霸，改变了中国和世界围棋的格局。

日本棋手访华

　　高部道平、伊藤友惠，这是两个给中国围棋人留下切肤之痛的日本棋手。对于后一位，熟悉当代围棋史的棋迷大概不会陌生。一位五十多岁的老太太，在 20 世纪 60 年代竟然横扫中国顶尖棋手。而前一位，知名度恐怕就没有后者那么高了。

　　高部道平，生于 1882 年，是日本围棋组织"方圆社"的成员。1909 年，当时为四段棋手的高部道平出国旅游，到达中国河北保定后，被当地日本翻译推荐给北洋系军阀段祺瑞。段祺瑞酷爱围棋，本身也有一定实力，在他身边聚集了一批棋手。高部道平与包括段祺瑞在内的中国棋手进行了多次交流，大获全胜。段祺瑞惊讶地问他："您在日本棋界，一定是大高手吧？"高部道平据实回答："我只是一名普通的四段棋手。"此语一出，举座皆惊。

　　围棋在从中国传入日本之后，逐渐生根发芽，呈现出了一幅与"生母国"不同的面貌。约在 16 世纪，日本棋界废除座子，开辟了布局的新天地，并形成了一套先进的围棋理论。日本棋界借用中国围棋的"九品"制，将其改为段位制度，最高为九段，且只有成为棋界唯一的"名人"者才能升为九段。每个段位之间，有着十分严格的交手棋份要求。高部道平如果和1914年成为"名人"的本因坊秀哉下棋，需要恭恭敬敬地在棋盘上摆上两个黑子。换句话说，当时日本棋界比高部道平实力强的人，不知道有多少位呢。

被高部道平惊讶到的，又何止段祺瑞府一隅？随后，高部道平受中国棋界邀请，到南京等地与中国名手们对弈，中国高手们都被高部降至让两子，且让两子局也是胜少负多。其中有一盘弈于1910年10月，高部道平让两子战胜中国当时顶尖高手之一的张乐山的对局，棋谱留到了今天。从这张棋谱中，我们可以清楚地看到清末民初中日围棋之间的差距有多大。

为什么短短几百年间，日本围棋发展如此迅速，将堂堂中国棋界败得如此之惨呢？这要从17世纪说起了。日本棋界一世本因坊算砂一生受到战国"三巨头"织田信长、丰臣秀吉、德川家康尊重，于1612年领取棋士俸禄，这是职业围棋的开端。从此，日本围棋在幕府的庇护下成长，逐渐形成了本因坊、安井、井上、林四大围棋家族，并在每年一度的"御城棋"上争夺"名人"资格。您想想，一项事业有统治者的支持，并且这种支持还不会因为个人的喜恶而兴废，而是形成了一项绵延数百年的带有竞争性质的制度，围棋得不到发

院社对抗棋赛：雁金准一（右）对秀哉名人

展才怪呢。

虽然在 19 世纪 60 年代明治维新推翻幕府之后，日本棋界失去了长久以来的俸禄，但天长日久的传统与积淀已然形成。棋手中的有识之士主动打开围棋大门，走向民间。村濑秀甫（十八世本因坊）亲手创办"方圆社"，日本围棋又迎来了一轮新的繁荣。

经过高部道平的宣传，以及中方对来访日本棋手的优厚待遇，在随后的一段时间里，日本棋手掀起了一阵"访华潮"。1915 年，广濑平治郎六段应段祺瑞邀请访华，中国棋手普遍被其让三子，只有老棋手汪云峰凭借广濑不熟悉的中国古定式"金井栏"套路能偶尔得手。

1919 年，通过高部道平的居中牵线，段祺瑞施展大手笔，请到日本本因坊秀哉到访北京。秀哉号称"不败之名人"，是日本棋界的最强者。当时日本的著名棋手濑越宪作也受邀在北京盘桓，中方特意请秀哉和濑越下一盘示范对局。不下则已，这一下起来，观战的中国棋手全都惊呆了。您猜怎么着？两位日本高手冥思苦想，沉浸棋中，将日本棋界的传统带到了中国——整整三天，仅仅下了百余手。

中途封盘的这盘"示范对局"，给了当时的中国棋手很大的震撼。秀哉指导了身在北京的中国棋手后，又受邀到上海，与沪上棋手对局。这些与秀哉对弈的棋手中，成绩最好的是年轻的顾水如——受三子中盘获胜。

在 1919 年濑越宪作、本因坊秀哉访华之后，1920—1921 年加藤信、铃木为次郎又与上海棋手进行交流。这四人在日本棋界都是鼎鼎有名的大人物，秀哉的地位自不必说，濑越、加藤、铃木是当时日本棋界的少壮派，在秀哉隐退后并称为"三长老"。与这些顶尖日本棋手对弈，中国棋手均被让多子，且很难获胜。但这对中国围棋痛定思痛，摆脱传统束缚，接受先进理论起到了至关重要的作用。

在邀请这些日本棋手访华的"金主"中，有两个人的名字是不得不提的，他们在中国近现代围棋史中被称为"南张北段"。"北段"，是一度执掌北洋政府最高权力的段祺瑞，关于他的故事我们后面还会讲到。而"南张"指的则是居住在上海的中国财界名人张澹如。张澹如是国民党元老张静江之弟，家资不菲，常常招募棋客，资助围棋国手，对于近现代中国围棋火种的存续是有功的。日本棋手来华对弈，往往需要大笔的酬金，这些酬金大多数都由"南

● 安西榆林三十二窟·弈棋图

张北段”募集而来。

这一段中日围棋交流史，是中国棋手的惨败史，也是中国棋手开始“开眼看世界”的奋发史。见识到了日本棋手在布局阶段的多样招法、先进理念，中国围棋渐渐废除了布局类型单一的座子制，这一时间大约在清朝末年民国初期。新一代的中国国手们，如顾水如、过惕生等，开始接受日本围棋理论，摸索着迈开追赶日本围棋的步伐。

日本书刊译介

在中国围棋遭遇“千年未有之变局”，看到了中日围棋间的巨大差距时，“师夷长技”就成了有识之士们的共同心愿。在这一阶段，中国的围棋出版界将目光投向了东方的岛国，中国围棋界终于开始“开眼看世界”，将日本的棋谱、围棋理论翻译出版，形成了一股“日本书刊译介”的潮流。

这股潮流的大本营是在接受世界风气之先的上海，一直支持上海围棋事业的张澹如对译介日本围棋书籍也很有热情。民国时期一本很著名的围棋书《东瀛围棋精华》，就是在编译者陶审安去世后，由张澹如委托日本东京高桥印刷所刊印的。《东瀛围棋精华》由国民党元老于右任题写书名，介绍了日本1835—1923年的名局。每局都有讲解，还附有很多对局者的简介，这为中国棋手了解日本围棋的历史、技战术水平提供了直接的一手资料，实在是功莫大焉。

除了《东瀛围棋精华》，编译的日本棋谱还有平等阁主人（即狄葆贤）选编的《日本第一国手棋谱》，包括日本16世纪以来的历代本因坊、名人级的高手，如算砂、安井算知（二世）、道悦、道策、道知、察元等的近百局棋谱。这其中要特别指出的是日本四世本因坊道策（1645—1702），他在担任日本名人棋所期间，确立了日本段位制度，并提出了分析行棋效率的“手割”理论，大大促进了围棋的发展，被誉为“近代围棋之祖”。

在日本棋界，道策、丈和、秀策并称为“三棋圣”。在民国时期的日本书刊译介潮里，上海文瑞楼也将丈和对局集《国技观光》重印，命名为《丈和弈谱》。

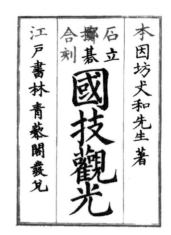

本因坊丈和《国技观光》书影

此外，还有一些属于对日本围棋专题研究著作的编译。比如上海有正书局出版的《新桃花泉》，这本书的内容主要编译自日本幻庵的《围棋终解录》和小林铁次郎有关定式的讲解。包括对小目"尖""尖合""一间夹""二间夹""一间高挂""二间高挂"的定式，以及我们今天称为高目的"大目"定式讲解。这对于摆脱了座子束缚，可以随心所欲选择角部着手的中国棋手来说，一定是颇受欢迎的。

定式的下法，与布局的整体选择有关。关于日本布局理论，中国棋界有吴祥麟根据日本中川龟三郎著作编译的《布局详解》，他还根据日本本因坊秀哉原著编译了《围棋布局研究》，都有详细讲评。除此之外，还有胡检汝据濑越宪作所著《围棋读本》的编译，过旭初校订的《围棋布局要则》。

随着中日围棋交流的日益频繁，中日围棋交流的棋谱也被翻印出米。最有影响力的是汪云峰评辑的《问秋吟社弈评》，这本书是高部道平来华与中国棋手的对局集，一共收录了五十盘棋，每局都有简要的评点。其中，还收录了段祺瑞、段俊良父子与高部道平的对局。这本书由北京中亚书局在 1917 年出版。

1919 年，上海有正书局出版了《中日围棋对局》，主要选载的是日本高部道平与中国棋手的对局，另外还有少部分长滨彦八四段在上海与张澹如的受子局，以及顾水如留日期间与秀哉、野泽竹朝的受子局。这些棋谱真实地反映

日本国手丈和弈谱　　　　　　　　　　日本琉球弈谱

了民国初期中、日棋手围棋水平的差距，具有重要的价值。不过，从 20 世纪 20 年代起，直至抗战胜利间，大量中日的棋手交流谱再也没有得到系统的整理，仅在报刊上偶有披露，不能不说是个遗憾。

清源东渡

当我们说到中日围棋间那千丝万缕、分割不开的种种因缘关系的时候，有一位棋手是永远也绕不开的。他深受中国传统文化的熏养，他在日本棋界成为无人能敌的棋圣。吴清源，在民国初年那一阵席卷而来的日本围棋旋风中，他是成就最高的一位。

1914 年 6 月 12 日（农历五月十九日），中国福建省福州闽侯县吴氏家宅诞生了一位男婴。由于时逢梅雨季节，当天吴家大水入室，母亲张舒文只好在两张拼起的八仙桌上分娩，甚至看到了游进屋子、在水上跳跃的鱼。因为这个缘故，这个刚出生的小孩子被命名为"泉"。后来取字也与名相关，即"清源"。

这一年十月，吴清源一家离开故乡，启程去了北京。吴家是福建的名门大族，吴清源的父亲吴毅曾赴日留学，回国后在北京谋得一个司法机构（平政院）的职位，吴家便在西城缸瓦市大酱坊胡同定居，租了一个拥有东西三间厢房的四合院。吴毅与张舒文生有三子三女，吴清源是最小的儿子。不过吴毅性格耿直内向，无意取悦上司，北洋政府又拖欠工资，吴毅渐渐心灰意冷，不再按时上班。在家中左右无聊，吴毅便找出了他留学日本期间学会的围棋，教儿子们娱乐。

这一年吴清源七岁，吴毅让他四十九个子。很快父亲就让不动儿子了，吴清源在围棋上进步的速度相当快，吴毅见到儿子有这方面的才能，便把自己收藏的《桃花泉弈谱》《弈理指归》等中国古谱，和从日本带回来的《围棋新报》《敲玉余韵》等书刊给吴清源看。从此，吴家多了一位每日坐在棋盘前，一手拿着最终将他中指压弯的厚厚的棋书，一手打下叮叮落子声的少年。

学棋两年后，吴毅带着吴清源到京城有名的围棋手聚集的茶社"海丰轩"，与当时的中国高手汪云峰、顾水如、刘棣怀等下受子棋。可惜的是，1925 年初，吴毅因肺结核早逝。在吴毅去世前三天，他以分配遗产的方式为三个儿子留下了遗言，给吴清源的就是一副围棋。

吴毅的去世使吴家失去了生活来源。在顾水如的帮助下，年幼的吴清源凭借他"围棋神童"的名气进入段公馆，由段祺瑞每月以学费的形式资助吴清源一百元，允许他与段府招募的棋客对弈，这笔在当时不菲的收入支撑了吴家将近一年的时间。吴清源从幼年时代起，就成了家庭生活的顶梁柱。

平心而论，段祺瑞对围棋人的长期资助是件有功德的善举。在清末民初那个中国围棋的低谷里，段祺瑞以他的财力聚拢起当世名手，在一段时期内保住了围棋存续的火种。虽然这只是段祺瑞凭个人兴趣的私人行为，且人去政息，并未助成围棋事业的制度化，不宜被过分高估。但如果没有他，中国围棋后来的重生速度一定会慢许多。

与在政界、军界的面孔不同，段祺瑞对待围棋人还是比较和善的。毕竟寄人篱下，顾水如、过惕生这些高手面对棋力弱于己的段执政，哪怕先行都不敢赢下一盘的举动，只是延续了古代中国棋手地位低下，唯有小心谨慎、取悦于人才能生存的传统而已。但这条在成人间心照不宣的"传统"到了少年吴清源这里，却不好使了。一天，段祺瑞想在吴清源面前显示"常胜将军"的本事，主动下场和吴清源下棋，让吴清源两个子，又无理手频出。十一岁的吴清源见招拆招，几乎杀死了段祺瑞的所有棋。段祺瑞戎马半生，什么时候

受过这种待遇，更何况对手还是一个自己资助的孩子！段祺瑞立即盛怒而去，闭门不出。原本按惯例招待门下棋客的丰盛早餐，也随即取消。在场的棋手们纷纷震恐，不住地指责吴清源。推荐吴清源到段公馆的顾水如也说："你那样赢可不行啊！"

吴清源大败段祺瑞这件事甚至被写在报纸上，传遍了北京城的大街小巷。但就算是这样，段祺瑞也只是不再和吴清源下棋了而已，余者照旧。当吴清源直接对段祺瑞讲"请给我学费"时，段祺瑞也如数照付。

吴家短暂的平静生活为时不久，1926年"三一八惨案"过后，段祺瑞遭驱逐下野，寓居天津，门下棋客顿作鸟兽散。虽然吴家有富豪亲戚李律阁、李择一接济，吴清源也时常去北海公园"漪澜堂"、中山公园"来今雨轩"下棋赢取奖金，不过这些都不是长久之计。吴家最终不得不搬出原本宽敞的四合院。

1926年，在吴家故友、于台湾经商的林熊祥建议下，十二岁的吴清源走进了日本人在北京开设的围棋俱乐部，并成功击败了一位据说有职业初段实力的对手。当时的吴清源肯定想不到，这一盘棋竟然改变了他一生的命运。

吴清源的这盘赢棋轰动了整个俱乐部，现场观战的一位美术品商人山崎有民看中了吴清源的才华，便直接与日本棋界高手濑越宪作通信，介绍这位在中国发现的"天才少年"。当年夏天，日本棋界新星岩本薰访华，当时为职业六段的岩本已经让不动吴清源三个子。他直截了当地说："要是吴清源在中国发展的话，升到三段、四段应该是没有问题的。但是如果现在就去日本进行正规学习，那么日后一定能有大成。"

1927 年冬，日本棋手井上孝平五段来华。在张作霖举办的棋会、李律阁宅、张伯驹宅等名流处，吴清源在受两子、受先的棋份下取得局面的大优。这几盘棋的棋谱传到日本，濑越宪作看后惊为天人，在亲自点评中给了吴清源"秀策再生"的评语。

秀策是 19 世纪公认的日本棋圣，在御城棋中十九局不败，为日本棋史上唯一一人。在他之后的每一代棋人，都对秀策这个名字如雷贯耳。即使在今天，相信也有很多棋迷对他并不陌生——因为在 21 世纪初日本制作的著名围棋漫画《棋魂》（光之棋）中，附体于进藤光的天才棋士藤原佐为，就曾附体在秀策身上。这个评价，对于吴清源和整个日本棋界来说，都不可谓不高。

有着惜才之名的濑越宪作立即开始了准备，由山崎有民教授吴清源日语，濑越宪作亲自拜访日本政、经界要人犬养毅、望月圭介、大仓喜七郎等人，得到了他们对吴清源赴日的政治保证与经济资助。大仓喜七郎每月资助吴清源两百日元的生活费，无偿给付两年，这一金额是当时日本毕业大学生月工资的五倍。当犬养毅问来访的濑越宪作"如果北京的天才少年来了日本，将来成了名人怎么办"时，濑越慷慨答道："这正是我的夙愿。为了围棋的进步，也为了促进日中和睦，我愿意如此。"

1928 年 9 月，濑越宪作派身在中国东北的大徒弟桥本宇太郎代自己前往北平，先与吴清源下了两盘试验棋，吴清源分别以六目和四目获胜。在吴家上下经过慎重考虑后，吴清源之母张舒文决定带着吴清源东渡。10 月 28 日，吴清源到达东京日本棋院，本因坊秀哉亲自率领门徒出门迎接。随后，吴清源在日本棋院为他特别安排的入段测试棋中三战全胜，被授予三段，正式开始了他在日本的围棋生涯。

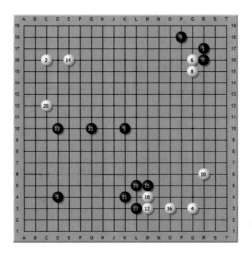

● 1933年名人胜负棋吴清源（黑）对本因坊秀哉

东渡之后，吴清源在日本棋界崭露头角，与木谷实一道掀起了"新布局"大潮，将注重角地的日本围棋思维向边、中腹拓展，这直接引发了理论革命，促进了围棋由传统向现代的转型。1933年，吴清源在与本因坊秀哉的"名人胜负棋"中下出了"三三·星·天元"的布局，这三手棋都是本因坊一门百年以来的"禁着点"。经过《读卖新闻》的连载，新布局理论益发深入人心，吴清源也成为日本棋界最受瞩目的棋手之一。

秀哉引退之后，为决出一位棋界的最强者，吴清源与木谷实进行了惨烈卓绝的"镰仓十番棋"。十番棋是日本棋界古已有之的棋手决斗形式，胜者名扬天下，败者败走天涯。并且采取升降制形式，即一方净胜超过四局，对手的交手棋份将降一格，从分先变为先相先（三盘棋中两盘执黑），这在事实上等于降了一段。在十番棋的赛场上，失败的代价绝不仅仅只有失败本身，还有传统棋手视作生命的荣誉。

镰仓十番棋的结果为吴清源获胜，并将木谷实降为"先相先"。在战胜了木谷实之后的近二十年里，《读卖新闻》为吴清源邀请了雁金准一、藤泽库之助、桥本宇太郎、岩本薰、坂田荣男、高川格六位新的十番棋对手，先后对决九次。在这不容退后一步的"白刃格斗"舞台上，在同期中日战时的大环境里，身负重重压力的吴清源击败了同期日本棋坛的所有高手并使之一一降格（雁金准一因为是大前辈，为保全其名誉，在吴清源4胜1负领先之际中止了

● 晚年吴清源

该次十番棋），这是后辈棋手无人可以企及的无上光荣。

晚年的吴清源仍然每日研究围棋不辍，关注中国围棋的成长，推动围棋的"世界化"及围棋对世界文化、和平发展的贡献，并提出了"21世纪的围棋"理念。在吴清源看来，21世纪的围棋应该是"六和之棋"，讲究天地东南西北之调和。围棋的精神就是中和，围棋的最高境界不是冲突，而是和谐。这些都深受中国传统文化的影响。吴清源吸纳了中日文化的养分，又将之调和，使他既成了棋盘上的胜负师，又成了围棋文化大师。他著有《天外有天》《中的精神》《21世纪围棋的下法》等，在棋界具有重要的影响。

吴清源先生在围棋上的丰功伟绩是华人的骄傲，也是属于全世界围棋人的荣耀。

第二节　围棋名手

民国时期，由于社会动荡，战火不断，棋手社会地位低下，不仅整体围棋水平难以与日本抗衡，寥寥可数的几位围棋国手连基本生计都难以保障。少有的几位资助围棋的社会名流，如"南张北段"，也只是出于个人兴趣，人去事息。从顾水如，到并称"南刘北过"的刘棣怀和过惕生的人生经历中，我们能够清楚地看到民国棋手的艰难境遇。当然，还有他们对围棋事业的不懈坚持。

转型时期的棋手

民国时期是中国围棋在日本影响下从传统到现代转型的一个时期，也是一个不断学习、追赶日本的时期。清末民初的中国棋手，既保留了旧时代的特点，又受新法影响。这时期的代表性棋手有：汪耘丰（云峰）、吴祥麟、潘朗东、王子晏、陶审安、丁公敏、王蕴登、余冠周、余孝曾、汪芍亭、沈君迁、宋温善、朱有卿等。这些棋手处在"传统"和"新法"交替的时期，棋手们慢慢适应了时代的变化，拓展出中国围棋的一条新路。

在这些接受了新法熏陶的棋手中，较有影响的首先是汪云峰。汪云峰一作耘丰，名富，北京人。早年从刘云峰学弈，时人称刘为"大峰"，汪为"小峰"。他才思敏捷，落子迅速，常在茶楼和私家棋社对局，一天可下十余盘。民国年间成长的棋手，如顾水如、刘棣怀、金亚贤、王幼宸、崔云趾、汪振雄、吴清源等，都曾受到他的指导。汪云峰早年对古谱深有研究，新法传到北方，他又是最早受熏陶者之一。光绪、宣统年间，他曾与另一名手张乐山一起受段祺瑞之邀，前往保定与日本业余棋手中岛比多吉对弈，并战而胜之。其后又与高部道平对局，是中国近代最早与日本专业棋手交流的棋手之一。

1918 年秋，广濑平治郎六段来华，汪云峰序盘祭出金井栏战而胜之，一时传为佳话。晚年汪云峰在江南一带茶楼对局，终年近八十。

民国初期，汪云峰称雄北方，南方棋界的代表人物则首推吴祥麟。吴祥麟（1880—1946），名定崧，号络岩山人。原籍南京，迁居上海。幼年拜名手李祥生为师。李祥生又曾受教于周小松。但吴祥麟更多受新法影响。遍游南北，曾与高部道平受二三子对弈百余局，也曾与名手张乐山、伊耀卿、汪云峰、顾水如、段俊良等大量对局。晚年在上海私宅设听秋弈社，并编印棋谱。曾编译日本中川龟三郎八段所著《布局详解》和本因坊秀哉所著《围棋布局研究》，另编有《围棋丛编》《小松受子谱》（与黄瀛仙合作）。

20 世纪 20 年代至 30 年代中期，中国社会相对稳定，也是民国围棋相对繁荣的一个时期，一批棋手相继成长起来，如顾水如、王子晏、刘棣怀、雷溥华、陈藻藩、王幼宸、魏海鸿、金亚贤、崔云趾、雷葆申、黄乘枕等，他们在民国初还是青少年，容易接受新的东西，到这个时期，逐渐成为棋界的中坚力量。

1828 年 6 月，日本的濑越宪作曾撰文《中国棋界之现状》，将中国棋手分为九个等级：

九（段）一人：吴清源

八（段）二人：王子晏、刘昌华（棣怀）

七（段）五人：顾水如、汪云峰、雷溥华、丁公敏、潘朗东

六（段）三人：陈藻藩、雷葆申、王幼宸

五（段）十人：吴祥麟、魏海鸿、过遇春、崔云趾、金亚贤、余冠周、伊耀卿、林新猛、雷永锡、吉（金）芝亭

四（段）四人：张澹如、何星叔、林诒书、李佩田

另有一至三段九人。

这里的"段"并不对应于日本的段位。吴清源在 20 世纪 20 年代中期的中国棋坛已经崭露头角，十二岁成了国内顶尖高手，1928 年 10 月东渡日本。1928 年 9 月，桥本宇太郎四段来华考察吴清源的棋力，对弈两局，吴均获胜，说明吴的棋力已不低于日本职业四段。

而 1934 年日本木谷实来华，归国后写有《新布石之针路》，认为当时中

国棋手张澹如、顾水如、魏海鸿、雷溥华、刘棣怀均具有职业三段的棋力。

"棋顾问"顾水如

提到在日本发展的中国棋手，吴清源自然是名气最响的一位。20世纪50年代，吴清源收了旅日的林海峰为徒，林海峰后来又将自台湾赴日的张栩收入门下。华人三代，名声赫赫。

但是，1928年东渡日本的吴清源并非中国棋手赴日的第一人。最早开启这条近现代中国棋手学棋的"终南捷径"的，是民国围棋史上不可不提的人物——顾水如。

顾水如生于1892年，是浙江嘉兴枫泾（今属上海）人。枫泾虽小，但颇有一些围棋传统，曾请过晚清最后的两位国手陈子仙、周小松前来指导。顾水如一家都爱好围棋，顾水如的两个哥哥顾月如、顾渊如均有一定的围棋实力。大约在民国成立的前后几年，顾水如由家乡来到上海，展示出不凡的棋艺，得到了上海"围棋大护法"张澹如的支持。1914年，顾水如北上，又到了北京的"围棋大后台"段祺瑞府上。段祺瑞支持围棋的故事我们已经一再讲过，他可以称得上是顾水如的"恩主"，长期留顾水如在他府上，后来顾水如甚至被人称为是段祺瑞的"棋顾问"。

在段府，顾水如与经常来华交流的日本棋手高部道平屡屡交手，据说一年之内两人竟然下了一百多盘棋。和当时的中国棋手相比，顾水如本来就有年纪轻的优势，再加上与高部频繁交手，使他接受了更多的日本围棋理念，水平提升很快。渐渐地，顾水如被誉为"中国第一棋士"。考虑到只有身临其境，才能学到更多的知识，才能真正提高中国围棋水平，1917年，在段祺瑞等人的支持下，顾水如赴日留学，开始了他为期两年的留日生涯。

可惜的是，这段留日经历并不顺利。毕竟当时中国围棋底子过薄，落后日本太多，顾水如在日本大致只能算是三四流的水平。与本因坊秀哉对弈，要摆上四子。甚至面对女棋手喜多文子，被让两子依然下不过。据说顾水如受此打击，将留日的费用挥霍一空后提前回国。不过，喜多文子在日本棋界也是响当当的女子高手，在后来的日本棋院重建等重大事宜上更发挥了弭平数派系之间矛盾的重要作用。她也培养了众多女弟子，被誉为"围棋界之母"。吴清源赴日之后，喜多文子对吴清源照顾有加，还做了他与和子夫人的媒人呢。

平心而论，顾水如当时与喜多文子的实力差距，大致反映了中国围棋与日本围棋的实力差距。

归国后的顾水如迎来了同辈棋手的挑战。在上海张澹如府上，有一位与顾水如同龄的高手，名叫王子晏，实力不俗，号为"南方棋界第一人"。南北之争一直是中国棋界纷扰不绝的话题。1927年，顾水如南下，经好事者撮合，顾水如与王子晏进行了一次分先大战。这不仅仅是所谓"南王北顾"之间的决斗，甚至还隐含着两位棋手的幕后支持者"南张北段"之间较量的意味。流传下来的五盘棋谱显示，王子晏以三比二获胜。但王子晏也并未由此"一统"中国棋界，身体不好的他在20世纪30年代便逐渐淡出了一线，后辈刘棣怀继之而起，"南王北顾"就这样变成了"南刘北顾"。

前面说过，顾水如一直在段祺瑞府上任事，他也不得不随着段祺瑞的政坛浮沉而各地迁移。1926年段祺瑞因"三一八惨案"下野，旅居天津，顾水如便随之赴天津，在天津开展围棋事业，撰写围棋专栏。1933年，蒋介石考虑到时局因素，请段祺瑞南下，顾水如也随之来到上海，与过惕生开办"上海棋社"。1935年，顾水如还和刘棣怀在南京进行了一次"京沪埠际杯"对抗赛，结果二人平分秋色。在上海寓居的段祺瑞1934年见到了他曾经资助过的少年吴清源，此时的吴清源刚刚结束了与本因坊秀哉的"名人胜负棋"，声望日隆。此时已年近七旬的段祺瑞再次邀请吴清源下棋，两人下了两盘快棋，结果一胜一负，宾主尽欢。

1936年11月，段祺瑞病逝。时人记载，顾水如"段归道山后，颇有知己难逢之感"。对于旧社会的中国棋手来说，没有固定的比赛，难以依靠下棋维持生活所需，自己的知遇者和支持者的离去，的确是令人十分伤感的。翌年，全面抗战爆发，围棋活动基本无法进行。对于年过四旬的顾水如来说，他的围棋生涯可以说就此结束了。

在抗战胜利后及新中国成立后，顾水如在上海发起了一系列提倡围棋、推动围棋复兴的活动。最为后人称道的，是顾水如在提携后辈上做出的贡献。早年他就帮助过少年吴清源，1951年，顾水如更将未来的新中国第一代国手

才
也
　
荆
公
與
薛
昂
圍
棋
賭

聖
華
居
士
萬
壽
祺
　
梅
花
詩
薛
昂
敗
而
不
善

　
　
　
　
詩
公
代
作
之
謂
薛
秀

● 清 · 万寿祺《荆公与薛昂围棋赌梅花诗》

陈祖德收入门下。之后的中国围棋也开启了新时代。

1971 年 6 月 19 日，顾水如病逝，享年七十九岁。

南刘北过

上篇说到，民国棋坛的格局经历了从"南王北顾"到"南刘北顾"的变化。但是，我们今天说起这个一南一北的称号时，脱口而出的却是"南刘北过"。一种说法是，在某些方言中"顾""过"同音。但不可否认的是，在刘棣怀坐稳了民国时期南方围棋头把交椅的时候，北方也有一位青年才俊崛起，他就是过惕生。

过惕生生于 1907 年，小刘棣怀正好十岁。您看到这个"过"姓，是不是会想：过惕生与明末清初的国手过百龄有没有什么血缘关系呢？您别说，还真有。按辈分排下来，过百龄正是过惕生的高祖父。五代之内，一门出了两位围棋国手。这种家学渊源，基因相传，真是让人不得不称奇啊！

与顾水如一样，过惕生也是兄弟善弈，他的哥哥过旭初也有非凡的围棋造诣。在家庭启蒙，拜师学艺之后，过惕生在他的家乡皖南一带闯出了不小的名气。自 1926 年起的十年间，过惕生东进上海，北上北平，闯荡天津、武汉……各地都留下了过惕生四处奔波，拜访名流，开设棋馆的经历。但是，由于环境所限，过惕生屡屡受挫。直到 1936 年末，过惕生重返北京，才以盘下老国手崔云趾经营的位于中山公园内的"四宜轩"茶馆的方式站住脚跟，并于次年发起"北平围棋会"。过惕生被称为"北过"，大概也就是在这时打下的基业。

接下来的故事真的要让人感叹一声命运无情了。过惕生的围棋事业刚刚有了起色，卢沟桥事变爆发，日寇全面南下，过氏兄弟只好一路南逃。过惕生响应刘棣怀在重庆成立"中国围棋总会"的号召，在江西树起"中国围棋总会江西分会"的牌子。但战时艰难，根本无法施展自己的围棋才华。直到抗战胜利后，过惕生重返上海，才得到了与"南刘"真正在棋盘上交手的机会。

十分巧合的是，刘棣怀的人生经历与过惕生也有很多相似之处。刘棣怀，祖籍安徽桐城，这是滋养了清代文坛最大散文流派的地方。生在南京的刘棣怀经祖父带领，小小年纪便在茶馆里看人下棋，从此对围棋产生了兴趣。北京、东北、上海、南京，都是刘棣怀的棋行之地。刘棣怀成名甚早，早在1926年，他便受两子击败日本高手岩本薰。1928年，濑越宪作在一篇发表在日本《棋道》杂志上的《中国棋界之现状》的文章里，将刘棣怀排为仅次于吴清源的中国第二档棋手，位居顾水如之上。刘棣怀为人慷慨，兼之身材魁梧，棋风刚烈，被时人誉为"桐城大将"。1937年，刘棣怀在南京成立"南京围棋社"，并筹办创立"首都弈社"，发起"全国围棋大比赛"。眼看一个梦想中的围棋盛会即将来临，时局的动荡同样使刘棣怀踏上了奔波流亡的旅途。

1948年，上海迎来了"南刘北过"的六番棋升降大战。由于刘棣怀辈分高，成名早，因此六番棋的棋份是刘棣怀"先相先"对过惕生。这六盘棋中二位名将各展所长，刘棣怀下棋依靠计算力，战力强大，过惕生则受日本围棋理论影响，行棋重视棋理。在六番棋第三局中，执黑的过惕生并不执着角上小利，而是不惜落后手在右下角构筑外势，当刘棣怀开始施展他的治孤绝技时，过惕生在左下再次放弃大量实地，黑45凌空一镇，借攻击之利取得了全盘的优势。这盘棋被程晓流先生誉为"凝聚着过惕生半生心血的辉煌大作"。

刘过六番棋升降赛的结果为过惕生3胜2负1和取胜，将棋份追为与刘棣

中国围棋史

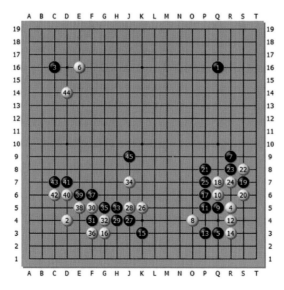

● 过惕生（黑）对刘棣怀

怀分先对抗，"南刘北过"的江湖名号就此确立下来了。

与长期受荫庇于段祺瑞的顾水如不同，到了"南刘北过"的时代，段祺瑞早已下野，张澹如事业破产，"南张北段"已不复当年。"南刘北过"这两位代表了民国中后期中国围棋最高水平的棋手，前半生的大部分时间只有在茶馆、棋社中靠下彩棋为生。据赵之云先生的《桐城大将》记载：

> 从酷暑到寒冬，他（刘棣怀）出入各处茶楼下彩，有时通宵达旦对局，熬得两眼红肿，第二天仍照常应酬往来棋客，甚至大年除夕，也不敢稍事休息。

民国时代，中国棋界响当当的名手生活境遇尚且如此，更不用说那些水平低的棋手了。在这种生活无保障、社会无地位的条件下，中国围棋又怎么能够提高水平，恢复曾经的辉煌呢！

幸好，1949 年新中国成立，在党和国家领导人的关怀下，成立了国家围棋集训队，全国围棋比赛也有计划地开展起来。以"南刘北过"为首的老棋手们，既有了获得个人荣誉的机会，也得以发挥余热，培养下一代年轻棋手。

第三节　围棋书刊

晚清国门洞开，西学东渐，西方社会的理念、风俗、社会事物逐渐影响到传统的中国社会，围棋界自然也不例外。民国时期，围棋杂志《弈学月刊》《中国围棋月刊》相继出现，从两本杂志内容的变化，也能看出中国棋界受日本围棋影响，走向现代化的不同程度。与此同时，围棋俱乐部、带有时代特色的围棋书刊等新潮流、新事物，也在酝酿之中。

《弈学月刊》与围棋俱乐部

说到围棋刊物，当代棋迷肯定会第一时间想起 1985 年创刊，如今为半月刊的《围棋天地》。三十多年来，《围棋天地》见证了当代围棋振兴、崛起的不凡经历，也陪伴着无数棋迷与围棋同心跳、共喜悦的日日夜夜。

不过，您知道中国的第一本围棋专业刊物是什么吗？

1922 年，一本名叫《弈学月刊》的杂志在成都刊行。前面说过，《弈学月刊》的主要发起人是清末民初的棋谱编纂家邓元鏸。《弈学月刊》的主要内容包括了围棋天然的两项内涵：竞技与文化。既让读者通过阅读提高"技艺"，又担负起"弘道"的使命，尤其重视围棋文化的传播。

《弈学月刊》竞技部分的内容基本上都是棋谱刊载，为选自各个棋谱书籍的中国古谱。除了原书中有解说的，并无新的讲解。不过，编者会对棋谱的真伪做一番考证，比如相传是中国流传至今最早的古谱《孙策诏吕范弈棋局面》，编者就说因为唐代才流行十九路棋盘，且在唐代"棋谱"还被称为"吴图"，因此认为这张棋谱是唐朝人留下的。

围棋文化的介绍是《弈学月刊》的重点，各期都有大量篇幅刊登历朝历代关于围棋的文学作品，如沈约《棋品序》、梁武帝《围棋赋》、刘仲甫《棋诀》等，还有《红楼梦》《西厢记》的一些选段。另外，也有一些编者对于时下围棋发展的评论文章。

值得一提的是《弈学月刊》的趣味栏目，一个栏目叫作"覆悦阁杂俎"，大概是编者陈覆悦主持的。其中有将古代棋手的名字分作上下联的"弈人名对"，比如陈天汉—周星垣、陈毓性—方养心、钱东汇—范西坪等，对得都很工整。不知道如今的人还有没有这种雅兴，将当代棋手也对出个子丑寅卯来。

还有"夜雨秋灯影"。"灯影"即灯谜，"巴山夜雨涨秋池"，在秋雨绵绵的夜晚，两个相知之人，玩玩猜谜的游戏，也算得上是人生一乐吧！不过，玩《弈学月刊》中的灯影游戏，需要在棋和古典文化上均具有一定的素养。因为《弈学月刊》中出的"灯影"，谜面都与棋有关，谜底则是中国古代的名人、名诗、名句等。不妨举几个例子说说。

如谜面：十七路（打一古人名）。谜底：盘古。这一谜语是指用"十七路"猜一位古代人名。唐朝以来，纵横十九路的围棋盘已经是主流。如果出现纵横十七路的围棋盘，那岂不就是古代的棋盘，说明这棋盘很古老吗？

挺有意思的吧！那我们再来猜一个，这一题的谜面为"高者在腹（打春秋时人名）"，答案是"成大心"。成大心是春秋时期楚国的令尹。高者在腹，大多数时候都要在中腹围成大空。对方左突右冲侵消侵消，不是很容易形成一个心的形状吗？这道题，就需要有很深的历史知识底蕴了。

如果说这些题对我们当代人已经有了一些难度，那下面以古代经典为谜底的谜语，想做出来就更困难了。比如"清乐集——有宋存焉""手谈——子路有闻""中日数棋有别——子路不对""盘渡——子过矣"，这些谜底都是出自《论语》《孟子》中的句子。不过，对于中国古代传统社会那些熟记《四书》《五经》的儒生来说，这些句子当然烂熟于心了。

另有一个栏目名叫"岳顶钟声"，是嵌字诗。嵌入诗中的有的是棋手，如黄月天（龙士）："雌黄局外原无定，风月壶中自一天。"有的是围棋术语，如盘角曲四："曲谱九宫无角调，回文四转具盘中。"有的是围棋别称，如木野狐："木落球山轻马足，霜笼寒野迫狐裘。"有的甚至直接嵌入杂志名："弈秋称善惟专学，月旦评公自不刊。"这些嵌字诗还引来许多唱和，同题不断翻出新意，一时很是热闹。

还有一些与棋有关的游戏，如"打角图令""国手夺采格"等。"国手夺采格"将棋手分成不同的等次，如黄龙士为一筹32注，范西屏、施定庵两筹各16注，周东侯、徐星友、梁魏今、程兰如四筹各8注，以下还有八筹8位棋手，十六筹16位棋手，三十二筹32位棋手。这种游戏玩上几次，著名棋手们的名号，也就烂熟于心了吧！

在这些栏目里，《弈学月刊》将围棋"雅玩"的一面不断发掘出来，为围棋文化领域的开拓提供了很多有趣的创意。不过，纵览这些文化类文章、栏目，基本上都集中在对"国故"的挖掘，即展示中国传统围棋的文化、技艺。可是《弈学月刊》面世的1922年，已经是中国围棋界受日本旋风冲击，"开眼看世界"的年代了，《弈学月刊》却从未介绍过日本棋手、棋局。对于中日围棋的比较，编者也持一种"今不如古，洋不如中"的观点，甚至对被逐渐废弃的座子制，还认为是"弈家一进化"。这无疑是令人遗憾的。

《弈学月刊》由成都围棋俱乐部编辑发行。通过《弈学月刊》的发行、停刊的过程，我们也可以一窥民国时期围棋社会组织的发展状况。民国时期没有官办的棋社、棋院，人们下棋一是去茶楼，付点茶水费即可找对手自由对弈；二是去棋会（社或俱乐部），棋会又包括地方棋手联合组织的棋会与私家棋会。这两种棋会的共同点是都有组织、会规、章程，有相对固定的会员，对弈均在团体会员之间进行。不同点是，前者由棋道中人自发组织，缴纳相应会费；后者可能有一个主要资助者，提供资金和场所支持。"南张北段"组织的棋会大致属于后者，成都围棋俱乐部则属于前者。

《弈学月刊》第1期（创刊号）登有一篇《简章》，里面谈到俱乐部的宗旨："本俱乐部以专一研究弈学薪于益智为宗旨，此外无论何界问题概不涉及。"俱乐部的首要任务就是编辑、发行《弈学月刊》，那么，俱乐部的基金又从何而来呢？

俱乐部最主要的资金来源是会员的捐款。捐款明细应当公布清楚，在《弈学月刊》第1、2、8期中，刊登了俱乐部的全年"捐金"收入，共201元。除此之外，就是《弈学月刊》的发行收入和广告收入了。作为月刊，《弈学月刊》全年12期，零售每册2角，预订3期5角，半年8角，全年1元5角，批发九折，邮费另加。根据物价核算，零售一期大概等于如今的 20 元，订全年杂志约合 150 元。不过，考虑到当时的消费水平，书报可以说是奢侈品了。特别是像《弈学月刊》这样的专业性刊物，围棋在当时属于小众娱乐项目，发行量应该不大。至于广告收入，自然也就更加微薄了。

由此可见，《弈学月刊》更像是一本同人刊物，而非广泛发行、面向社会的杂志。种种迹象表明，中国第一本围棋杂志的经营可用一个词来形容：举步维艰。成都围棋俱乐部的地址，从 1 月的总府街福建会馆，到 4 月迁至冻青树上全堂南间壁，又迁至方正东街丁公祠，之后又到锦华馆。一年四迁，其窘境可想而知。杂志的代销也由《国民公报》社转到《新民书报》处，恐怕也是因为"代销者"无利可图。《弈学月刊》只出版了一年，在第 12 期有一则"紧要启事"：

> 本编自开办以来，颇为弈坛欣赏。现在力谋推广，拟即从明年起改为专刊，俾成一种大部丛书，当尤同人所乐赞也。

也就是说，以后的《弈学月刊》改为以书代刊了。其实，从"力谋推广"的角度说，应该反过来才对。并且，这则启事中提到的"专刊""大部丛书"，也从此没有了下文。由此可见，在那个时代，一帮热血棋友一心想要将祖国的传统文化发扬光大，但实施起来是何等艰难。那个时代的围棋状况，也就由此可见一斑了。

《中国围棋月刊》

中国围棋史上的第一本杂志《弈学月刊》，办了一年就难以为继，中国围棋杂志就此进入了十五年的空白期。直到 1937 年 1 月，一本新的围棋刊物《中国围棋月刊》才在上海诞生。

十五年的时光，中国社会发生了不小的变化。学术、思想上，都基本完成了由"中学"到"西学"、由"传统"向"现代"的转型。而中国围棋，受日本的影响，也"焕然一新"。这点，在《中国围棋月刊》上清晰地表现出

●《中国围棋月刊（六册）》

来。如果说《弈学月刊》还是一本很"传统"、很"中式"的刊物，《中国围棋月刊》则典型地体现了中国围棋的现代转型。

《中国围棋月刊》由上海"中国围棋社"编印，刘于长、沈伯乐任编辑，郑少峰主持发行。出版目的是为振兴"国内棋学之不昌"，编辑表示"决不支任何报酬"，纯属个人奉献。与地处内陆的《弈学月刊》相比，"面向海洋"的《中国围棋月刊》的最大特色，就是对日本围棋理论、对局、棋谱的介绍。《中国围棋月刊》的棋战部分，不再重视让子棋和中国古谱，而是以介绍中日一线棋手的对局为主。

与我们今天看到的围棋杂志一样，《中国围棋月刊》由许多知名棋手撰写棋评，还有一些是棋手的自战解说。杂志社特别邀请到在日的吴清源点评了多盘中国棋手的对局。值得一提的是，月刊中的棋评不少都是详解。如吴清源在第三期中解说的刘棣怀对顾水如两局棋，第一局分 18 谱解说，还有不少参考图，从第 7 页到第 27 页，占了整整 21 个版面；第二局也有

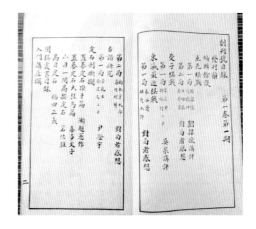

● 《中国围棋月刊》创刊号目录

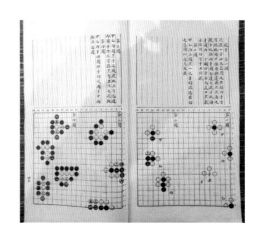

● 《中国围棋月刊》入门讲座栏

12 谱，占了 18 个版面。第三期共 92 版，这两局棋占了快一半的篇幅。知名棋手的对局，加上大师的详细解说，大概有通过明星效应来吸引棋迷的因素吧！它也确实起到了使刊物的发行量不断上升、影响力不断增强的效果。

《中国围棋月刊》的栏目设置与现在的围棋杂志也差别不大，第 1 期创刊号目录如下：发刊辞、编辑余谈、互先棋战、受子棋战、东瀛最近棋战、古谱研究、定石剖析栏、围棋书籍目录、入门讲座栏。除此之外，还有丛谈、诘题（即死活题，每期一题，向读者征集答案，答中有奖）等。后来，又增加了"诗词栏""围棋掌故"和"读者信箱"（棋迷邮寄自己的对局，由专家讲评）等栏目。考虑到读者的接受水平，"入门讲座"还是从最简单的提子开始。今天我们翻开《围棋天地》，里面基本的栏目设置也就是这些嘛。

作为一本现代刊物，《中国围棋月刊》无论内容还是运作，都体现出了一种现代意识。它借助于当时影响颇大的《大公报》和《时事新报》，在《大公报》上海地区增刊的"大公园地"中开设围棋专栏，刊与报相互呼应，互相促进，这种办刊思路很有创新意识。刊物的发行则依托上海的商务印书馆，从第 1 期的寥寥几家代售单位，发展到在上海、南京、北京、天津、杭州、苏州、西安、成都、重庆、贵阳、沈阳、太原、开封、福州、厦门、汉口、长沙、昆明、广州、香港等全国二十多个大中城市出售，还有像泰县、金华、安庆、汕头、梧州这样的小城市，一时颇具声势。从每期"编辑余谈"提供的信息看，尽管入不敷出，但每期的发行量都在增长。可惜，受抗战全面爆发的影响，《中国围棋月刊》仅出了 7 期，就戛然而止。我们也就无法猜测，如果没有战争，这本颇具"现代感"的杂志将会发展成什么模样。

《围棋通讯》

因为战争的原因，《中国围棋月刊》只出了 7 期就停刊了。十一年后，才有另一本围棋刊物《围棋通讯》问世。但它是纯粹的个人赞助办刊，《围棋通讯》的规模与格局，已经不可跟《中国围棋月刊》同日而语。

《围棋通讯》1948 年 4 月在上海创刊，由胡沛泉、余世浚编辑出版，事实上是由胡沛泉投资，余世浚主要负责编务工作。

中国围棋史

● 《围棋通讯》1949 年 3 月刊封面

　　胡沛泉少有弈名，曾经被当作是与吴清源一般的"神童"，但他并没有像一般棋手一样走以围棋谋生的道路。曾发现并资助吴清源去日本的山崎有民也曾想把胡沛泉送到日本去深造，但胡沛泉选择了另外一条道路。胡沛泉家境比较富裕，家里希望他走求学之路。胡沛泉赴上海求学，1940 年毕业于上海圣约翰大学土木工程系。同年留学美国，1944 年获美国密歇根大学工程力学博士学位。1947 年回国，任上海圣约翰大学教授，并开始出资办《围棋通讯》。

　　在《围棋通讯》创刊之前，1947 年 9 月，胡沛泉、余世浚编辑出版了一期《现代名家对弈两局》，一局是过惕生（先）对顾水如（和局），一局是过旭初（先）对刘棣怀（白一子半胜），附有对局者的感想和顾水如、过惕生、刘棣怀三位棋手的介绍。

1948年4月，《围棋通讯》创刊。创刊号延续《现代名家对弈两局》的格局，登载了胡沛泉与过惕生的两局棋。这是胡沛泉与过惕生六番棋的前两局。六番棋由胡沛泉出资邀请过惕生与之对局。棋份是先相先，即三局棋中胡沛泉两局执黑，一局执白（那时的对局，黑先不贴目）。最后结果胡沛泉二胜四负。

此后，《围棋通讯》又刊载了胡沛泉与刘棣怀的六番棋，棋份是先二先，即三局棋中胡沛泉两局执黑，一局受让二子，结果胡沛泉受让二子一胜一负，受先三胜一负，总成绩四胜二负。

《围棋通讯》共12期，从1948年4月到1949年5月，先后还登载过胡沛泉执白与窦国柱（受二子，黑半子胜）、鲍殊明（受二子，胡中盘胜）、胡检汝（受三子，胡三子胜）的对局。这些对局说明纯"业余"的胡沛泉已达被当时一流国手让先的水平，同时，《围棋通讯》共12期，就登载了胡沛泉共15局对局棋谱，说明这个刊物带有较浓厚的私家、个人色彩。

《围棋通讯》最有名的莫过于邀请刘棣怀与过惕生下升降六番棋。时间从1948年10月17日到11月中旬，历时一个月，棋份为先相先，结果过惕生以3胜2负1和，与刘棣怀的棋份从此升为分先，也从此揭开了"南刘北过"（50年代初过惕生由上海定居北京）的序幕。《围棋通讯》分期刊载六局棋，并配以对局解说。此后，《围棋通讯》还举办了过惕生与董文渊的升降六番棋（董被让先），结果董文渊连胜四局，升降棋也就由此终局。

可以说，《围棋通讯》开启了中国由新闻报刊举办围棋赛事的先河，而六番棋升降的形式，在中国棋界也是一种创新。

《围棋通讯》除了登载棋谱及其解说外，还有一些棋手介绍、地方棋讯及围棋知识讲座，此外还有一些专题性的文章。

《围棋通讯》共出12期，到1949年5月停刊，与《弈学月刊》同寿，并列民国时期最长寿的刊物。它在倡扬国粹的过程中，不仅反映了那个时代围棋的生存状况，也折射了那个时代的社会状况。

围棋图书

与明清两朝围棋著作的层出不穷相比，民国时期由于战火连绵，社会动荡，为时也短，并没有更多的棋谱、书籍问世。在出版的围棋书中，更多的还是古谱重印。不过，毕竟处在旧式围棋向现代围棋转型的时期，民国棋界也出现了一些别具特色的围棋著作。

在湖南长沙，出现了两位爱棋如命的才子，一位名叫黄俊，一位名叫黄铭功。两人分别在湖南的学校担任教授，也分别把自己筑起的小楼称作"弈楼""枰斋"。黄俊曾说，黄铭功与自己对弈时，一手持酒杯饮酒，一手拈棋子下棋，"酒倾咽津津声，子落枰丁丁声，相和也"。人生得一知己棋友，潇洒饮酒，从容弈棋，该是多愉快的事啊！

二人除了在棋盘上交流棋中心得，还分别著有笔记式的围棋史著作。黄铭功的围棋笔记《棋国阳秋》，记载了围棋掌故、轶闻、棋人棋事，涉及早期中日围棋交流纪事、棋手棋力评价等内容。今天看来，史料价值极高。而黄俊的写作气魄就更大了，他将唐尧至清末五百余位与围棋有关的人物一一加以考订，描述他们的生平事迹、棋艺造诣，构成了以人为主线的一部围棋史的《弈人传》。资料之丰富，我们今天翻阅起来都啧啧称奇。用黄俊的话来说，他是"浇胸块垒棋为酒"。或许他没有黄铭功边下棋边豪饮的酒量，那么在民国乱世之中，才能无法施展之时，就将全身心投入这迷人的"木野狐"与围棋史料的整理中，一浇胸中块垒吧！

可惜的是，《弈人传》成书之后，一直没有刊行。直到1985年，湖南的岳麓书社才将它正式出版，一部奇书终于得见天日。

除此之外，还有沈子丞编辑的《古今围棋名局汇选》，这本跨越古今的棋谱书由选载中国古谱二十四局的"古谱钩沉"，刊载当时名手三十五局的"清簟疏帘集"，以及介绍行棋基本知识的"离垢居谈棋"三部分组成。

颇具民国时代"新色彩"的，是1929年出版的《围棋入门》，作者徐去疾，是中国人自己撰写的最早的围棋入门书籍。这本书初稿成于1921年，1924年作者旅居罗马，结识意大利人贝谷利尼，将书稿译成意大利文首次出版，此后风行欧洲，先后被译成英、法文出版。1929年上海文明书局出版中文版。徐去疾，据多九公考证，就是外交官徐同熙。

竹院围棋图

竹院围棋图

閤閞縱橫萬
竹間且消日
月兩蒋閒
笑儂无勝
林和靖除
卻飛碁
壼可擔
輪字誤作
蒋字

十美
琭玉樓
滿々子
張革
萬子
孝々々
牢蕃
色亰子
腎
齊禮

齐白石《石门二十四景图之竹院围棋图》

徐同熙，号通甫，别字去疾，生于光绪十年（1884），上海嘉定人。徐先后在汉口芦汉铁路学堂和汉阳钢铁学堂求学，随后出国在巴黎电气实习学校留学。回国后在云南方言学堂担任法文教习。宣统二年（1910）进入外交界，赴中国驻意大利使馆任通译生。1912年后任外交部主事。1919年赴西伯利亚，先后在鄂木斯克、海参崴总领事馆任副领事。1924年被派往中国驻意大利使馆任三等秘书。回国（1928）之后，在上海中法国立工学院任算学讲师。生平好棋、诗，兼喜武术，习太极形意等拳十余年。

《围棋入门》内容涵盖了围棋基本知识，行棋术语，对局规则，棋品，中日胜负计算方法，基本战术与理论，如死活、定式、布局、攻守、官子等。全书分为十章，分别为第一章"总论"，第二章"各种死活棋式"，第三章上"落子定名"，第三章下"劫"，第四章"胜负之计算"，第五章"对局应守之规例"，第六章"攻守大要"，第七章"对局"（分布局、合战、收官、收官时应注意之点四节），第八章"对局举例"，第九章"数种特别棋势之推究"，第十章"弈品"。另有附录，包括诗文、故事、趣闻，属于围棋历史与文化的内容。全书"技术"与"文化"并重，您看，比当今的许多围棋教科书还全面呢！

枰聲局影

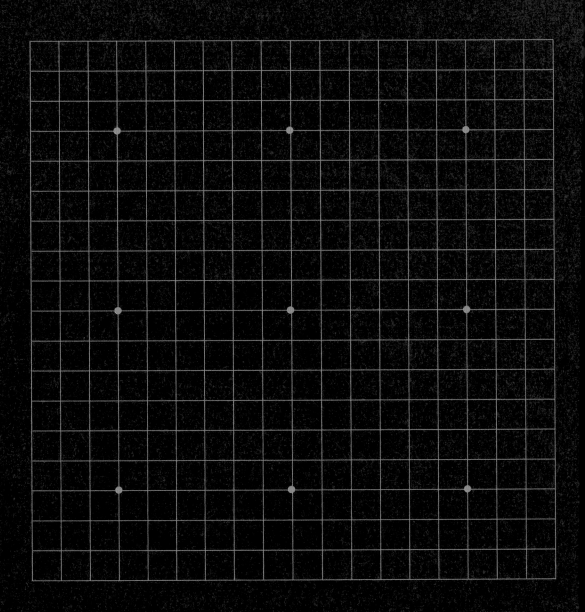

第一节　棋盘棋子

围棋又被称为方圆、黑白、乌鹭、楸枰、星阵等。黑白、乌鹭是以棋子的颜色代指围棋。楸枰是棋盘。星阵则指一颗颗棋子布于棋盘上，犹如星星在周天排列阵势，所谓星罗棋布是也。方圆指棋盘棋子，"围奁像天，方局法地"，天圆地方，衍生出无穷变化。棋盘、棋子所组成的弈具，代表了围棋文化的物质方面，也包含着精神的内涵，折射出弈者的兴趣爱好、精神追求，以及时代的审美风尚。

棋盘演变

中国最古老的围棋盘可以从原始氏族社会的一些彩陶艺术图案中找到蛛丝马迹。在原始社会末期的陶器上，一些图案被考古专家称为棋盘纹图案。这些图案线条匀称，格子整齐，与现代的围棋盘很是相像。比如甘肃永昌县鸳鸯池出土的原始社会末期的陶罐，罐子上绘有不少黑色、红色甚至彩色的条纹图案。但纵横线条只有十至十二道，而不像现在是十九道。

在西汉景帝刘启及其皇后的合葬陵园陕西汉阳陵中，考古人员在南阙门遗址发掘出了一个汉代陶质围棋棋盘。这块围棋盘外观略有残损，呈不规则五角形。棋盘两面均为阴刻直线，有纵横线各十七条，这大概就是一块十七路围棋盘吧！根据史料记载，汉景帝曾在他当太子的时候，与吴王刘濞的儿子在宫廷对弈。由于二人在下棋过程中产生争执，吴王儿子对刘启有不恭敬的举动，刘启怒而举起棋盘砸向对方，竟将其当场砸死。后来吴王刘濞在景帝时期发起"七国之乱"，当年的围棋之争恐怕也是原因之一。由此联想，难道说这块残损的围棋盘，就是当年汉景帝年轻气盛的见证？

当然，这只是臆想，而今只余断简残篇的历史是不会留给我们这么多证据的。根据这块棋盘的材质（铺地方砖），与简略、粗糙的刻线，考古学家推断这块棋盘并非皇家用品，可能只是汉阳陵的守陵人闲来无事，随手刻下用来打发时间的简陋棋盘。不过如果是这样的话，那么早在西汉时期，下围棋的社会阶层就已经相当广泛了。

东汉的大史学家，《汉书》的撰写者班固说："局必方正。"这说明古代围棋盘的标准样式是正方形的。不过，在这块正方形的棋盘上，路数什么时候从十七路变为十九路，至今仍然是一个争议很大的问题。《忘忧清乐集》里明确记载了两张汉末、西晋的古谱，即《孙策诏吕范弈棋局面》和《晋武帝诏王武子弈棋局》，都是十九路。虽然在目前的考古发掘中，上述两朝并没有十九路棋盘出土，但也不能由此做出《忘忧清乐集》的古谱必是伪作的定论。

明确说明棋盘路数为十九路的，是最早成书于北周，出土于敦煌的《棋经》。《棋经》中有"棋有三百一十六道，放周天之数"的字样，"三百一十六"应为"三百六十一"（19×19 的棋盘交叉点数）之误，"放"同"仿"。到了隋唐时期，十九路棋盘基本成为大众接受的定制。目前发现的十九路盘，最早的实物是河南安阳隋代张盛墓出土的一具瓷棋局。唐

● 原始社会陶罐"棋盘纹"

● 汉代陶制围棋盘

● 唐代木制围棋盘

中国围棋史

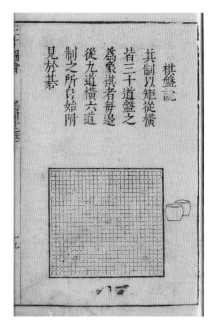

棋盤說
其制以矩從橫
皆三十道盤之
爲象棋者每邊
從九道橫六道
制之所自始附
見於碁

● 明·王圻、王思义《三才图会》

代的十九路围棋盘就太多啦，远在新疆吐鲁番之地，还出土了一副唐代木制围棋盘。

从这幅图中我们也能看出唐代的一些生活习俗。唐代棋盘底下有个高架，适合对局者席地而坐。这种高架设计据说与外来宗教——佛教的须弥座有关。这小小的一张围棋盘，既说明了唐代围棋盘已进入十九路时代，又体现了唐代文化融合开放的特征，还是当时没有桌椅，席地而坐的历史见证，用处真是太大啦！

不过，凡事不能一概而论，考古发现也不能作为历史事实的唯一证据。在湖南湘阴的一座唐代古墓中，出土的青瓷围棋棋盘只有十五路。甚至内蒙古敖汉旗辽代古墓中出土的围棋方桌，上面刻画的围棋盘竟然只有十三路！这一方面说明当时由于交通的不便，文化交流受到很大限制，在一些边远地区仍在流行着"古制"。另一方面则说明了任何制式的围棋，其产生、流传、演变，都有一个漫长的过程。即使在同一个时代，也可能有多种路数的围棋盘"和平共处"。

或许，在三国时期，北方流行的是十七路围棋盘，南方，特别是吴国的宫廷则流行十九路围棋盘。到了两晋时期及以后，十九路围棋盘也开始在北方宫廷流传开来。这样，《忘忧清乐集》的记载与目前的考古发现，也就不矛盾了吧。

从诞生之日起，十九路围棋盘已经被下围棋的古人、今人使用了上千年。唐朝冯贽在《云仙杂记》中感叹："人能尽数天星，则遍知棋势。"那么，棋盘的路数有没有可能再增多呢？

有人曾作过计算，在十七路盘上下棋，围三路共需 48 子，围出 112 目，平均每子的价值为 2.38 目，围四路需 40 子，围出 81 目，每子价值为 2.3 目，子效差值为 0.35 目，三路有利；十九路盘，围三路 56 子，136 目，平均 2.43 目，围四路 48 子，121 目，平均 2.65 目，子效差为 0.22 目，四路有利；而假如棋盘增加到二十一路，围三路 68 子，152 目，平均 2.24 目，围四路 56 子，169 目，平均 3.02 目，子效差为 0.78 目，围四路绝对有利。据此断言，十九路盘是最佳路数，因为它在三、四路间落子，其子效差最为接近，在守地与取势之间最为均衡。

但是，在二十一路盘中，双方肯定都不会去占三路。除星位之外，还会选择目外、高目、超高目、五五之类的着点。二十一路盘围五路需 44 子，围出 121 目，平均 2.75 目，虽然不如四路，但子效差仅为 0.27 目，接近十九路盘的四、三路子效差。由此可见，二十一路盘在理论上并非没有可行性。

世界无穷发展，认识不断精深。与十九路盘相比，二十一路盘对弈起来，可能会有更多的变化，更复杂的判断，无疑将开启一个围棋的新世界。据说日本棋院不仅举办过九路盘的比赛，也组织过职业棋手在二十一路盘上的对弈。围棋的奥妙需要不断地去探索，在规则上改变一点点，棋盘上行棋的选择，计算的程度，都将发生翻天覆地的变化。所谓围棋的魅力，这绝对是其中之一啊！

● 唐代紫檀围棋盘

棋盘材质

说到目前围棋棋盘的制作，有见识的棋迷会首推日本。在日本，围棋盘的制作自古而传，已经形成了一套颇具传统的规范和家族传承的技艺。日本棋具以厚重古朴见长，棋盘越厚，乃至安有四足的棋墩，越能体现使用者的身份地位。

高级的日本棋墩，大多使用榧木制作。这其中的高级制品，作为原料的榧木寿命都在三百岁以上。将整木剖削，充分干燥（往往需要数十年的时间）之后，用江户时代传下来的"太刀目盛"等技艺画线，即日本棋盘匠师在湿度适当的天气里，将调好的黑漆涂于太刀刃压到棋盘上，这样在棋盘上画出的线都是凸起的。即使黑线因长期使用而被磨损，重新补画也不会损伤木材表面。

经过木材选取、干燥、打磨、画线、上蜡等一系列十分讲究的步骤，精心巧制出来的棋盘棋墩，不仅有着超高的市场价值，在实用方面也为人称道。棋子（日本上档次的围棋子，黑子取自"那智黑石"，白子则由蛤贝打磨而成，保证光泽圆润，大小一致）敲在棋盘上，声音悦耳，落子者也不会因为用力落子产生反弹力而觉得不适。

当然，围棋源自中国，中国古代的围棋盘制作也是丰富多样，技术精良。古代棋盘有木质、石质、瓷质、纸质、织锦、金玉等多种，最通行的还是木制棋盘。晋人蔡洪《围棋赋》一开始便描述了木制棋盘的制作过程：

命班输之妙手，制朝阳之柔木，取坤象于四方，位将军乎五岳，然后画路表界，立质朱文，曲直有正，方而不圆，算涂授卒，三百为群，任巧于无主，譬采菽乎中原。

"朝阳之柔木"是一句泛指，无法确定究竟是什么种类的木材。"取坤象于四方，位将军乎五岳"，是指在木盘上定好方位，标出五个星位（四角加天元），然后画出一道道纵横交错的线路。"立质"疑为"玄质"，在深色枰中画红线，这和现在通行的棋盘还是有很大的不同。同样是晋朝人的曹摅在《围棋赋》中提到棋具制作时，则有"素质玄道"的句子。"素"字可以指白色，也可以代指浅色调，这与现在通行的黄底黑线就没有什么大差别了。

木制棋盘的材料则是蔚为大观，晋朝人嵇含在《南方草木状》中记载，棋盘工匠用产自越南的桄榔制作棋盘。用这种棋盘下棋，一定充满了"南方风情"吧！到了唐朝，匠师将楸木剖开成片，制成"侧楸盘"，它在社会中上阶层比较流行。像著名诗人温庭筠、李洞，就分别留下了"闲对楸枰倾一壶""侧楸敲醉醒"的诗句。此外，还有桑木、檀木、青桐等制作的棋盘。这么多种木头，难怪围棋被叫作"木野狐"呢！

除了木质，石质棋盘也比较常见。石质类棋盘既包括在石桌上刻出的棋盘，也可以是单独的石质棋盘。石质棋盘坚固耐用，比较适合园林、庙宇等场所。还有一类石棋盘则是天然的。据记载，四川灵岩山、安徽黄山等地都有"仙人对弈处"的棋盘石。这些天然棋石，大约是山中有样子像棋盘的石头，好事者将神仙或半人半神式的英雄附会其上，以增加一些浪漫色彩而成为景观。

在金庸的武侠小说《天龙八部》中，有一段黄眉僧为救段誉，与段延庆在万劫谷中斗棋的故事。二人各显神通，黄眉僧用木鱼铁槌，段延庆用手中铁杖，一同在青石上画出纵横十九路的棋盘。为了争一先手，黄眉僧甚至不惜砸掉自己的小脚趾。这块石棋盘，则是小说家出于演绎武功奇幻的需要而做出的虚构了。

● 金丝楠木棋盘

　　宋代还出现了一种别具一格的织锦棋盘，这种棋盘产于丝织手工业十分发达的成都，质地柔软，既便于携带，又非常精美。南宋诗人楼钥偶得一副织锦棋盘，高兴得不得了，爱不释手，写了一首《织锦棋盘诗》：

　　　　　　　锦城巧女费心机，织就一枰如许齐。
　　　　　　　仿佛回文仍具体，纵横方罫若分畦。
　　　　　　　烂柯未易供仙弈，画纸何须倩老妻。
　　　　　　　如欲拈棋轻且称，当求白象与乌犀。

　　有了织锦棋盘，又得寸进尺，希望有象牙犀角制成的黑白棋子相配，这可真是"人心不足蛇吞象"啊。

　　当然，并不是所有文人都能如此幸运，像织锦棋盘、瓷棋盘，乃至皇家赏赐的金棋盘、玉棋盘，更多的只是收藏品，并不实用。平凡人家恐怕只是像"诗圣"杜甫那样，用纸画一张棋盘。纸制棋局虽然简陋，倒也制作简单，携带方便，不仅适合贫穷士人，有时棋手外出旅行，也可以临时救急呢。冯贽《云仙杂记》记载了这样一个故事：

王积薪每出游，必携围棋短具，画纸为局，与棋子并盛竹筒中，系于车辕马鬣间。道上虽遇匹夫，亦与对手。胜则征饼饵牛酒，取饱而去。

唐代大国手王积薪每次出门游历，都会随身携带一个竹筒，里面放着棋子和纸画的棋盘，系在车辕马鬣之间。路上即使遇上平民百姓，只要会下棋，都会与其来上一盘。如果王积薪赢了，就要来些面饼、牛肉、美酒，吃饱了再离开。您看，有尊贵的棋盘当然高兴，没有，也不妨碍从围棋中获得乐趣。

黑白棋子

在明朝人的文章笔记中有这样一则故事，说有位爱下棋的先生，经常发现自己的棋罐里黑子减少，白子不变。黑子少了这么多，这可怎么下棋！有一天晚上，这位先生很晚没睡，突然听到自己的棋具发出窸窸窣窣的声音。不

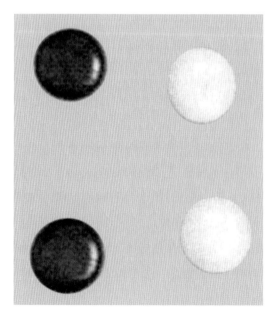

● 唐代白绿棋子

看则已，一看惊人，竟然是几个小鬼在搬运黑子！先生怒而斥骂，小鬼忙不迭地道歉，说："我是冥府派来寻找瞳仁的使者啊。"

这个故事巧妙就巧妙在最后这句比喻，把黑子比喻成人的瞳仁，这棋子可真成了棋迷们不可或缺的"身体零件"了。在大千世界这么多种颜色中，围棋偏偏选择了一黑一白，这最基础、最素朴、最对立又最互补的两种做棋子。我们的祖宗，可真是有大智慧啊！

不过，中国早期的围棋子并不像人的瞳仁那样是圆的，而是方形，这已经被考古资料证明。汉代扬雄说："断木为棋。"将木材切成棋子，当然是方形更易于制作。中国现存最早的棋书《忘忧清乐集》中，记谱中的棋子均为方形，不知这是出于书写数字的方便，还是沿袭棋子旧制。

随着时光的慢慢磨洗，围棋子逐渐由方形变成了圆形，材质也从重量轻、耐磨度弱的木头变成了石头。您看，"棋"字的两种写法"碁"和"棋"，不就分别包含了围棋子的两种材质吗？

石质棋子大多是以天然的石料作为原料加工而成，最常见的一种是江边、海边的鹅卵石。唐代李洞诗"棋分海石圆"，李商隐诗"海石分棋子""棋函白石郎"，指的都是这种棋子。元代诗人周之翰有一首诗，专咏石棋子：

> 棋子湾头千丈涡，沉星出世恐无多。
> 自惭黑白分明见，天巧团圆不用磨。
> 本与闲人消日月，却教平地起风波。
> 不如煮作仙人供，更觅山中烂斧柯。

棋子湾头，千丈涡底，有卵石熠熠生辉，犹如沉星出世。这些石子天巧团圆，黑白分明，不用打磨。以棋消磨日月，古代有仙人煮石、食石的传说，将煮好的石头作为供奉仙人的食物，再去寻找烂柯故事中的仙人，棋石与仙人又结下了缘分。仙人多在石山、石局中，以石子对弈，大约和这种传说有关。既以棋"养性乐道"，又以之为食，这可真是一举两得啊！

清《四川总志》有一则"棋石"传说：

> 唐田真人，名大神，自南阳来，隐栖妙山观中。能驱绝蛇虺，履水

北宋·李成《松下对弈图》

如平地。尝与二道士弈，撒棋于江，人取以献蜀王，旋失去，后又得于玉局洞前石盘内。自是江中产棋石。

制作棋子的天然材料，除石外，还有玉、蚌壳等。唐代僧人齐己有一首《谢人惠十色花笺并棋子》：

陵州棋子浣花笺，深愧携来自锦州。
海蚌琢成星落落，吴绫隐出雁翩翩。
留防桂苑题诗客，惜寄桃源故手仙。
捧受不堪思出处，七千余里剑门前。

海蚌琢成，如群星散落，应该主要是指白子。不少棋具黑子用石料，白子用玉或蚌壳。玉本为石，有一种石被称作玉石，直到现在还常被用来制作棋子。而更贵重些的各种玉，如岫玉、玛瑙磨制出的棋子，既可供人下棋，也可作工艺品收藏。当然，有此经济实力和雅兴的，多为文人士子、商贾官宦。北宋洪炎《再赋弈棋五言八句五首》："荆璞玉为子，井文楸作枰。"荆玉楸枰，或犀角象牙、白瑶玄玉，本身就标示了下棋者的一种身份。

明代李东阳《雪夜观水精棋戏作》说："雪月光中夜未阑，楸枰乱落水精寒。"玉、水精，均性寒。汉语中有冰清玉洁、守身如玉之说。水精者，顾名思义，水之精。水结晶为冰，冰者，清也，在寒中又有澄澈明净之义。玉在中国传统中一直象征着明净高洁。《红楼梦》中，大观园里的那群女子都是水，

● 唐式玉石围棋子

● 宋代瓷质围棋子

● 宋代官窑围棋子

● 云子

● 明中期云子

象征着美与纯真。而男人都是泥巴，这泥巴不是大自然中的素朴的泥土，而是发着酸臭与铜臭味的污秽。只有其中一块顽石，获得灵气，化作"宝玉"，有资格寄寓在女儿国中，被少女的柔情与眼泪所滋润，才具有了一份真性情。

而在黑白世界里，玉枰玉子，与文人在围棋中所追求的"清""寂"境界，正可谓相得益彰。围棋，自然也成了文人之雅事。

中国古代棋子和现在的日韩棋子一样，都是两面凸的。直到明代，才逐渐演变为一面平一面凸的样式，一直沿袭至今。

云子传奇

唐代及以前，棋子均以天然玉、石等打造而成，费时费力。并且随着围棋在各个阶层中的流行，棋子渐渐供不应求，使人们不得不去寻找更便捷的制造棋子的方法。中华民族很早就掌握了用泥土烧制瓷棋盘、棋子的方法，随着冶炼技术的进步，各种矿石混合烧炼棋子成为可能，著名的中国式棋子——云子便应运而生。

晚唐傅梦求《围棋赋》云："枰设文楸之木，子出滇南之炉。"这一方面说明云南棋子在唐后期开始逐渐流行。另一方面"炉"也暗示了棋子制造工艺的变革：由天然材料磨制而成到冶炼合成。正宗云子，为多种矿物质经一千多摄氏度高温烧炼熔化，再经手工蘸汁滴制，自然冷却而成。白子莹白如脂玉，黑子乌黑透碧或透蓝。它既降低了成本，又大大地提高了产量，适应了围棋在各个阶层中日益发展的需要。

元明以后，滇南逐渐成了我国最大的棋子产地，蜚声海内。明代小说家凌濛初在其作品《二刻拍案惊奇》"小道士一着饶天下　女棋童两局注终身"一篇中，提到云南围棋："中间张桌儿放着一个白铜镶边的湘妃竹棋枰，两个紫檀筒儿，贮着黑白两般云南窑棋子。"

云子又称永子，因明代云南棋子以永昌府（今云南保山）最为有名。明代伟大的地理学家徐霞客于崇祯十二年（1639）三月到达云南永昌，在其不朽之著《徐霞客游记》中，对作为"西南大都会"的保山的山川地理、历史文物、民俗民风、经济产物等都作了记载，在提到宝石、琥珀、玛瑙、大理石的同时提到棋子，"棋子出云南，以永昌为上"。

关于云子的制作，有关史料约略记载了当年永子的生产用料和工艺。清《永昌府志》云：

> 永昌之棋甲于天下。其制法以玛瑙石合紫石英研为粉，加以铅硝，投以药料合煅之。用长铁蘸其汁，滴以成棋。有鸦色深黑者，最坚；次碧绿者，稍脆；又腊色、杂色及黑白皆有花者，其下也。

云南地处边陲，但物产丰富，尤其是矿产，为云子生产提供了基础。另外，古代的云南，始终与内地保持着较密切的交往，特别是明以后，大量移民、屯垦，内地的生产技术源源流入，其产品又可以流向内地，使云子逐渐成了云南重要的物产。

其实，一副好的棋子，要具备许多特性，才能满足棋手的需要。一方面，棋子必须颜色对比鲜明，纯正悦目；另一方面，又不能太耀眼，以免造成对弈者眼睛疲劳。一方面，棋子要薄，便于棋手两指拈起；另一方面，又要求棋子有一定重量，放在棋盘上稳稳当当，同时还要坚固经摔。如果棋手冥思苦想，好不容易悟出一手妙着，兴奋地拍子落盘，棋子却应手而碎，其扫兴程度，可想而知。夏日对枰，希望棋子手感凉爽，犹如"冷玉"；冬季对雪手谈，又要求棋子导热性差，以免十指冰凉。从古到今，人们用木、石、陶瓷、玻璃、金属、塑料等许多材料制作过围棋，但都难以兼顾这些在制作工艺上相互矛盾的要求。至于用金银、玉石、玛瑙等材料制作的棋子，可以说是贵重的工艺品，却并不是一副适用的好棋子。云子以其独特的制作工艺和良好的性能，基本上满足了围棋爱好者的各项要求，的确是比较理性的棋具。但到清末，社会动荡，兵燹频繁，云子生产开始走向没落，特别是到民国，几乎失传了。20 世纪 70 年代，通过个别尚掌握生产技术之人，不断地发掘、试制，云子这门古老的工艺才又绽放出新的异彩。

第二节　棋声流水古松间

〰〰〰〰〰

　　下棋不光要有好的棋盘、棋子，还讲究地方。在哪儿下，棋的味道也会不一样。所谓"棋声流水古松间"，自古至今，对弈环境的选择，从寺院到茶馆，以及幽静深远的山水之间，体现了下棋之人的旨趣以及时代的变迁。而表现琴棋书画的情调，山水之间弈棋雅趣的画作，更是围棋文化的重要组成部分。

神仙与棋

　　在中国古代的民间传说里，天上的神仙们不用去上班，不用为了天天吃什么而操心。肚子饿了，自然有地上的人拿好酒、好肉、好果子来孝敬。仙界的花园里，也有的是各种奇花异果，饿了摘几个吃就是了。实在没吃的，仙人餐风饮露也可以。这日子，过得多逍遥自在啊！

　　只是神仙也有神仙的烦恼，那就是每天什么都不用干，闲得发慌啊！闷死了，无聊啊，真没劲，别理我，烦！还不如下凡去算了（比如七仙女），怎么办呢？于是，神仙在每天品品茶、喝喝酒、赏赏花、吟吟诗之外，就发明了围棋。好玩，好玩，真好玩！自从有了围棋，神仙们每天就有事可干了，玩得不亦乐乎，也不再思凡了。

　　世上的围棋，据说是尧发明的。至于仙界的围棋是什么时候开始有的，我们凡人就不知道了。我们前面跟大家

● 明·佚名 《摹周文矩重屏会棋图》

繪事之傳久矣自漢晉始自唐宋尤為宗尚其
間以畫石者不知凡幾如山水人物花卉
翎毛走獸昆虫之類俱各擅其長吾所寵重者
圖像者盖以其與史事相表裏守有關政
治學問非徒以工飛巧餙也漢人則有歷
代帝主像諸萬武侯有八陣圖畫帝興有兵守
圖毛惠遠有列女像曹霸有功臣像張僧繇
有夜月觀泉圖展子虔有遊春圖閣立本有孔
子弟子像陳閎有八公圖張擇瑞有清明上河
圖威少隆盛德也重軍旅也展列忠也紀勝遊
也興文教也慎汲治也諫君上也告有規感黃而
作也周文矩渡王觀棋圖舍翁時曾作張
都諫家見之兵神果衣紋絢色傳泉告古穆評
屋前有果思陵陵金書周文矩專渡主觀棋
圖九字在陽水綫上凌蘇載朗究天陳直齋
鮮于框柯九思諸跋間鈐金賢簽黃九月十
日過王子廬亨齋中出此見示其筆墨精妙
與都諫所藏咨平的是唐人真品革諸題跋

讲过的晋代烂柯故事里，神仙就在下围棋了。陶渊明的《搜神后记》也记载了一个"赵颜求寿"的故事，说三国时，有一天一个叫管辂的人走在路上，看到一个正在扶犁耕田的少年男子，长得非常英俊，但气色很不好，有早亡的迹象。他叹了一口气，自言自语地说："可惜了，可惜了。"男子吃了一惊，一把拉住管辂的衣袖，问："先生，你这是什么意思？"管辂只好据实相告。男子求他救命，管辂说："这样吧，你赶紧回去，准备一瓶酒，一块腌好的鹿肉。明天一大早，到麦田南边的大桑树下，那里有两个老人正在下棋，你悄悄把酒肉放在棋盘旁边。只要他们吃了你的酒肉，你就跪在地上求他们为你添寿。但是，千万不要说出我的名字啊！"

这位少年男子名叫赵颜。第二天清早，赵颜就捧着美酒、鹿肉去了，果然发现有两个白胡子老头，南北对坐着，正在下棋，赵颜便把酒肉悄悄地放在他们身边。两个老人一边下棋，一边吃着赵颜带去的酒肉。过了好一会儿，坐在北边的老头发现了赵颜，喝问："你是什么人，为什么在这里？"赵颜赶紧跪下来，叫着："仙翁救我！"南面坐着的老头说："一定是那管辂泄露了天机。谁让我们只顾下棋，吃了他的酒肉呢？吃人家的嘴短，我们就帮他一次吧。"北面坐着的摇了摇头，说："文书上人的寿命都是写好的啊！"南面的说："拿来看看罢。"见赵颜的寿命只有十九岁，说："这样吧，在十字之前给你添一笔。"于是"十九"就变成了"九十九"。

● 赵颜求寿·瓷瓶

● 日本·佚名《八仙图对幅》

原来两个老人是神仙，一个是南斗，管生的；一个是北斗，管死的。赵颜最后活了九十九岁。两位仙翁因下棋着迷，为他添了八十年阳寿，多神奇啊！

关于神仙下棋的故事，到唐宋时代，又出现了著名的八仙传说。你知道八仙是谁吗？就是铁拐李（李铁拐）、汉钟离（钟离汉）、张果老、何仙姑、蓝采和、吕洞宾、韩湘子、曹国舅八人。据说八仙代表着男、女、老、少、富、贵、贫、贱，他们本都是凡人，因为修炼得道而成了仙。中国许多地方都有八仙宫呢。

八仙中最著名的一位是吕洞宾。吕洞宾原来的名字叫吕岩，出身官宦之家，后来，他抛弃人间功名富贵，和妻子一起来到中条山上的九峰山修行。他和妻子各住在一个洞里，于是改名为吕洞宾。"吕"，指他们夫妇两人，两口为吕；"洞"，是居住的山洞；"宾"，就是告诉人们自己是山洞里的宾客。他的道号叫"纯阳子"。吕洞宾在弃官出走之前，将万贯家产散发给贫民，为百姓办了许多好事。他修炼成仙之后，下山云游四方，为百姓解除疾病，从不要任何报酬，因此百姓都很喜欢他。他死后，家乡百姓为他修建了"吕公祠"表示纪念。

据说吕洞宾喜欢下棋，还留下了一首关于围棋的诗歌《悟棋歌》。第一句"因观黑白愕然悟，顿晓三百六十路"，这就是说，其实在围棋的三百六十一个交叉点上，就可以修炼悟道啊。

八仙祝寿·雍正粉彩笔筒

在中国民间社会，八仙的传说非常广泛。八仙当然是会下棋的，在雍正粉彩笔筒中，就有八仙祝寿图。八仙在祝寿的时候，用什么来助兴呢？下棋啊！

明代画家郑文林也画过一幅《群仙图轴》。你看，在松林下，仙人们或卜棋，或饮酒，或围坐玩其他的游戏，多自在，多惬意啊！中国古人把围棋称为"忘忧"，仙人下棋，也就代表了中国人对美好生活的一种想象。

寺院棋声

在古代，不同的人选择下棋地点，各有各的差异。像帝王宫女，他们下棋的地方自然在皇宫之内，官宦贵胄则基本在他们的府第花园下棋。棋工呢，只能在市肆设局，陪人对弈，设点赌局，维持生计了。文人士子喜欢在竹林小楼、松风流水中闲敲棋子，优哉游哉！正可谓各取所需，各得其所。

如果说各阶层的人对弈棋地点的选择各有侧重，有一个地方却似乎俗人雅士都很喜欢，这就是寺院、道观。在中国最早的棋谱书《忘忧清乐集》中，国手棋谱的对弈地点大多就是道观、寺院，如南婆召寺、万寿观、长生宫、上清宫、兴国寺、戒坛院等等。后来，历代的围棋高手交手，也经常选择在寺院、道观内进行。而像前面讲过的《儒林外史》王太的故事，也说明了在民间"庙会"里，也有围棋作为娱乐活动出现。

寺院棋声，源远流长。在历朝历代，遍布大江南北的寺院中，浙江天台的棋声相当有名。天台不仅是围棋之乡，也是宗教圣地。它作为佛教天台宗的发祥地，禅宗也很兴盛，有着"东土灵山"和"教源"的美誉。而围棋与那些佛门弟子，也很有些缘分。

距天台县城不远，有一个著名的寺庙，叫国清寺。它建于隋代，后来几次重修，成了天台宗的发源地。国清寺的风景也很优美，两条小溪环绕着。在小溪交汇的地方，立了一块石碑，上面写着"一行到此水西流"几个大字。这是怎么回事呢？人家都说"一江春水向东流"，为什么这里的水却向西去呢？

原来，在唐代开元年间，有一位著名僧人、天文学家，叫一行。这位一

● 石梁飞瀑

行和尚，在那个时候的围棋界可也有点名气哦。据说一行从小就聪明过人，精于算术，对围棋的变化也做过很深的计算和研究。唐代段成式的《酉阳杂俎》说他本来不会下棋，可是看国手王积薪下过一盘棋，自己也就会了。不光是会下，一行还能跟王积薪做对手呢！真是神了。这个传说虽然有些夸张，但也说明了一行的悟性。据说一行为编《大衍历》，不远千里跋山涉水，由京城来到国清寺拜师。当一行到达时，国清寺住持率领众僧人在桥上与一行相见。突然，溪水"哗啦"一声，一反常态，向西滚滚流去。原来，一行的求道精神，使溪水也为之感动了。一行在国清寺一住就是七年，终于编成了中国历史上非常有名的一部历法《大衍历》。

到明代，国清寺还出过一个棋艺高超的棋僧，叫野雪，俗姓郑，人称"郑头陀"。明中叶后，围棋获得很大发展，形成了"永嘉派""新安派""京师派"三大流派鼎足而立、相互竞争的局面。"永嘉派"又称"浙派"，主要棋手为永嘉（今浙江温州）一带人，野雪便成了"永嘉派"的后起之秀。

天台还有一个著名的风景区——石梁飞瀑。石梁山谷风景优美，唐代许多诗人如李白、杜甫、孟浩然、王维，还有诗僧或棋僧皎然、寒山、贯休等，都曾来这里游玩。石梁的美景不仅使人流连忘返，也让仙界中人怦然心动。据说五百罗汉就藏身于此，后来人们在石梁山谷为他们修建了三座寺，分别为上、中、下方广寺，它们隔着石梁飞瀑，遥相呼应。其中中方广寺挂在山腰的悬崖上，山溪绕寺而过，有一小桥相通。而那座天然石桥，也就在寺靠悬崖的一角，流水穿桥而过，飞流直下，卷起层层浪花、雨雾。站在悬楼上，微风习习，青山、白云……真是美极了。唐代诗人孟郊有一首诗《烂柯石》：

> 仙界一日内，人间千载穷。
>
> 双棋未遍局，万物皆为空。
>
> 樵客返归路，斧柯烂从风。
>
> 唯余石桥在，独自凌丹虹。

据说孟郊诗中的"石桥"，就是石梁飞瀑上的那座天然石桥。可见，烂柯围棋，作为人类的美好想象，在哪里都有它的踪迹啊！

有人把天台山比作一个天然大棋盘。最高峰华顶，所谓"花心之顶"，便如棋盘中的"天元"。登上峰顶，层峦叠嶂，此起彼伏，如千叶莲花，如星罗棋布。其实，天地何尝不是一个大棋局呢！

琴棋书画

前面两节，我们分别说了道教、佛教与围棋的缘分。事实上，儒学与围棋的交集在中国历史上要更多呢！从儒家二圣孔子、孟子，到后来历代下围棋的儒生，围棋在中国文化中浸润得真是太久了。中华文化是讲究包容、融合

● 三老对弈·雍正粉彩笔筒

的文化，儒、释、道三教调和，是中国唐宋以后的知识分子颇为看重的思想境界。既然儒家、佛家、道家都有下围棋的传统，在三教调和的时代风气下，是不是要请三位学派的代表人物来下棋呢？于是，就有了"三老对弈"这一主题。

在河北宣化的辽代张文藻墓中，有一幅"三老对弈图"的壁画。居中看棋的，是一位头戴冠冕的士人。显然，"学而优则仕"，他是儒家的代表。正在对弈的两位，右边光头袒胸，是位和尚。左边头有发髻，大袖飘飘，自然是道家的人物。在和尚的身后，还有三位小童站立侍奉。从衣着打扮来看，他们也是分属三家的了。

还有雍正粉彩笔筒，也是以三老对弈为主题。不过，这次下棋的变成了老儒生和道士，居中看棋的和尚则大腹便便，有如弥勒佛，拿着一柄芭蕉叶做扇子。说不定这"三老"正在打擂台，谁赢了谁接着下棋，输了的人就只好作壁上观——居中观看了。

同样，在唐代，"琴棋书画"也得到了并称。作为培养艺术造诣、人文情怀的四门技艺，围棋与琴、书、画虽然有着不同的评价标准（不管怎么说，围棋都有一个不以人的主观意志而发生改变的胜负结果），但都已经进入了"艺"的行列。以琴棋书画为主题的艺术样式，在中国文化的历史长河中，也就多了起来。

元代任仁发所绘《琴棋书画图》，以水墨画为形式展示琴棋书画的内容，我们见得多了。但到了明清时期，表现琴棋书画的艺术样式超出了绘画的局限。随着烧制瓷器的技术日益精细，粉彩、青花瓷等等工艺、实用物品上面，都有了琴棋书画的内容。甚至小小一把紫砂壶，也能窥看世间百态，品味书画琴棋呢。

在家居装饰上，琴棋书画也是随处可见。有红木镶嵌的四条屏，也有木雕的四条屏。

可能是由于深入千家万户，欣赏者由"雅"变成了"俗"的缘故，这些新的艺术样式的主人公已经从男性变为了女性。如我们在前面说过的，明清时期的围棋画的确出现了一阵"美人下棋"的潮流。有的四条屏，还有更能显示民俗风情的杨柳青年画在描绘琴棋书画时，甚至以小孩子为主人公。从一个角度讲，这也反映了围棋在明清时期逐步走向民间的历史事实。

山水之棋

唐代以前，中国人下棋大多在宫廷或贵族府第举行，讲究清静雅致，旁观者不多。唐宋时期，随着下棋者的增多，各种棋会风行起来。喜欢下棋的人经常在一起聚会，聚会场所除了前面说的寺院道观，还包括达官贵人或文人府上，除此之外，就是茶馆了。如果说达官贵人或文人集会是雅集，那么茶馆棋会大约可以算得上是"俗"集了。

南宋时期，都市生活颇为繁荣，茶楼酒肆生意兴旺，各色人等都爱在此聚会，茶馆是市民文化的典型代表之一。某些茶馆其实就是棋室，一些棋手栖身于此，通过下彩棋维持生计，也许这就是最早的职业棋手。因为茶馆的出现，棋与茶这一象征风雅，带有浓厚贵族文化色彩的东西日益平民化了，茶馆也就成了中国民俗文化的一大景观。

茶馆虽然热闹，但是太嘈杂，空气污浊，少了份清幽之气。对某些人来说，并非理想的下棋之地。所以，一些文人雅士往往自筑小楼，或者就在松、竹、石、溪间，喝酒、喝茶、吟诗、下棋，其乐也怡怡。

文人喜欢在竹下、松下品茶、弈棋。竹造幽境，唐代"诗佛"王维说"茶香透竹丛"（《河南严尹弟见宿弊庐访别人赋十韵》），贾岛也苦吟着"尝茶近竹幽"（《雨中怀友人》）。松冠如盖，宋代大文人苏轼在松风流水中，整日看棋，不以为厌，留下了一副"松下围棋，松子每随棋子落；柳边垂钓，柳丝常伴钓丝悬"的名联。因为不光有棋之乐，更有山水之乐啊。

有松有竹，再配以石局、流水，便构成了别有意趣的弈境。《菜根谭》中说："天地景物，如山间之空翠，水上之涟漪，潭中之云影，草际之烟光，月下之花容，风中之柳态。若有若无，半真半幻，最足以悦人心目而豁人性灵。真天地间一妙境也。"中国文人，似乎永远只有在山水中才能找到他们的灵魂

● 木雕四条屏·琴棋书画

● 明·谢环《杏园雅集图》

● 清·郑岱《对弈图轴》

安息之处。而棋似乎也只有与山水自然结合，才会有灵气，有无尽的弈趣。

中国文人士子弈棋，普遍重视环境的清幽雅致。北宋文学家欧阳修写过一首《新开棋轩呈元珍表臣》：

竹树日已滋，轩窗渐幽兴。
人闲与世远，鸟语知境静。
春光霭欲布，山色寒尚映。
独收万虑心，于此一枰竞。

诗人写"弈"，并不着力描写弈本身的乐趣，而是表现"弈"的环境——新开棋轩的诱人：竹树环绕，推窗见幽，春光霭霭，山色清寒，无车马之喧哗，有鸟语之悦耳，怎不令人收万籁之心，得人生之佳趣。情景合一，心棋合一，真尘俗之妙境也。

清代大诗人袁枚则作有《飞泉亭观霞裳与澄波上人对弈》：

棋局临飞瀑，棋声与瀑分。
下山千尺雪，背水两家军。
风里叶如斗，窗前鸟不闻。
浑疑仙子戏，橘叟与桐君。

● 近代·傅抱石《水阁围棋图》(局部)

　　千尺雪练，背水棋阵，棋声、瀑声、风声、鸟声，交织在一起，使人超越尘俗，如入仙境。中国人所想象的神仙世界，也大抵不过如此吧！

　　现当代画家，也多有以围棋为题材的作品。如现代傅抱石《对弈图》、沈道鸿《对弈图》、亚明《秋江对弈》、谢清远《高士对弈》、王西洲《竹林对弈图》、杨增威《樵林对弈》、范曾《对弈图》等。山水同样在画中占据了一个重要位置。《秋江对弈》令人想起清代文人汪缙《弈事》写江中船上一局："秋气晴美，天光照席，水波不兴……江山之胜尽入局中也。"

　　而傅抱石的《水阁围棋图》，则是用晕染之法，制造出一种独特的效果。浓荫蔽日，树为何类，人面俊丑，棋局几何，都已不重要。关键是它们融为一体，构成了一幅大写意图。棋的魅力就不光是胜负了。

后 记

　　2013 年 10 月，参加中国棋院杭州分院举行的国际棋文化峰会。在小组讨论会上，大家说到围棋史的一个话题，说过去的围棋史，依据的更多的是文字的文本，而图像（围棋绘画、工艺、棋具、棋谱、棋势等）往往不被重视。而重写围棋史，就需要既重视文字，又借助于图像，从中去发掘围棋史的许多信息。

　　有识者把这称为围棋史写作的发展方向：从文字中心向图像中心的转型。会不会产生这种转型，我不知道。我写《中国围棋思想史》的时候，就曾尝试从"图"中去发掘围棋思想的一些内涵。而几年前，武汉的《少儿围棋》约我写过一个围棋故事系列，他们再去找人改编成漫画，后来结集为《黑白英雄会》，出了一本增刊，这算是由"文"到"图"的一次尝试。之后《少儿围棋》又约写一个新的专栏，我说了"图说围棋史"的一些想法，说打算以"图"为核心，去梳理一下中国围棋的历史。他们大感兴趣，于是每期一篇，从围棋源头开始，一路行来，正所谓风景这边独好！

　　这是我为 2015 年出版的《图说中国围棋史》写的后记中的两段。之前我写的围棋文化方面的著作，都比较偏重学术性，如《围棋与中国文化》《弈境——围棋与中国文艺精神》《中国围棋思想史》，有人称之为我的"围棋文化三部曲"。完成这三部曲之后，我把主要精力放到围棋文化的普及上。《图说中国围棋史》就是一次尝试，出版后反响还不错。因为当今围棋图书市场，技术类书籍很多，但可以为学棋的孩子、家长、围棋老师、广大棋迷包括社会大众提供的合适的围棋

文化读物，实在是太少了。

　　《图说中国围棋史》出版，一晃六年过去了。随着围棋人工智能的出现，棋界发生了翻天覆地的变化。围棋 AI 成了技术之"神"，曾经的神人一般的围棋高手，早已臣服于这一尊科学造就的"新神"面前。那么，面对机器的围棋，作为"人"的围棋，其价值、意义何在？为此，围棋所寄托的人的情感，所蕴含的文化意义，便显得分外地重要起来。因为，只有人文、人情，是机器永远取代不了的。

　　围棋是中国文化的土壤里开出的智慧之果。黑与白、阴与阳，也是中国文化之象征，所谓天圆地方、一阴一阳之谓道。追踪千年棋脉，发掘围棋文化的深厚内涵，在当今机器围棋的时代，便有了更加不一般的意义。本书在《图说中国围棋史》的基础上，文字上重新作了修订、增删，同时补充了大量高清图片，重新设计、编排，以期为广大读者提供一部更精美、更有内涵的围棋文化读本。

　　图与文交织，黑与白对话。围棋被称为手谈、坐隐，下棋是两个人之间的一种交流方式；而读书，也如谈恋爱，两情相悦，心息相通，读你千遍也不厌倦。共藏多少意，不语两相知，正可谓妙味无穷，其乐也融融。

何云波

2021 年 5 月 28 日于潇湘听弈庐

图书在版编目（CIP）数据

中国围棋史 / 何云波，杨烁著. — 北京：作家出版社，2024.1

（图说经典）

ISBN 978-7-5212-2317-0

Ⅰ.①中… Ⅱ.①何… ②杨… Ⅲ.①围棋 — 体育运动史 — 中国 — 通俗读物 Ⅳ.①G891.392-49

中国国家版本馆CIP数据核字（2023）第091388号

中国围棋史

作　　者：何云波　杨　烁

特约编辑：龙若飞　周莺莺

责任编辑：杨兵兵

装帧设计：今亮後聲 HOPESOUND 2580590616@qq.com

出版发行：作家出版社有限公司

社　　址：北京农展馆南里10号　　邮　　编：100125

电话传真：86-10-65067186（发行中心及邮购部）

　　　　　86-10-65004079（总编室）

E-mail:zuojia@zuojia.net.cn

http://www.zuojiachubanshe.com

印　　刷：河北鹏润印刷有限公司

成品尺寸：170×240

字　　数：306千字

印　　张：19.5

版　　次：2024年1月第1版

印　　次：2024年1月第1次印刷

ISBN　978-7-5212-2317-0

定　　价：98.00元